CHINA LEGAL EDUCATION RESEARCH

教育部高等学校法学类专业教学指导委员会
中国政法大学法学教育研究与评估中心 主办

中国法学教育研究

2019年第4辑

主　　编：田士永
执行主编：王超奕

中国政法大学出版社
2020 · 北京

图书在版编目（CIP）数据

中国法学教育研究. 2019年. 第4辑/田士永主编. —北京：中国政法大学出版社，2020. 3
ISBN 978-7-5620-9464-7

Ⅰ. ①中…　Ⅱ. ①田…　Ⅲ. ①法学教育－中国－文集　Ⅳ. ①D92-4

中国版本图书馆CIP数据核字(2020)第039965号

出版者　中国政法大学出版社
地　址　北京市海淀区西土城路25号
邮寄地址　北京100088信箱8034分箱　邮编100088
网　址　http://www.cuplpress.com (网络实名：中国政法大学出版社)
电　话　010-58908289(编辑部) 58908334(邮购部)
承　印　北京中科印刷有限公司
开　本　650mm×960mm　1/16
印　张　17.25
字　数　195千字
版　次　2020年3月第1版
印　次　2020年3月第1次印刷
定　价　52.00元

目 录

C O N T E N T S

法学教育

课堂与教学

法律职业

百花园

目　录

C O N T E N T S

Legal Education

Curriculum and Teaching

Legal Profession

Spring Garden

法学教育

Legal Education

乡村振兴战略背景下高等农业院校卓越“三农”法治人才培养路径探析*

◎唐　薇**

摘　要：卓越“三农”法治人才的培养，将为乡村振兴战略提供有力的人才支撑。从各大高校的法治人才培养的现状来看，亟待高等农业院校利用其学科优势，承担卓越“三农”法治人才的重要任务。针对高等农业院校法治人才培养中面临的乡村振兴的法治人才需求与高校人才供给失调、法治人才培养模式的单一化和同质化、法学专业教育和“三农”实践经验互动的匮乏、法学专业与农科类专业的渗透融合仍显不足等现实问题，应当通过优化卓越“三农”法治人才培养模式、建设具有“三农”特色的法律专业课程体系、构建常态化的学生农村基层社会实践模块、构建科学合理的法学教育评

* 本文为四川省高等教育人才培养质量和教学改革项目：“数字化新媒体背景下应用型法律人才培养模式探索”（项目编号：JG2018-370）的阶段性成果。

** 唐薇，四川农业大学法学院讲师，法学博士。

估机制等方面实现卓越“三农”法治人才的培养路径改革，为乡村振兴战略提供持续的发展动力和智力支持。

关键词： 乡村振兴　三农　卓越法治人才

一、引言

党的十八届四中全会《中共中央关于全面推进依法治国若干重大问题的决定》提出，建设一支社会主义法治工作队伍，为加快建设社会主义法治国家提供强有力的组织和人才保障。党中央的政策旨意对以培养法治人才为根本使命的法学高等教育机构指明了工作重心。同时，党的十九大报告提出了“乡村振兴战略”，2018年中央一号文件中对乡村振兴战略的具体实施作出了全面规划和部署，强调破解人才瓶颈制约、发挥“聚天下人才而用之”的人才支撑作用[1]。2019年中央一号文件再次明确指出，加强高等学校涉农专业建设，培养懂农业、爱农村、爱农民的“三农”工作队伍。其中，卓越的“三农”法治人才在乡村振兴战略中具有不可忽视的重要作用。

乡村振兴战略致力于“推动农业全面升级、农村全面进步、农民全面发展”，意味着对传统“乡土中国”的制度革新和治理转型，不可避免将在农村土地制度、农业现代化、农民权益保障、农村社会发展等诸多方面产生大量矛盾和纠纷，亟待既熟悉“三农”事务，又具有法律专业知识背景的复合型、应用型农业法治人才发挥定分止争的关键作用，进而成为“三农”工作队伍的中坚力量。因此，在创新法治人才培养机制、提升法治人才培养质量的大背景下，思考如何培养锻造新时代的卓越“三农”法

〔1〕 参见《中共中央、国务院关于实施乡村振兴战略的意见》。

治人才，为乡村振兴战略提供持续的发展动力和智力支持，给我国高等农业院校的法学专业教育改革带来了全新的契机和挑战。

二、卓越“三农”法治人才的界定

首先，“卓越法治人才”的概念溯源于2011年12月教育部、中央政法委印发的《关于实施卓越法律人才教育培养计划的若干意见》。其中，“卓越法律人才”是指信念执着、品德优良、知识丰富、本领过硬的高素质法律人才。实施卓越法律人才培养计划的目标被确立为：深化高等法学教育教学改革、提高法律人才培养质量、全面落实依法治国基本方略。2018年9月，依托于全面依法治国的理念和目标，教育部和中央政法委发布了《关于坚持德法兼修实施卓越法治人才教育培养计划2.0的意见》，对原卓越法律人才培养计划进行了优化和升级，倡导培养具有法律之德性、法律之知性和法律之技性三位一体的法治人才[1]，以培养造就一大批宪法法律的信仰者、公平正义的捍卫者、法治建设的实践者、法治进程的推动者、法治文明的传承者。

其次，卓越“三农”法治人才是卓越法治人才的下位概念，是指既掌握系统法律知识和具备充分法律技能，同时又具备相当的农村社会发展、农民权益保障、农业科技服务等智慧和才干，并且能够将农法融合运用于实务，解决“三农”法律问题的应用复合型法治人才。

卓越法治人才沿袭了卓越法律人才的培养模式，包括“应用型、复合型法律人才教育培养模式”“涉外法律人才培养模式”

---

〔1〕 何跃军、陈淋淋：《从法律人才到法治人才——卓越法律人才培养计划实施六年检讨》，载《宁波大学学报（教育科学版）》2018年第5期。

“西部基层法律人才培养模式”三类。其中，“应用型、复合型法律人才教育培养模式”为基础人才培养模式，其他两种则是建立在基础人才培养模式之上，按照经济社会发展需求以及高校的服务面向的培养模式再分类〔1〕。尽管卓越“三农”法治人才可以视为“应用型、复合型法律人才”的一种类型，甚至与“西部基层法律人才”具有内涵上的交叉，然而，因其具有独特的使命而应当成为一项有时代性、长期性和独立性的卓越法治人才培养计划。卓越“三农”法治人才应当具备如下的素养要求：第一，坚持正确政治方向，具有优良的思想道德素养，具备扎根基层，致力于为“三农”服务的专业认同感、责任感和奉献精神；第二，能够尽快融入“三农”的社会环境和法律环境，结合地方特色和风土人情进行灵活变通；第三，熟悉“三农”法律规范和国家政策，能够将农法融合运用实际解决“三农”法律问题，以满足农民的法治需求，促进农业农村健康发展。

综上所述，卓越“三农”法治人才是贯彻落实中央一号文件“把乡村人才纳入各级人才培养计划予以重点支持”的机制创新，试图寻求高等法学教育人才培养与乡村振兴战略实施的有效契合，是实际解决“三农”法律问题的内在要求，作为卓越法治人才的子概念有其独特的目标导向和现实意义。

三、高等农业院校法治人才培养的现状及问题

高等农业院校责无旁贷地承担着培养卓越“三农”法治人才的重要任务。因为其“具有浓厚的科学氛围，有众多的农科类和

〔1〕 黄进：《卓越法律人才培养的目标、观念、模式与机制》，载《法学教育研究》2012年第1期。

近农科类学科，使法学与这些学科形成相互渗透、交叉和融合的互动关系，培养既具有农业科技知识又通晓法律的复合型人才”〔1〕。据统计，截至2019年1月11日，我国高等农业院校共有84所，其中本科农业院校43所〔2〕，有29所开设了法学本科专业。尽管有不少学校已经因地制宜地开展了法律人才培养制度改革的积极探索，然而，在乡村振兴的时代背景之下，如何实现体系化、专业化的卓越“三农”法治人才培养机制创新是当前高等农业院校的法治人才培养机制中的现实难题。

（一）乡村振兴的法治人才需求与高校人才供给失调

乡村振兴战略亟待懂农业、爱农村、爱农民的“三农”法治人才，对传统高等院校的人才供给方式提出了新的挑战和要求，甚至在实践中出现了人才供需失调的难题。一方面，法学专业毕业生就业难问题屡见报端；另一方面，乡村振兴如何实现有效的人才聚集仍未得到有效解决，暴露出农村基层法治人才的需求与当前高校的人才培养模式脱节的现实问题。要实施人才的供给侧改革，必须反思当前以高等农业院校为主的法治人才培养体系的问题所在。

第一，大部分农业院校法学专业都是以理论知识教学为主，缺乏专门的德育课程，使得学生对投身基层、奉献社会的理想信念不足。目前，多数法学院没有专门开设以培养学生法治理想信念为导向的法律职业伦理课程，对学生法治建设信念和法治理想

---

〔1〕 陈莉：《高等农业院校法学专业复合型法律人才培养的思考》，载《中国农业教育》2007年第1期。

〔2〕 参见阳光高考院校库信息：https：//gaokao.chsi.com.cn/sch/search.do?searchType=1&yxmc=&zymc=&sySsdm=&ssdm=&yxls=&yxlx=03&xlcc=，最后访问时间：2019年3月16日。

的培养不足，甚至部分学校为了提高就业率，以就业快、薪酬高、待遇好的“功利主义”教育理念为指导思想，这在一定程度上使得学生的职业规划和就业选择狭窄化、短视化。大多数学生只想留在经济发达的城市，而不愿意深入农村基层，加剧了乡村振兴人才聚集战略的实施难度。

第二，大部分农业院校法学专业课程教学仍然以“法条主义”为重心，未为学生充分提供契合社会现实和基层实践的多元化教学素材，缺乏对学生法治、国情与社会情理法统一意识的培养[1]。首先，传统法学人才培养模式下培养的学生主要面向城市，很难适应农村基层的法律需求。而基层常见的法律问题与传统法学的关注点有差异，基层矛盾与纠纷解决的方式和方法有其特殊性。在基层，无论是家庭婚姻纠纷、邻里纠纷，抑或土地承包，土地征用补偿安置，农产品种植加工、销售，招商引资等多种形式的诉讼与非诉讼法律事务，都迫切需要法治人才发挥重要作用。这不仅需要学生熟悉国家法律条文，还应当具备综合性、创造性地分析问题、解决问题的能力和素养。其次，法律社会学还没有成为多数法学院的推荐选修课，尽管教师教学时会提及除法律以外，公序良俗、习惯法、村规民约、舆论等规则都可以作为定分止争的社会规范，却鲜有深入全面的讲解，使得学生对这些规则在现实生活中的重要作用缺乏直观、全面的认识，更难以进行实际应用。再次，法律心理学的教学和引导也十分缺乏，导致学生在实践中难以察知和掌握当事人的心理诉求，不利于实践工作的开展。最后，大部分高校尤其是西部高校对民族法课程的

---

〔1〕 潘溪:《培养应用型人才：法学实践教学的现状与创新》，载《中国法学教育研究》2018年第2期。

重视程度不足，学生对西部少数民族区域的民间法、习惯法鲜有了解和掌握，增加了农村基层工作的难度。

第三，大部分农业院校建立了实践教学体系，但实践教学质量和效果不佳，学生的实践能力不足。当前，高校法治人才培养计划的“标配”包括实施法律诊所、模拟法庭、案例分析室、审判观摩、法律实务讲座、社会实践、毕业实习等多元化的实践教学改革，鼓励“校内外双导师”或“双师型教师”发挥作用。然而，囿于资金投入不足，以及对实践教学缺乏系统有效的过程监督和效果评价机制，导致实践教学的内容随意性大、不够全面系统、质量得不到保证，甚至部分法学实践教学体系不具备实践性特征而流于形式。随着学生人数的迅速增长，实践基地的建设压力也不断增大，基地不足导致很多实践教学活动无法展开。

综上所述，诸多问题导致了许多农业院校法学学生在农村基层“下不去、用不上、留不住”。而我国巨大的法律需求市场正在飞速发展，广大农村基层地区亟须多层次、多样化的法治人才，为高等农业院校的卓越法治人才培养机制创新提出了全新的要求。

（二）法治人才培养模式的单一化和同质化

我国各大高校法治人才培养定位相似、不突出应用型、不注重培养“复合”专业素养、不注重学科间有效“融合”，普遍追求“高”“全”“大”的法学教育[1]。在办学层次上，致力于追求“高”；在教育类型上，极力追求“全”；在教育规模上，竭力追求“大”。这导致各大高校包括农业院校在内的法治人才培养

〔1〕　王新清：《论法学教育“内涵式发展”的必由之路——解决我国当前法学教育的主要矛盾》，载《中国青年社会科学》2018年第1期。

同质化现象越来越明显，忽视了法学教育的特色发展，更难以为乡村振兴战略提供有力的人才支撑。

横向来看，如同许多理工、师范、财经、医学等高校，当前有较多农业院校开设了法学专业，但其法学教育和人才培养却很难突出农业高校的优势，没有形成农法融合的学科特色。在农业院校中开设法学专业，改变了法学只开设在综合性大学和专门政法院校的格局，但大部分农业院校人才培养模式脱胎于传统法律院校，没有充分利用自身具有的农业学科优势，以及系统丰富的"三农"课教资源。具体而言，高校多效仿传统院校的法学专业课程体系设置，选修课、辅修、双学位等课程体系设置缺乏自身特点，没有突出农业高校的优势，培养模式单一，从而造成法学教育的同质化现象突出，培养出来的法治人才并不能实际满足"三农"法治需求，不能适应当代农业发展，更难以满足农民、农业、农村的时代要求。

纵向来看，我国法学教育自下到上有五个层级：中专教育、高职高专教育、本科教育、硕士研究生教育、博士研究生教育。不同层级的设计应当体现人才培养差异化。在国家教育主管部门的有关规定中，也对五个层次的培养目标进行了区别。然而，以法学为例，在实践中各层级的培养模式几乎主要依赖于课堂理论讲授，而将实践教育放在课堂教学与卓越法治人才培养的末端，忽视了各层级人才培养目标的迥异，且未重视法学和其他学科间的相互渗透、交叉、融合，使得法治人才培养类型单一、模式僵化。

（三）法学专业教育和"三农"实践经验互动的匮乏

第一，法学教育通常重视理论知识的传授，教师的教学方法多以理论演绎与推理为主导，缺乏与“三农”实践经验的融会贯通。加之，目前我国从事法律教学、研究的法律人才大多数没有实务经验，而是从法学专业毕业后直接进入教学科研岗位。那些既具有丰富的实务经验又具有深厚的理论基础的高层次学术类法律人才在教师的队伍里并不常见，而既具备法学理论教育又具有丰富的“三农”实践经验的教师则更为稀少，使得农业院校的法学理论教学与“三农”实务的互动不足。

第二，实践教学是法学专业教育的重要组成部分，却未能建立与“三农”法律实务的有效连接。农业高校的法学实践教学基地通常也分为校外实践基地和校内实践基地。在校外实践基地上进行的主要有审判观摩、社会实践、毕业实习等实践活动，校内实践基地主要是模拟法庭、案例分析室、法律实务讲座等实践教学。然而，大部分农业院校并未脱离传统高校法学实践教学模式的束缚，通常没有设立“三农”法律事务专题，实践教学内容与“三农”问题关联度不强，也未能结合自身的学科特长将中国法治实践中与“三农”问题紧密联系的最新经验、生动案例、重大成果及时转化为教学资源，更难以真正为学生未来投身“三农”法治实践工作提供充分的借鉴和经验，导致法学专业教育和“三农”实践经验互动匮乏越发凸显。这与以培养卓越“三农”法治人才为导向的高等农业院校法学教育改革背道而驰。

（四）法学专业与农科类专业的渗透融合不足

当前，高等农业院校的法学专业建设普遍呈现出缺乏法学与农科类专业的有机融合的现象。事实上，由于农业院校具有以农科类专业为特色和主体的学科优势，可以为法学专业建设和卓越“三农”法治人才培养提供极具优势的资源。

第一，卓越“三农”法治人才需求的特殊性亟待法学与农科类专业知识的交叉互动。例如，涉及生物技术的基因保护、转基因作物法律规制、专利保护、动植物品种保护等领域，既属于农业科技前沿问题，也涉及诸多法律问题。要开展该领域的理论研究或实务工作，务必需要既掌握系统法律知识和具备充分法律技能，又具备植物科学技术、动物科学、生物科学技术等专业知识的复合型人才。这对农业院校进行跨学科教育和人才培养、合理配置办学资源提出了改革的方向和要求，也是卓越“三农”法治人才培养的题中之意。

第二，农业高校的学院及学科之间容易欠缺信息互通和学科合作。以四川农业大学为例，虽然法学学科已具有10余年的办学历史，并于2016年成立独立的法学院。然而，囿于三校区办学的局面，法学院与农学院、动物科技学院、资源学院、环境学院、管理学院等分属于不同校区，增加了学科间的交流障碍。同时，由于社会科学和自然科学的学科特性差异，在本校区内法学专业与其他农科类专业的沟通协作也较少。此外，由于院校两级均缺乏有效的协作办学、有机互动的人才培养政策规范，导致法学教育始终未能突破学科和专业的壁垒，走向有效的“农法融合”。

第三，农业高校中学生跨专业选修存在诸多问题，限制了“农法融合”的有效实施。在大多数农业高校，不同专业的学生虽然可以通过选修、辅修、双学位的方式学习其他专业的课程，但又往往存在学科介绍不够、教师讲授不足、学生不了解、选课限制年级专业等问题，让选修、辅修、双学位等跨学科学习辐射范围有限、效果不佳，进一步阻碍了法学专业与农科类专业的渗透融合。

四、高等农业院校卓越“三农”法治人才的培养路径

（一）优化卓越“三农”法治人才培养模式

习近平总书记阐明了以“立德树人、德法兼修”为标准的法学人才培养总目标。就农业院校而言，其义不容辞地肩负着培育“知农、爱农、为农”的人才，为我国农村事业提供技术人才、管理人才、法治人才等职责。在乡村振兴战略的背景下，以培养卓越“三农”法治人才为目标的法学高等教育应当实现进一步的优化和调整。

第一，确立以专才教育为主的培养目标。法学教育目标存在两种模式：专才教育（职业教育）与通才教育（博雅教育）[1]。专才教育注重培养实际工作能力，培养的人才短期内不具有可替代性。但专业划分过于细致，过分强调专才教育，将导致学生的知识面狭窄，影响其后期的发展。通才教育强调知识的综合和广泛性，但过分通博，必将影响学科的深入发展。对于高等农业院校的法学专业而言，在激烈的法学本科教育竞争中，要避免低水平无意义的重复建设，当然不能照抄照搬传统政法院校的培养模式，在掌握基本法律知识之外，应侧重于专才教育，以农业农村发展为出发点，从理想信念上发掘学生服务“三农”的意识，从文化氛围的构建和人文关怀上真正地激发人才活力，将人才培养的目标定位于培育具有高尚的法律伦理道德、丰富的涉农法律知识以及较强的涉农纠纷处理技能的卓越“三农”法治人才，鼓励

---

〔1〕 闫立宏、马跃进等：《财经高校卓越法律人才培养机制研究》，载《高等财经教育研究》2013年第2期。

学生以强烈的专业使命感和社会责任感投身于农村基层事业。

第二，完善“应用型”法治人才培养模式。理论界将法学教育人才培养模式分为传统“知识导向”下的“理论型”人才培养模式与“实践导向”下的“应用型”人才培养模式[1]。“知识导向”下的“理论型”人才培养模式是以理论教学为核心，培养出一批具有极强的理论知识优势的学术性人才。但过于强调书本知识的学习和理论知识的研究，忽视了实践能力的培养，学生实践能力差的缺陷十分突出，造成了大量法学毕业生实际能力与社会需求脱节，法学人才供需失衡。在此现状下，实践导向下的“应用型”人才培养模式近年来逐步兴起，高校法学本科教育为了适应社会对实务性法治人才的需要，在教学中更加注重培养学生理论知识的转化和应用能力，同时以实践教学为纽带调动人才培养的各个要素，培育具有较强职业能力的实务性法治人才。就我国的农村基层法律实务现状而言，实务性人才匮乏，农业院校普遍注重培育以理论知识为导向的理论型人才并不能适应农村的实务需要，这是导致农村法治人才供需失衡的原因之一。高等农业院校应充分发挥自身优势，从传统“理论型”人才培养模式转变到“应用型”人才培养模式，改变“重理论，轻实践”的普遍做法，真正做到理论与实践并重。

第三，鼓励农科类专业学生开展法学专业的学习。除法学专业培养的法治人才之外，高等农业院校还可以鼓励其他农科类专业的学生学习法学，培养兼具法学专业知识与“三农”知识的卓越“三农”法治人才，为壮大“三农”工作队伍打下坚实基础。

---

〔1〕 何宏莲、宋雪：《高等农业院校法学专业“6+3+1”人才培养特色课程体系构建与推广》，载《齐齐哈尔大学学报（哲学社会科学版）》2014年第3期。

具体操作方式可以借助法学辅修教育模式和双学位两种模式[1]。首先，法学辅修教育模式是农科类专业学生在修读本专业的同时辅修法学专业，辅修法律各科考试合格，达到学校要求即可获得辅修法学专业证书。双学位教育模式即本科阶段进行“法学+”的方式修读两个专业。该模式又分为“4+2”模式、“3+2”模式、“2+2”模式。“4+2”模式是针对农科类专业大学本科毕业生设立，农科类业本科生经过四年的专业的学习获得本学科学位后，再系统地进行为期两年的涉农法学知识的学习，这样经过四年农业科学和两年法学知识的训练，培养学生成为既掌握农科类专业知识又懂法律的复合型法治人才。“3+2”模式和“2+2”模式是由“4+2”模式发展而来的，其招收对象为在读农科类专业大学生，在修完大学二年级或三年级课程之后，经学校考察合格后进行法学专业双学位的学习，在两年时间内完成法律专业课程，达到毕业要求的，同时获得原专业学位和法学学位。

（二）建设具有“三农”特色的法律专业课程体系

第一，注重法律职业伦理与综合职业能力培养。目前大部分高校法学院围绕着教育部规定的16门法学核心课程进行教学，而忽视了法学学科的复杂性和多维性，对学生的理想信念、职业伦理及综合职业能力重视不足。卓越“三农”法治人才必须是真正知农村、懂农业、助农民的专业人才，因此，除了法学专业课程的学习，高等农业院校应当开设法律职业伦理必修课，使学生能坚定理想信念、正视使命和担当、服务农村基层。同时，在推荐选修课中开设法律社会学、法律心理学、民族法等课程，帮助

〔1〕 陈莉：《高等农业院校法学专业复合型法律人才培养的思考》，载《中国农业教育》2007年第1期。

学生了解农民、农业与农村，掌握农村社会知识和技能，提升农法融合能力。此外，应当结合农业院校的专业特色和优势，提升学生探知法律事实的能力和处理涉农纠纷的能力，培养学生从“三农”法律生态环境的实际出发，结合地缘特点、风土乡俗以及公序良俗等灵活处理纠纷、多元化解决纠纷的法律环境适应能力。

第二，践行类型化“三农”法治人才培养模式，培养有特色的农业法治人才。农业院校培育卓越“三农”法治人才，既要遵循法学教育的内在规律，还要精准契合法治建设的实际需求。高等农业院校法学的教学首先要立足农业院校的目标定位，为农村基层事业提供具有涉农法律知识和技能的专业人才。其次，在专业必修课中增设与法学课程相关的涉农特色课程，比如农业法、土地法、种子法等，同时系统整合高等农业院校的资源，发挥农业院校的专业优势，将法学培养与生物工程、农产品贸易、农业科技等农业背景知识的学习结合起来，开设涉农相关的选修课程。在保证法学基础课程教育质量的基础上，以高学分、不对法学专业学生增设年级限制等方式鼓励学生选择涉农课程，掌握更广泛的涉农相关知识，包括农村土地经营制度、农业科技成果转化、食品安全、资源与环境保护、农业行政法、土地管理法等领域的法律知识等，鼓励学生深入某个领域进行探索实践，培养类型化、特色化的“三农”法治人才。

第三，建立院校两级协作培养机制，加强法学院与其他农科院系的交叉式联合。通过鼓励法学辅修或者双学位教育，在农、法院系之间加强人员的相互交流，互派人员讲学授课，共建教学培养基地，共同深入农村开展专题调研，甚至探索建立“法学-

农科类专业”人才培养实验班等，进一步促进农法专业相互渗透、交叉和融合，搭建“多元”学科相互促进、有机结合的互动教育平台，实现社会科学与自然科学的融合。

（三）构建常态化的学生农村基层社会实践模块

第一，积极搭建校外实践平台，联合打造“高校与实务部门联合培养机制”。实施应用型、复合型人才培养，必然要求与基层法院、检察院、政府、农村自治组织等校外实务单位建立联系，实现实务部门与农业院校法学院在培养目标、课程体系设置、实践基地打造、师资力量培育、人才培育等教学环节全面协作与配合，打破长期以来理论教学与实务能力培养分离的局面，相互协作共同培养高水平的涉农法治人才，实现本科生阶段完成法学理论知识和法律职业技能的基础培养。首先，在基地建设方面，建设一批稳定的校外涉农实践基地。涉农实践基地既包括乡镇、村社等基层组织，也包括涉农企事业单位、政府机关等实践部门。其次，构建学徒式法律实践教学模式。由农业法学院校和涉农实务部门开展深度合作，按“双导师制”的要求，在涉农实践教学基地发展一批具有较高理论水平和丰富农业法律实务经验的法官、检察官、律师、政府机关工作人员等作为农业院校的兼职教师，专门负责学生在实践基地开展活动的实务指导工作，在基地教学中形成稳固的“师徒”关系，以因材施教，提升实践成效。

第二，实现常态化的农村基层专题调研及提供法律咨询服务。首先，形成规范化、体系化的师生共同参与的农村基层专题调研计划和实施方案。为培养“三农”法治人才，更加切实有效、有针对性地提升涉农法律人才处理“三农”法律纠纷的能力，农业院校法学学生必须能够深刻认识到新时期农村经济建设、法治建设中的主要矛盾和困难。因此，应建设师生共同参与的基层调研、课题申报、理论成果转化计划和实施方案。这不仅将激发学生的科研精神，更有助于农业院校法科学生切身投入当前“三农”热点问题的发现和研究，并在实践中获得“三农”问题的理性认知，还将通过理论成果的实践转化实现惠农助农。其次，实现农业高校与农村基层社区的常态化合作和法律咨询服务。鼓励学生参与涉农法律咨询服务，既可实现“普法”的目标，又促使其真正领会“三农”领域的实践诉求，切实提高学生的法律诠释能力、法律推理能力、法律论证能力以及实务应对能力。

（四）构建科学合理的法学教育评估机制

合理高效的教学体系需要有效的评估机制对理论教学和实践教学效果及时反馈，以便及时地发现并解决问题，为法学教育质量评价提供基础数据，对法学教育的走向具有极其重要的督促作用和指导作用。然而，各大农业高校法学院校普遍存在着评价体系不健全、评估机制形式化的问题，难以充分发挥评估机制对法学教育的导向作用，亟须建立配套的教学质量监督体系，客观真实、及时全面地反映法学教育和人才培养现状，该体系要科学设定，具有可操作性和实效性。具体而言，应当注重以下几个方面。

第一，评价主体多元化。评价主体除了教师自评互评、学生评教以外，院校内成立教学质量督查小组，适当纳入院校外部的社会监督，如教学实践基地、学生实习单位、毕业生工作单位等，以全面征求建设性意见。

第二，评价方式复合化。在评价方式上采用线上线下评价结合，课间考核与课终评教结合。改变单纯以考试为手段、以卷面成绩为标准的课业评价方式。从只注重考试的终结性评价转为注重学习过程的过程性评价，从单一的知识测量转为综合素质考核的方式，通过课堂检测、课程报告、导师考核等多种考核方法对教学质量和人才培养质量进行全面评价，避免单一化评价方式有失客观公允。

第三，评价内容全面化。评价内容应当涵盖教学质量、课程模式、涉农专业能力培养、涉农法律课程兴趣提升等各个方面，尤其要建立对实践课程的评价机制，避免实践课程形式化，同时保障评教方式科学可行。

第四，评估机制实效化。以能力提升为基准，建立健全评估体系，在保证评估机制客观真实的前提下，要对所有的评估数据进行大数据整合分析，及时反馈到教学工作中，以达到指导教学的作用，促进教学工作的改进和人才培养模式的持续优化。

五、结语

高等农业院校具有为“三农”培养技术人才、法治人才、管理人才等各方面人才的天然优势，要培养一批懂农业、爱农村、为农民的“三农”队伍，就需要农业高校在人才供给方面，及时调整培养模式，真正培养出一批“下得去、用得上、留得住”的卓越“三农”法治人才。望各大高等农业院校群策群力，共同促进乡村振兴战略的全面实施。

法学教育信息化改革：意义、内涵与方法

◎孙园植*

摘　要：进入二十一世纪以来，信息技术已成为影响和变革高等教育的重要力量。法学教育信息化的改革是高等法学教育教学改革工作中的重要任务，本研究基于高等教育和现代教育技术的视角，聚焦于中观与微观层面的教学组织形式改革、教学方法改革与教学管理改革，深入剖析了法学教育信息化改革的意义、内涵，并进一步分解了法学教育信息化改革的具体任务，明晰现代教育技术能够为之提供的解决方案，以期为信息技术与法学教育教学的深度融合提供理论依据和实践参考。

关键词：法学教育　信息技术教育　信息化内涵　教学方法

* 孙园植，男，中国政法大学网络安全与信息化办公室主任。

进入二十一世纪以来，全球高等教育领域逐渐达成一种强烈的共识，即信息技术已经成为影响、变革高等教育的一项重要力量。用以信息技术为主的现代教育技术推动教育教学改革已经成为当前高等教育改革的一项重要议题。教育部、中央政法委《关于坚持德法兼修实施卓越法治人才教育培养计划2.0的意见》中明确提出了“适应教育信息化与法治建设信息化的新形势，推动法学专业教育与现代信息技术的深度融合”的改革任务。顺应高等教育信息化改革的趋势、回应法治建设对于高素质法治专门人才的需求，探索如何将现代教育技术的理念、模式、方法与法学教育教学改革的各项任务相结合，应当成为高等法学教育教学改革工作中的一项重要任务。

当我们谈论法学教育信息化的时候，我们所指为何？其意义何在？其任务为何？作为手段，现代教育技术能够为高等法学教育教学改革的具体任务提供什么样的解决方案？本文研究之目的，就在于将高等法学教育教学改革之总体目标与现代教育技术改革之涵涉范围进行同步比对与思考，确定有限且有意义的目标，提供可行且有价值的方案。笔者认为，法学教育信息化改革的本质是将现代教育技术的理念、模式、方法与法学教育教学改革的各项任务相结合，从而促进提升法治人才培养质量。在“为谁教、教什么、怎么教、谁来教、教给谁”这5个基本问题之中，法学教育的信息化改革聚焦于“怎么教”这一问题。结合当前教育技术的发展，我们可以认为，法学教育的信息化改革所能涵盖的只是法学教育改革局部或者说有限的目标：较之于法学教育的定位、培养模式改革等宏观层面改革，法学教育的信息化改革更多聚焦于中观与微观层面的教学组织形式改革、教学方法改革与教学管理改革。

一、法学教育信息化改革的意义为何

高等法学教育具有双重属性，作为高等教育的一部分，法学教育的改革必须遵循高等教育的基本规律，顺应高等教育改革的趋势；同时法学教育也是国家法治建设的重要组成部分，承担着培养高素质法治专门人才的任务，法学教育的改革必须积极回应法治建设过程中对于高素质法治专门人才的需求。积极推进法学教育信息化改革，既是对于高等教育信息化改革趋势的充分回应，也是对于高素质法律专门人才培养使命的责任担当。

（一）顺应高等教育信息化改革的大趋势

高校信息化建设的意义为何？需要清醒认识三个基本的时代背景：首先，第三次工业革命对于人才培养提出的新要求。第三次工业革命实质就是新能源、新材料、新技术和互联网的创新、融合与运用，从而导致工业、产业乃至社会发生重大变革。第三次工业革命对于高素质人才的需求，使得高等教育必须实现“第三次教育革命”：由原有的“规模化教育”向以“生态化、网络化、分散化、生命化”为主要特征的“个性化教育”转型，而这种转型必须依托于信息化的教学手段、平台与网络化、数字化的教学资源。[1] 其次，信息化进入到“互联网+”时代。“互联网+”最重要的内核应当是互联网与传统行业中各种要素的深度优化与集成，是一种“融合”。当前，以“互联网+教育”的形式出现的新的教育服务与资源供给模式方兴未艾。这种新兴的教育模式

---

〔1〕 汪瑞林：《教育如何应对第三次工业革命——访全国人大代表、湖北省人大常委会副主任周洪宇》，载《中国教育报》2013年3月7日。

对于传统高等教育的冲击将会是显著与持续的，并最终使得一个真正以学生为中心的教育时代到来。最后，数字原住民（Digital Natives）的思维模式、行为模式与学习模式的变化。目前“00后”学生已经成为大学校园中的主体，他们习惯有互联网和无线技术的陪伴，习惯于通过智能手机和平板电脑上网，习惯自由共享信息的文化，能很快地适应网络功能或数字技术的各种创新和应用。“数字原住民”的学习特点，从教学资源、教学环境、教学方法三方面对高校的传统教学提出了严峻挑战。学校如何适应这些“数字原住民”的思维、行为与学习习惯，促进而不是抑制他们的学习积极性、获取知识的效率，是当前高等教育模式需要面对的重要问题。

以上述三个时代背景为基础，信息化对于高等教育而言其意义与权重正在发生质的变化。10年之前，信息化的主要内涵是基于互联网的信息传播（包括门户网站、搜索引擎，等等），而彼时的高等教育信息化主要是以多媒体等教学手段的运用为考核指标[1]，停留在教育技术手段的运用层面。当前，在MOOCs、SPOC（Small Private Online Course）等在线课程模式，以及基于信息技术手段开展的PBL（Problem-Based Learning）教学，混合式学习（Blending Learning）等教学改革模式的冲击之下，信息技术正在颠覆传统课堂教学过程的教学内容及其呈现方式。此时，能否把握住信息化改革的机遇期，实现新的蜕变与发展，已经成为一所高校“先进还是落后”的岔路口。在不远的未来，在“互联网+”的时代潮流裹挟下，信息技术、互联网技术的创新成果将与学校人才培养、科学研究、社会服务、文化传承创新的核

〔1〕 参见2004年版《普通高等学校本科教学工作水平评估方案（试行）》。

心任务进行深度融合，传统意义上的教师、教室、教材，甚至大学本身都将面临革命性的变化。学校教育是否还是知识供给的主要来源将是一个未知数，高等教育将面临从根本上的“服务模式”甚至是“存在形式”的巨变。在这种意义上，未来一所学校是否能够成功地转型为信息化学校很可能将是一个学校“生存还是死亡”的分水岭。

（二）顺应法治建设信息化的大趋势

当前，法治建设已经全面进入到信息化时代。没有信息化就没有现代化，就没有法治建设工作的现代化。以互联网法院、司法大数据分析等为代表的法治建设信息化工作已经全面展开。在立法、执法、司法等各个环节均面临着全业务、全流程、全方位的信息化改造。例如，在《人民法院信息化建设五年发展规划(2013—2017)》明确提出，要建立完善覆盖四级人民法院和派出人民法庭的业务网络。以审判执行为核心，将服务法院工作和公众需求的各类信息化应用全面推进。最高人民法院和高级人民法院主要业务信息化覆盖率超过100%，中级人民法院和基层人民法院分别达到95%和70%以上。建成国家司法审判信息资源库，案件信息覆盖超过95%。[1] 让信息化成为实现审判体系和审判能力现代化的先进生产力，推进人民法院工作实现深刻变革，已经提上议事日程。最高人民检察院也相继出台了《最高人民检察院关于深化智慧检务建设的意见》《全国检察机关智慧检务行动指南（2018—2020年）》等文件，提出检察机关将全面构建应用层、支撑层、数据层有机结合的新时代智慧检务生态，推进大数

[1] 参见《人民法院信息化建设五年发展规划（2013—2017）》，载 www. pkulaw. cn/CLI. 3. 242335.

据、人工智能等前沿科技在刑事、民事、行政、公益诉讼等检察工作中的应用。高等法学教育教学改革要时刻紧跟法治实践与法律职业发展的新需求，顺应法治建设信息化的大趋势，在专业知识教育的过程中，加大信息技术的运用，同时培养学生形成数字时代基本素养、创新思维能力、有效交流能力和高效工作能力，以应对未来高度信息化的法律职业环境。

二、法学教育信息化改革内涵为何

法学教育信息化改革的具体内涵，可以分为两个层面进行理解。首先，是将信息技术作为知识，实现法学教育与教育技术学的跨学科融合，培养既具备深厚的法学专业理论功底，又具备信息技术专业知识的复合型人才。其次，是将信息技术作为手段，将以信息化为主的现代教育技术在法学教育教学改革中进行运用，以支持、辅助法学人才培养目标的实现。[1] 具体来看，就是将信息技术的教育应用作为理念、模式、工具与法学人才培养过程中的具体任务相结合，以促进法学人才培养质量提升的一系列活动。早期的利用信息技术进行的教学改革活动，限于技术发展与理念更新的速率，更多地停留在浅表的工具化运用，包括使

〔1〕 在培养法学与信息化相关专业复合型人才方面，目前与信息化相关专业包括电子信息类、计算机类、管理科学与工程类、图书情报与档案管理类等4个专业类下若干个专业。实践中，中国政法大学于2016年在国内率先设立了“法治信息管理专业”，实现了“法学专业”与“信息管理专业”的复合型人才培养。与之相类似，可以参见《本科专业目录2016》中“电子信息专业类”下“医学信息工程080711T”特色专业。目前，绝大多数医科大学都设有“医学信息管理”或者“医学信息工程”等类似的专业。鉴于此类改革已经超出了现有法学专业（030101K）教育教学改革的范畴而涉及一个新的特色专业的培养目标、课程体系、教学方法的探索与改革问题，故本文关于法学专业的信息化改革不包括法学与信息化相关专业复合型人才培养层面的论述。

用多媒体课件、将教室接入校园网，或者要求学生利用网络资源进行课外学习，等等。当前，随着教育技术的发展与法学教育教学理念的更新，法学教育的信息化改革不再是法学教育与现代教育技术的简单叠加，而是法学学科教育的知识体系、内在规律和主要方法与教育技术学理论范式、信息技术规范与手段的深度融合。这种“融合”主要有三方面内涵：

首先，是对于法学人才培养目标实现的充分支撑。法学教育具有很强的实践性与应用性，高素质法治人才的培养规格既要强调牢固的法学专业基础知识与基本理论的教育，更重要的是能力、素质的教育。这其中包括：具备独立自主地获取和更新本专业相关知识的学习能力；具备将所学的专业理论与知识融会贯通，灵活地综合应用于专业实务之中的基本技能；具备利用创造性思维方法开展科学研究工作和创新创业实践的能力；掌握法学专业的思维方法和研究方法，具备良好的人文素养和科学素养，养成良好的道德品格、健全的职业人格、强烈的法律职业认同感，等等。与法学教育的具体任务相结合，实现信息技术应用模式创新，一方面要借鉴先进的教育学、教育技术学的理论范式与方法，顺应信息技术发展的趋势与“数字原住民”一代的学习习惯，实现从“以教师（教学）为中心”向“以学生（学习）为中心”的转变，从根本上对法学专业课堂教学进行再造。同时要重点围绕法学专业人才培养过程中法律思维、法律方法、法律职业技能培养的任务与环节，探索运用现代教育技术辅助教学方法的改革，重塑教师的教学理念、教学行为，重塑学生的学习任务。

其次，是贯穿教学活动全程的信息化教学环境的系统构建。

在“深度融合”的语境下，不能把信息技术仅仅作为辅助教或者辅助学的工具，而是强调利用信息技术营造一种信息化的教学环境，以实现能支持自主探究、多重交互、情境创设、合作学习、资源共享等多方面的新型教与学方式，从而把学生的主动性、积极性充分调动起来，使课堂的教学结构发生根本变革，使学生的创新精神和实践能力培养落到实处。[1] 落实到高等法学教育教学，就是要紧密结合法学专业理论教学的专业特点与教学需求，助力研讨式、讨论式、案例式教学方法改革。建立覆盖线上线下、课前课中课后、教学与辅学相结合的多维度的信息化学习环境，为教师课堂教学方法（混合式）改革提供教学平台，为学生自主学习提供专业学习资源与平台，为师生互动、学生协作学习提供信息化教学环境。

最后，是聚焦教学方法改革的应用模式的创新实践。单纯的环境建设并不能够直接作用于人才培养质量的提升，只有基于环境的信息技术的应用模式创新，推动课堂教学中的教学方法的改革，方能让信息技术的运用真正落地，实现由“建”转化为“用”，并落实为助力课堂教学效果提升的实践。应用模式创新是对现代教育技术能够为法学教学改革提供什么样的支持，如何实现这些支持的具体回答，其本质是课堂教学方法的改革。教学方法改革是法学专业教育改革中最为关键的改革，因为高等法学教育之要义，绝非单纯的知识的传授，而更在于法律思维、法律方法与法律职业技能的培养。由此，单纯的讲授式的教学方法，不能满足高素质法律人才培养的需要，必须通过教育技术应用模式

[1] 何克抗、李文光:《教育技术学》（第2版），北京师范大学出版社2009年版，第71页。

的创新来推动教学方法的改革，进而推动课堂教学由单纯的知识的讲授转化为能力的培养。

三、法学教育信息化改革的方法为何

（一）法学教育信息化改革的主要任务

信息技术应用层面的改革必须以系统的教育技术学理论范式为依托。将教育技术学的理论范式引入到法学教育信息化改革之中，能够在主题、方法、工具等多个维度拓展法学专业课堂教学改革的视野。在主流的学习理论与教学设计理论范式之中，建构主义的学习理论与教学系统设计的实践经验，能够较好指导法学教育信息化改革的实践。[1] 建构主义教学系统设计的具体原则包括：①以问题为核心来驱动学习，问题可以是项目、案例或实际生活中的矛盾；②强调以学生为中心，各种教学因素（包括教师）只是作为一种广义的学习环境，来支持学习者的自主学习；③强调情境创设，教学内容必须在真实的情境中展开；④强调协作学习的重要性，要求学习环境能够支持协作学习；⑤强调非量化的整体评价，反对过分细化的标准参照评价；⑥要重视运用自主学习策略，以诱导学习者更好地发挥意义建构的主动性与积极性。[2] 以建构主义学习理论和教学系统设计理论为指导，推动高等法学专业教育教学改革与信息技术的深度融合，构建信息化

---

〔1〕 主流的学习理论包括：行为主义，认知主义和建构主义。其中，行为主义和认知主义都主张学习是知识的传授和迁移，更注重于“教”。不同的是，行为主义在传递知识时强调的是外界环境的刺激与学生的反应，认知主义强调学习的发生同时依赖于外部条件和学生的内部心理过程。建构主义则关注于学生的学，认为学习是学习者在原有知识经验的基础上与环境进行交互，从而主动建构知识的过程，强调学生学习的主动性、探究性、社会性等。

〔2〕 何克抗、李文光：《教育技术学》（第 2 版），北京师范大学出版社 2009 年版，第 71 页。

学习环境并实现教育技术应用模式的创新可以分解为以下四项主要任务：

一是利用信息技术手段与设备改革课堂组织形式，服务案例式、研讨式、讨论式教学方法改革。传统教室中座位布局是统一且固定的，只能满足讲授型教学方式的需求，难以支持新型教学理念和教学模式的转变。因而，教室的布局管理应当充分适应教学方法改革的实际需要，促进“以学生为中心”的学习空间的建设实施，如分组研讨、组间对抗等，调动学生的课堂参与性，从而提高教学效果；同时要改变传统教室仅仅为教师讲授配备单一展示设备的设置，配备多屏投影设备，便于不同小组的学生快速便捷地展示和讲演作品，支持师生、学生之间的多通道交互。

二是利用信息化手段与平台实现教学过程中更加充分与有效的互动。在混合式教学中，师生、学生之间的互动应当覆盖课前、课上、课后全过程。课堂教学过程的互动，应注重实现教师对于学生教学反馈的即时收集，教师通过使用课堂即时信息反馈系统可设置随堂测验、投票或游戏活动，与传统课堂相比大大提高了学生学习反馈与响应的效率。更重要的是教学反馈的即时收集可以有效记录课堂中动态生成的信息资源，教师可以通过整合这些资源重新作用于课堂互动，并且可以作为下一轮教学的备课资源进一步优化教学过程。而在课堂教学外的课前、课后互动中，应为教师提供课程信息、教学任务的发布平台，为学生之间的自主学习、协作学习提供交流平台，通过论坛、网络学习社区等将课堂内的互动延伸到课前与课后，促进教师与学生间的互动、学生与学生间的协作交流。

三是利用信息化平台建设、汇集充足的数字化教学资源。教学资源是信息化学习环境的基础内容和要素。法学专业的教学资源一方面包括传统意义上的电子数据资源库，其建设目标为帮助教师和学生有效获取和借鉴中外立法、法学理论研究的文献信息资料，准确理解与掌握中外法制的历史及现状，迅捷地开展有针对性的法律学习与研究。另一方面，在法治建设信息化过程中产生的数字资源应当成为重要的法学教育资源。近年来，最高人民法院在推动司法公开的过程中，建设了审判流程、庭审活动、裁判文书、执行信息四大公开平台。目前，“中国裁判文书网”发布各类型裁判文书已经达到5700多万份，“中国审判公开网”全国累计直播210多万次，其中可供点播的庭审录播接近3.8万个。[1] 上述资源是源自于司法实践一线的宝贵资源，法学院校要积极探索利用信息技术，建立顺畅的资源使用平台与渠道，提升资源利用效率，将其转化为可供教学使用的教学资源。

四是建立起对学生学习效果与教师教学效果的科学的过程性评价体系。教学评价是保证教育教学质量的重要手段，是优化教学过程的依据。传统的纸笔评价有滞后、重结果轻过程等问题，而大数据、学习分析等技术为实时动态的教学评价提供了新的可能性。随着网络的普及，能够获取的关于教学行为和结果的数据更加丰富，通过收集、分析海量的教学数据能够建立学生、教师、课程的评价模型，教育管理者和教师可以利用这些实时信息调整课堂节奏，为学生提供针对性的教学干预，从而提高学生的学习成就。

（二）法学教育信息化改革的具体内容

结合改革的主要任务，我们可以将法学教育信息化改革分解

〔1〕 数据统计截至2018年11月30日。

成为以下具体内容。

1. 建设智慧教室，改变传统课堂组织形式，设计能够综合支持自主、探究、合作等学习方式的多样化学习空间[1]

智慧教室是为教学活动提供智慧应用服务的教室空间及软硬件装备的总和[2]，能够提供实时互动、资源互联、环境调节、视频录制及远程直播等功能，主要的支撑技术有基础设施、呈现技术、感知技术、平台和应用软件支撑。

基础设施包括物理环境和座位布局，物理环境一般包括空气、光线、声音、温度、色调、各种装饰的设计，要充分考虑到学生的年龄特征和认知特征，符合安全、健康、舒适的原则。座位布局应当能够灵活调整，以保证研讨式、讨论式教学方法的顺利适用，通过配备可移动和拼接的桌椅使学习空间能够支持在多模式间快速重新设置，确保每一个座位都能顺畅地参与到教学互动中并及时得到教师的指导。呈现技术主要支持教学内容及课堂上生成性内容的清晰呈现与切换，通过为教师与学生配备数字化高清显示屏，使笔记本、IPAD 或手机画面可以任意投屏到显示终端设备上。通过配置切换矩阵，能够根据教学需求自由切换教师与学生之间的大屏显示设备，便于师生迅速调用和共享教学资源，为教学提供灵活、畅通的交流环境。感知技术主要通过物联网和感测设备（如可穿戴技术、智能手表等）来监控学习环境、学习行为，从而为学习者提供实时的、自适应的干预。平台与应用软件应提供与相关教学资源的互联互通，保证师生可以随时随

---

[1] 杨俊锋、黄荣怀、刘斌：《国外学习空间研究述评》，载《中国电化教育》2013 年第 6 期。

[2] 聂风华等：《智慧教室：概念特征、系统模型与建设案例》，载《现代教育技术》2013 年第 7 期。

地的按照自己的需求获取教学资源，参与教学活动，进行交流协作，使学习更主动，进而提高学习效率；实现多间教室之间进行互动，以先进的视音频处理技术为基础，集互动课堂直播、点播等功能于一体，形成多个同步课堂。

法学专业教学改革要以智慧教室的学习环境为依托，积极开展小班教学、案例、研讨类课程。智慧教室的建设改变了传统课堂的组织形式，将教师从传统的“粉笔+黑板+PPT”的教学形态中解放出来，重塑教室内教师的教学行为与学生的学习方式，为自主、探究、合作等学习方式提供了多样化学习空间〔1〕。在法学专业案例、研讨类课程中，要树立“以学生为中心”的教学理念，充分利用空间布局的灵活变化，减少教师讲授的内容，增加学生在课外的个性化、碎片式学习，而在课堂教学过程中则通过讨论、辩论等教学环节，实现对于理论知识的深化理解、回顾整合〔2〕。要通过呈现技术的变革，取消传统教学模式中教师对于黑板（显示屏）的垄断，转变教师的主体地位，鼓励学生展示、分享自己的学习、研究成果。

2. 建设网络教学平台，为教学方法（混合式）改革提供信息化平台

互联网的快速发展与应用为新的教学模式提供了可能性，网络教学平台的出现为混合式教学开展提供了有力的技术支持。网络教学平台是基于 Internet，为远程教学提供完整服务的软件系统。在混合式教学中，平台的支持服务应当覆盖课前、课上、课

---

〔1〕 杨俊锋、黄荣怀、刘斌:《国外学习空间研究述评》，载《中国电化教育》2013年第6期。

〔2〕 朱晓喆:《请求权基础实例研习教学方法论》，载《法治研究》2018年第1期。

后全过程，支持的用户角色包括教师、学生和管理员。一个完整的网络教学平台至少应由三个系统组成：课程开发系统、网络教学支持系统和网络教务管理系统[1]。课程开发系统不仅要支持教师完成教学设计及相应教学内容的编排，还应该提供模板和向导帮助教师迅速生成课程。网络教学支持系统主要实现对教师开展教学及学生参与学习的支持：对于教师而言，网络教学支持系统要具备课程创建的工具，能够支持教师根据课程内容结构创建学习单元，上传多种格式的教学资源进行文件共享，有顺序地发布学习内容与活动；应当具备学生管理工具，支持教师对学生设置分组；具备学习评估工具，支持教师对学生进行评价，包括创建试题、调控测试过程、批阅测试结果等。对于学生而言，网络教学支持系统要具备资源传递工具，支持学生浏览、下载、上传资源；具备学习活动组件，支持学生参与测验、考试、调查和作业等活动；具备同步或异步的交流工具，支持学生与同伴、教师的交互；还应当具备 wiki、博客和日志工具，允许学生表达、分享观点。网络教务管理系统起着调配教学资源、总结教学数据等重要作用，主要实现课程管理、学生管理、教学数据与档案管理、权限认证、使用指南说明等功能。目前比较典型的学习管理系统有 Blackboard 平台、Moodle 平台、清华在线平台等，三种教学平台各具特色，但是在基本功能的实现上差异不大。而随着通信速率的提升，应用程序的功能越来越强大，移动性成为人们上网的一个突出特点，人们可以在任何时间、任何地点获取、发布、传递消息，教育领域也涌现出一批应用程序支持教学活动的

---

〔1〕 汪琼、费龙：《网上教学支撑平台现状分析》，载《电化教育研究》2000 年第 8 期。

开展和信息的传递，如雨课堂、学习通等，促进了教学过程中更加充分与即时的互动，与传统课堂相比大大提高了学生学习反馈与响应的效率。

法学专业课程要利用网络教学平台技术，开展混合式教学方法改革，建设线上线下相结合的“金课”。其核心的要义，就是要将传统课堂进行的法学知识的讲授与传递的教学活动放到课前，将课堂时间解放出来，教师和学生在课堂上更专注于解决困惑与知识的内化。这种模式改变了学生在课堂中被动听讲的行为，使得学生能够更多投入到与同伴、教师的合作、协同创造等活动中，促进学生对法学知识的深层次加工，充分发挥了课堂教学环节在促进法律方法训练与法律思维养成方面的重要作用。

3. 建设校外优质司法实践资源转化平台，实现法律实践部门与法学院校之间有效对接

如前文所述，随着我国法治建设信息化的不断发展，实践中积累形成了大量的数字资源。法学院校要以教学设计为基础，将这些数字资源与教学环节充分的对接，实现其向教学资源的转化。一是建立司法公开平台与网络教学平台的无缝隙对接。网络教学平台应当具有对于司法公开平台上的数字资源进行编辑、存储、管理、检索、共享与灵活地调用的功能，支持教师与学生基于课程模块的数字资源推送、分享机制。二是为司法数字资源的课堂展示搭建“双轨”教学环境，即改变传统多媒体教室显示终端配置，将1块显示终端升级为2块，同时在教室中增设多屏幕处理系统，使其能够流畅的播放庭审直播（录播）信号，并与教师课堂讲授内容双轨同步展示，实现师生在教学过程中能够实时接收法庭庭审直播（录播）信号的功能。

4. 建设电子数据资源库，充分支撑法学专业教学与学生自主学习

电子数据资源库建设应能够涵盖开展法学专业教学所必需的国内外知名的社科类电子资源，并保证师生在校园网内 24 小时 IP 访问。其中，电子数据资源至少应当包含中国知网、万方数据库、读秀知识库、中文社会科学引文索引 CSSCI 数据库、“北大法宝”——中国法律检索系统、EBSCOhost 全文数据库、Westlaw Next 数据库、LexisNexis 法律资料库、美国法律期刊全文数据库 HeinOnline、JSTOR 电子书、Kluwer 仲裁数据库等。

5. 建设虚拟仿真的教学环境，服务侦查学、物证技术等专业课程改革

虚拟仿真技术是通过高性能的计算机技术和三维显示技术，对现实世界的物体进行高精度建模生成的模拟环境，能够支持学习者对该环境进行体验和交互。构建虚拟仿真的教学环境能够为学习者提供直观的实践体验。不同于机械类、电器类、土木类等专业，法学专业中能开展虚拟仿真教学的应用场景还需要进一步探索，目前主要集中在侦查学、物证技术学等课程的部分教学环节中。目前的建设重点应当是建设能够支持沉浸显示、位置追踪、多元外设等基本功能的虚拟现实课程资源运行平台。同时结合具体的课程的具体教学要求，积极开展课程资源的定制开发与建设。

6. 建立对学生学习效果与教师教学效果的科学的过程性评价体系

结合数据挖掘、机器学习等技术手段来支持教学的过程性评价，基于学校数据中心的大数据平台，汇集教务系统、一卡通系

统、图书借阅系统、上网行为管理系统等业务系统的结构化数据，对学生进行多维度人物画像，围绕学习者在教学周期的整个流程评价学习者的属性、行为、绩效，通过成长记录的方式，收集学生发生的具有典型意义的行为和事实，关注学生的平时表现和兴趣潜能，重视学生的自我反思和总结，由此把握学生学习与发展的轨迹。依据学生画像的结果，分析研判课堂教学的优点与不足之处，诊断学生学习问题，据此对下一阶段的评价标准和教学设计进行再次改进。

法学教育的学科特点使然，推进法学教育的信息化改革必然是一个困难的过程。如果说目前我们从理念上能够达成共识，肯定法学教育信息化改革的迫切性与必要性，那么实践之中，我们还极度缺乏行动的一致。法学教育信息化改革应当是一个法学教育与以信息技术为主的现代教育技术的相向而行，进而深度融合的进程，这其中既包括现代教育技术对于高等法学教育教学改革具体任务、实践性取向的充分支撑，也包括法学教育对于信息化环境下“教与学”模式变革的充分适应。理解内涵、分解任务只能说是迈出起始的一步，如何能够让广大教师破除传统的教学理念与思维的束缚，拥抱信息时代的到来，积极运用信息技术推动教学方法的改革，任重道远！

刍议卓越法治人才培养的理念认同*

◎谢　伟**　刘　薇***

2018年10月8日，教育部和中央政法委联合下发了《关于坚持德法兼修实施卓越法治人才教育培养计划2.0的意见》，这是继七年前两部委联合发布卓越法律人才培养意见后的再次合作，是卓越法律人才教育的升级版，从卓越"法律"人才到卓越"法治"人才，一字之差，凸显出我国高端法律人才培养理念的转变。

一、教育理念对于教育质量的重要作用

"理念"一词并非滋生于中国传统文化，而是一个

---

* 基金项目：2018年度广东省高等教育教学改革项目"湾区战略下广东高校法律诊所教育改革研究"；广州市2018年高校创新创业教育项目"大数据背景下法科学生创新创业课程建设研究"（201709K41），广东财经大学2018年度校级质量工程项目"卓越法律人才创业指导团队"。

** 谢伟，法学博士，广东财经大学法学院副教授。

*** 刘薇，法学博士，广东财经大学法学院副教授。

舶来品。《辞海》把理念解释为观念的一个含义，认为该词译自希腊语 idea，通常指思想。[1] 而《汉语大词典》则把“理念”解释为理性概念。李大钊在《史观》中写道：“至于历史进展动因何在，则又言人人殊——或曰，在精神，如圣神、德化、理念是。”[2] 还有学者认为，理念是人们在长期实践中形成的对事物发展的具有本质性、前瞻性与导向性的理性认识。其基本内涵有四：一是理性认识，即能反映事物本质特征的认识；二是理想追求，即是人们对事物向好的方向发展的企盼；三是思想观念，即是经理想认识形成的思想、观念、理想、信念、价值观等理性思维的成果；四是哲学观点，即如黑格尔所言“理念是自在自为的真理，是概念和客观性的统一”。[3] 本文认为，理念是建立在理性思考基础上、以抽象概括语言总结出对事物及其发展规律的科学认识。如果把理念和思想比较，则理念是思想理论的“头”，是规律性认识的凝练与升华。[4] 由于理念与观念、思想等相比较更加具有“理性”色彩，且理念具有的更加抽象性、概括性、指导性等特质而为人们所喜爱，理念的运用出现了一定程度的泛化现象。比如，教育理念、设计理念、管理理念等。“理念”概念的泛用充分说明了它对于人们进行社会实践从事各项工作具有的重要指导性作用，对于人们认同或否认事物具有的价值判断作用以及规范人们的行为等多元化功能。

然而，也正是因为“理念”概念的不确定性，使得教育学界

---

〔1〕 夏征农编：《辞海》，上海辞书出版社1999年版，第1367页。

〔2〕 罗竹风编：《汉语大词典》，上海辞书出版社2008年版，第5639页。

〔3〕 董泽芳：《理念与追求：大学发展的思考与探索》，华中师范大学出版社2018年版，第161页。

〔4〕 任理轩：《坚持绿色发展（深入学习贯彻习近平同志系列重要讲话精神）——五大发展理念解读之三》，载《人民日报》2015年12月22日。

对教育理念的研究产生了多元化界定的成果。比如，有学者在提出："教育理念是人们追求的教育理想，它是建立在教育规律的基础之上的，科学的教育理念是一种'远见卓识'，它能正确地反映教育的本质和时代的特征，科学地指明前进方向。"[1] 也有学者提出："教育理念是人们对于教育现象（活动）的理性认识、理想追求及其所形成的教育思想观念和教育哲学观点。它是教育主体在教育实践、思维活动及文化积淀中所形成的教育价值取向与教育价值追求，是对教育'应然状态'的理想认识和观念整合，是一种具有稳定性、延续性和指向性的教育认识、理想的观念体系。"[2] 可见，教育理念已经获得教育界的广泛认同，并由此展开了对教育理念的内涵和外延广泛而深入的研究，对教育理念的多元化研究成果也证明了教育理念的极端重要性，教育理念对于提高教育质量、改善教学效果等具有重要的方向性、指导性、战略性、规范性等重要价值。

教育理念对于培养合乎教育理念的人才至关重要，这是经过实践证明的。近代德国高等院校培养出了很多伟大的科学家充分说明德国高等科学教育的成功，其中一个重要原因是德国大学教育秉承"科学、修养、自由、寂寞"的教育理念，德国大学的理念普遍都有这 4 个词。[3] 美国将教育视为国家和社会的支柱，多元化的文化土壤滋养出教育的多元化，"教育是社会自由的保证"等理念深入人心，被政府、政党、民众遵循和秉持。好的教育理念使美国高校富有独特的多元性和旺盛的生命力，保证其高

---

〔1〕 王冀生：《现代大学的教育理念》，载《辽宁高等教育研究》1999 年第 1 期。

〔2〕 韩延明等：《改革视野中的大学教育》，中国海洋大学出版社 2006 年版，第 52 页。

〔3〕 张楚廷：《大学的教育理念》，西南师范大学出版社 2015 年版，第 36 页。

等教育蓬勃发展，创新人才层出不穷，综合国力长盛不衰。[1]

改革开放以来，我国的教育理念几经周折、与时俱进，针对我国教育中长期出现的重应试教育、对人性重视不足、忽视创造性培育等突出问题，借鉴欧美日等发达国家先进教育经验，结合我国优秀传统教育理念，先后提出了素质教育、以人为本、终身教育、开放性教育、大众化教育、系统性教育等教育理念，形成了适用于不同教育对象、不同年龄层次、不同发展阶段的教育理念体系，对促进我国教育事业发展、提高我国教育质量产生了极为重要的指导性、战略性、保障性作用。以高等教育为例，我国在改革开放后确立了精英教育和平民教育相结合的高等教育理念，高等教育由精英式教育逐渐转型为精英和大众混合式教育模式，既为我国培养了大批高素质的尖端人才，也培养了社会主义市场经济发展需要的大批合格建设者，从整体上提升了我国适龄人口的科学文化素质，从而使得我国有足够的人力资源满足改革开放需要。

二、我国当前卓越法律人才培养的理念现状

如同教育理念对于教育质量的引领性、规范性、保障性、指导性作用，卓越法律人才培养理念对于卓越法律人才培养质量发挥着同样的重要作用，而且由于法律教育具有自身的独特规律，卓越法律人才培养理念也具有不同于普通高等教育理念的特殊属性。自2011年教育部和中央政法委联合提出实施卓越法律人才培养意见以来，各个设有卓越法律人才培养基地的高校纷纷殚精

〔1〕 刀文:《美国高等教育的启示》，载《光明日报》2016年7月17日。

竭虑，努力结合本校的教学资源和教学特长，提出了各具特色各有千秋、百花齐放、百家争鸣的卓越法律人才培养理念，对提高我国卓越法律人才培养质量发挥了至关重要的作用。比如，有学者强调分类培养应用型、复合型卓越法律人才和具有国际视野、通晓国际规则、能够参与国际法律实务和维护国家利益的涉外型法律人才；〔1〕有的学者则强调社会主义法治理念教育、法学本科通识教育、法律职业道德教育理念；〔2〕还有学者强调“需求导向、联合培养、强化实践、追求卓越”等关键环节培养卓越法律人才；〔3〕有学者强调有灵魂的通识教育、具备复合型、应用型结构、提升法律实践能力的卓越法律人才；〔4〕有学者强调卓越法律人才培养教育的协同创新理念；〔5〕还有学者强调建立质量保障体系提高卓越法律人才培养质量的理念；〔6〕也有学者强调包括“法律诠释能力、法律推理能力、法律论证能力以及探知法律事实的能力等的法律职业能力教育；〔7〕强调卓越法律人才培养的语言复合、专业复合性理念；〔8〕强调卓越的“涉外法律人才”必须具有国际化的视角、国际化的知识体系和国际化的思

〔1〕 王利明:《卓越法律人才培养的思考》，载《中国高等教育》2013 年第 12 期。

〔2〕 公丕祥:《变革时代的司法需求与卓越法律人才教育培养计划》，载《法学教育研究》2013 年第 1 期。

〔3〕 贾宇:《抓住关键环节 培养卓越法律人才》，载《中国高等教育》2013 年第 12 期。

〔4〕 黄进:《以提升人才培养质量为核心 悉力培育造就卓越法律人才》，载《中国高等教育》2012 年第 9 期。

〔5〕 吴汉东:《协同创新：卓越法律人才教育培养的战略选择》，载《法学教育研究》2013 年第 1 期。

〔6〕 何勤华:《建立质量保障体系提高卓越法律人才培养质量》，载《中国高等教育》2013 年第 12 期。

〔7〕 周祖成:《卓越法律人才培养要以法律职业为导向》，载《法制日报》2012 年 7 月 11 日。

〔8〕 王文华:《卓越法律人才培养与法学教学改革》，载《中国大学教学》2011 年第 7 期。

维模式；[1] 强调卓越涉外法律人才的专门化培养理念等。[2] 在这些先进教育理念的探索性指导下，我国卓越法律人才教育事业稳步前进，为中国特色社会主义法治建设培养了大量卓越法律人才。然而，随着卓越法律人才培养的不断推进，随着我国社会主义法治建设的全面持续深化改革，特别是党的十八大以来，随着《中共中央关于全面推进依法治国若干重大问题的决定》颁布实施，中国特色社会主义的依法治国进入了一个新阶段，现有卓越法律人才培养教育与我国社会主义法治建设持续发展需要不相适应的一些体制性、机制性难题和深层次矛盾逐渐暴露出来，这些矛盾和问题的出现直观地反映出我国卓越法律人才培养模式和培养方法的实施还有很多不完善之处，而在更深层次上则透视出我国在卓越法律人才培养理念认同上的缺陷和不足。

当前我国法律人不同程度存在着社会主义思想道德滑坡，特别是法律职业道德理念认同缺失。道德是人的灵魂，对国家、社会、个人都具有极为重要、不可替代的内生性行为导向作用，而法律职业道德是法治对法律人执法司法遵法守法用法的内在要求，"徒法不足以自行"，良好的法律还需要正确地按照立法宗旨和目的实现。近年来我国不同程度存在的司法腐败既有体制性原因，很大程度上也是因为法官、检察官、律师等法律职业者缺乏良好的法律职业道德所致，反思其根源，在法学本科阶段缺乏法律职业道德教育，进而导致缺乏对法律的信仰是其渊源。

为加强卓越法律人才应具备的复合型知识结构，尽管各个卓

---

〔1〕 曾令良：《卓越涉外法律人才培养的"卓越"要素刍议》，载《中国大学教学》2013 年第 1 期。

〔2〕 万猛、李晓辉：《卓越涉外法律人才专门化培养模式探析》，载《中国大学教育》2013 年第 2 期。

越法律人才培养基地努力开设了一批非法学课程，但这些课程并未发挥出应有的作用，任课教师没有考虑法科学生的实际情况，未能很好地做到因材施教，而学生也对这些课程感觉难以理解和接受，体现出对复合型人才培养理念的认同不够。改革开放后我国法学本科教育过分注重规模化扩张，忽视了法律人才应具备的复合型知识结构，法学本科阶段教育的课程构造上缺乏多元化、跨学科课程设置，法学毕业生难以适应快速发展社会对法律人才要求的宽广知识基础，而卓越法律人才的培养并未改变这个趋势，其根源应在于缺乏对卓越法律人才应具备复合型知识结构的理念认同。

与复合型培养理念类似，我国对法律专业的应用性人才培养理念的认同不够。我国法学教育长期受到苏联高等法学教育的影响，以培养政法干部为主要目的，改革开放后又以引进和学习西方法学理论为主，对满足现代社会主义市场经济发展需求、满足对外开放和中国参与国际法律事务需求的实践型法律人才培养考虑不足，使得我国培养的高端法律人才擅长法学理论而法律实践技能不足，擅长论辩而短于法律应用。

新时代的卓越法治人才需要公检法司、政府企业社会协同培养，但显然当前我国在协同培养理念上还缺乏统一认识。改革开放后，由于我国法学教育迅速发展，法学界对法学本科教育的培养规律尚未充分掌握，加之公检法等法务部门以及政府企业律所等本身就有较繁重的工作任务，法学教育界和法律实务界缺乏有效沟通，导致我国法学教育培养人才因缺乏协同培养机制而难以适应中国特色社会主义法治的多元化需求。

信息化、智能化是卓越法治人才必备的能力之一，但我国当前对卓越法治人才培养的信息化、智能化理念落实不够。随着“互联网+”的普及，以互联网为核心的互联网经济迅速发展，与此相适应，大数据、人工智能在法律实务领域已经大范围推广，智慧法院、智慧检察、智慧律所等日益发展，而我国的高端法律人才培养显然还缺乏相应的信息化理念指导，缺乏配套制度和措施的跟进不到位。

“名师出高徒”，卓越法律人才培养需要卓越法律教师，我国卓越法律人才培养中过分强调对学生的“卓越”培养要求，对卓越师资培养的理念不足。然而，由于受培养体制影响，我国现有的卓越法律师资大多是从传统的法学教育体制下培养出来的，因而这些卓越法律人才师资虽然是传统法学教育培养出的优秀法学教师，但他（她）们本身也比较欠缺复合型知识结构、法律实务经验不足或极少参与国际法律实务，又如何能培养出具有高素质和能力的卓越法治人才呢？

我国在推进一带一路建设、国企海外投资或并购等过程中，屡次遭遇法律风险，甚至蒙受巨额损失，其中一个重要原因就是缺乏国际化高端法律人才；我国在国际组织中从事专门法律事务的官员或专家也比较稀缺，在一定程度上影响到我国在国际法律事务中发挥出应有的作用，这与我国作为世界第二大经济体的大国地位极不相称。究其原因，是我国在卓越法律人才培养中国际化教育理念认同不够，透视出我国卓越法律人才培养在服务一带一路、参与国际法律实务方面理念的缺失。

建立科学合理全面的法律人才培养质量评价体制是保障卓越法律人才培养质量的关键抓手，人才培养过程漫长而复杂，这一培养过程是否科学？培养出的法律人才是否满足既定培养目标？

是否满足社会主义法治发展需要等问题都需要通过健全的质量评价体系才可以实现，才可以有效评价培养过程和培养结果，从而不断根据法治实践需要修正培养模式。但我国现行的卓越法律人才培养体制缺乏质量评价体系的理念认同，导致我国卓越法律人才培养因评价不实、不真、不全面深入而难以满足社会主义法治需要。

在依法治国的今天，法律已经成为国家治理、政府治理、社会治理的基本方式。法律人不只是从事专门的立法、执法、司法工作，还应该深入到政治建设、经济建设、社会建设、文化建设、生态文明建设的方方面面；法律不再仅仅是公检法司运用的专门工具，而是成为政府、企业和社会公众普遍适用于调整各种各类社会关系的基本手段。这就要求法律人才培养不能仅仅局限于服务于公检法司需要的专门培养，而是应该把法律人才培养作为一种同计算机、医生、工程等一样的职业培养，强化法律职业教育理念认同，这也是当前我国卓越法律人才培养中缺乏的理念认同之一。

必须认识到，卓越法治人才不同于卓越法律人才培养，正如卓越法律人才不同于一般法律人才培养一样，其区别主要在于“卓越”要素，即卓越法律人才要具备比一般法律人才更加卓越的素质；而卓越法治人才则更加强调服务于社会主义法治的需要，以习近平新时代中国特色社会主义思想为指导，以满足不断完善的中国特色社会主义法治建设对全方位、跨领域、跨学科法治人才的需求为导向，更加强调法律人才学以致用、知行合一、用所学解决法律实际问题的能力。

三、卓越法治人才培养应具备的理念认同

要培养卓越法治人才，实现从卓越法律人才向卓越法治人才的转变，必须在既有卓越法律人才培养理念的基础上，针对当前我国卓越法律人才培养中存在的理念认同缺失和不足问题，相应地提出完善卓越法治人才培养的十大理念认同。

针对社会主义道德滑坡，特别是法律职业道德缺失，务必加强中国特色社会主义思想品德教育理念，尤其是法律职业道德教育理念。主要包括对中国特色社会主义法治事业的理想信念教育、社会主义核心价值观教育、社会公益教育、中华优秀传统法律文化教育和中国特色社会主义法律职业伦理教育。不仅应该开设专门的法律职业伦理课程，设定为必修课，还应该把思想品德教育、法律职业伦理教育融合于卓越法治人才培养全过程，和每门法律专业理论课程和法律实践课程结合起来，在法学理论讲解和法律实践技能培训中贯穿中国特色社会主义思想品德教育，实行“一课双责”。

针对当前法律人才知识结构单一、不够广博的缺陷，务必强化复合型知识结构培养理念认同。卓越法治人才需要面对和处理的法律问题极为复杂，需要具备跨学科、多领域知识，需要对社会科学、自然科学必要知识兼收并蓄，概而言之，卓越法治人才应形成的知识结构是倒“T”型，既需要具备宽广的多元基础学科知识，同时还应该具备较精深的法学理论知识，形成较高的法学理论素养。卓越法治人才培养中应结合实际需要，大胆设置跨学科课程，拓宽卓越法治人才的知识面。

针对当前法律人才应用法学理论和法律制度解决法律实际问

题的能力不强，务必加强法学应用性能力培养理念认同。与法治发达国家法律人才相比较，我国法律人才长于理论而疏于实践，导致在国际法律实务中，我国缺乏优秀的、能解决疑难复杂实际法律问题的法治人才。应强化法学理论和法律实践相结合的理念，以解决法律实际问题为抓手，以法律实践问题为导向，在整个卓越法治人才培养过程中贯穿应用法学理念，不限于专门的法律实践技能课程，也包括法学理论课程、法律实习过程等都应融合这一理念。

针对协同培养法治人才理念的认识不统一，应强化构建卓越法治人才培养共同体理念认同。可由教育行政主管部门和政法委联合组织相关政府部门、企业、公检法司等参与，发挥各部门、各单位在中国特色社会主义法治建设中的不同角色和不同作用，吸引学生的积极参与，锻炼学生在法治的不同场合、不同背景、不同阶段下的综合能力，从而逐渐形成卓越法治人才应具备的高素质。

针对卓越法律人才培养中的信息化、智能化理念认同不够，应增设卓越法治人才的信息化、智能化培养课程设置，利用“互联网+”，整合以微课慕课为代表的法学信息化教育资源和以智慧法院、智慧检察、智慧律所等为代表的法律实务教育资源，促使其掌握法律资料检索、法律信息查询的技能，通过覆盖线上线下、课前课中课后、教学辅学多维度智慧学习环境，强化卓越法治人才应具备的信息化、智能化技能。

针对卓越法律人才师资培养理念认同薄弱，应强化卓越法治人才师资能力提升理念。首先是提升卓越法治人才培养教师对中国特色社会主义法治的理想信念、对社会主义核心价值观的信仰、对中国优秀传统道德的继承发扬、对法律职业道德的崇敬，务必认识到，为师的言传身教对学生的影响至深，为师的道德水准直接影响到学生的立德树人。其次是促使卓越法治人才培养教师强化法律实务技能理念，通过到法律实务部门训练、赴国外法律实习基地研修、到律所兼职律师等途径提升卓越法治人才教师的法律实务能力。

针对卓越法律人才国际化培养、服务“一带一路”等国际法律实务理念认同薄弱，应强化对卓越法治人才参与解决国际法律实务难题、维护中国国家利益、进而构建人类命运共同体的理念认同。一方面，通过加深与法治发达国家法学院校联合培养，增强学生的语言沟通能力、通晓外国法律能力、运用国际法律规则能力；另一方面，选派学生参与国际组织的国际法律事务实习，参与我国投资“一带一路”沿线国家的法律实务训练，培养卓越法治人才的国际法律实务能力和服务“一带一路”法律实务素质。

针对卓越法律人才质量评价体系理念认同不足，应强化对卓越法治人才培养建立多维度、多元化、全阶段、动态调整的质量评价体系理念认同。采用教师评价、同学评价、学业成绩、法律技能考核加多元素评价指标体系的方式全面评价学生的法学理论功底、法律实践技能、法律职业道德水平、沟通技巧能力、应对疑难法律问题的心理素质等各方面的质量，为改进卓越法治人才培养模式、培养方法、培养途径并最终培养出符合中国特色社会主义法治建设需要的卓越法治人才提供科学性评价基础。

针对我国在法律人才培养中对法律职业教育的理念认同不足，应强化对卓越法治人才的法律职业教育理念认同。在培养标准认定、培养水平认可、培养课程设置、培养过程参与等方面引入法律职业机构参与，比如法官协会、检察官协会、律师协会、企业法律顾问协会等行业协会的参与；在培养过程中增加法律职业技能教育的时间和提高要求，使得学生能够在职业教育过程中逐步学会整合法学理论知识和法律实践需要，确立法律职业伦理，形成法律职业技能，能够应对和解决法律职业疑难复杂问题。

针对卓越法治人才不同于卓越法律人才的定位，应强化对卓越“法治”人才培养的理念认同。主要是从静态稳定的、以法学理论和法学知识见长的法律人才培养到动态调整的、以法律实践和法律执业技能见长的法治人才培养，从单纯的政法人才培养到满足各行各业需求、适应不同领域和跨学科的，实现法治国家、法治政府和法治社会需要的卓越法治人才培养。

总之，我国出台《关于坚持德法兼修实施卓越法治人才教育培养计划2.0的意见》意味着在中国特色社会主义法治事业进入了一个新的发展阶段，对卓越法治人才培养的需要也提升到了一个新的层次。从卓越法律人才培养升级为卓越法治人才培养，标志着我国的法治人才培养模式将在继承卓越法律人才培养优秀成绩的基础上开启一个新的改变，而这一切的发生都应从理念变革开始。

课堂与教学

Curriculum and Teaching

“党内法规学”教材建设的设想*

◎管　华**　秦丽云***

摘　要：与当前各高校党内法规研究方兴未艾相比，相应教材的编写仍然相对滞后。“党内法规学”作为一门交叉学科，在教材编写过程中应把握正确的政治方向，明确其适用对象并积极借鉴宪法学教材编写的有益经验。在内容方面，应按本体论、规范论、运行论三编展开，全面论述党内法规的基础理论、制度体系与实施过程。突出教材思想与理论与时俱进、形式与内容有效融合、理论与实践有机结合三大特点，以顺应党内法

---

* 基金项目：中国国家留学基金，陕西省纪检监察重点课题“纪检监察体制改革背景下的党规党纪与法律法规衔接问题研究”，西北政法大学“党内法规研究”青年学术创新团队计划资助，西北政法大学教学改革研究重点项目：党内法规课程建设研究。

** 管华，男，西北政法大学行政法学院教授，“党内法规研究”青年学术创新团队主持人。

*** 秦丽云，女，西北政法大学党内法规研究中心助理研究员。

规学学科建设形势的迫切需要。

关键词：党内法规　教材建设　学科建设

一、引言

党的十八届四中全会将“党内法规体系”纳入“中国特色社会主义法治体系”以来，党内法规建设受到党中央和学术界的高度关注。近年来，以习近平同志为核心的党中央对党内法规建设作出的系列重大决策和部署得到有效贯彻，如2017年《中央党内法规制定工作五年规划纲要（2013—2017年）》顺利落实，《中央党内法规制定工作第二个五年规划（2018—2022年）》正稳健实施，由此促使党内法规在制度建设和理论研究中取得丰硕成果。从党内法规制度建设方面来看，习近平总书记在中央全面依法治国委员会第一次会议上指出：“党的十八大以来，我们制定和修订了140多部中央党内法规，出台了一批标志性、关键性、基础性的法规制度，有规可依的问题基本得到解决。”尽管从2012年十八大召开以来，有关党内法规的理论研究已取得显著成绩，但其理论滞后于实践仍是党内法规建设中不可回避的问题。[1] 2017年6月中共中央印发的《中共中央关于加强党内法规制度建设的意见》（以下简称《意见》）明确要求要加强党内法规的理论研究。由此可见，党内法规制度建设和理论建设如“车之两轮”是推动党内法规体系完善的重要方面，两者相互促进、互不可缺。

在此背景下，党中央等有关部门凝聚了多方力量、采用多种形式推动党内法规建设的发展完善。其中，“党内法规研究机构”

〔1〕 刘长秋：《论加强党内法规学科建设》，载《观察与思考》2018年第11期。

的设立是一系列党内法规研究成果产出的重要载体和支撑。近年来，全国35家党内法规研究机构相继成立，机构类型主要包括高校、科研所主办和党委、法学会与高校合办两类。继2011年清华大学法学院成立全国首个党内法规研究中心之后，相隔四年，西北政法大学、山东大学、上海社会科学院法学研究所、中国政法大学、西南政法大学、深圳大学、山东农业大学、山东政法学院、郑州大学、贵州民族大学等17家高校院所的党内法规研究中心也如雨后春笋般涌现。从期刊论文的发表、学术著作的出版和科研项目的承担三个方面分析党内法规研究成果，高校研究机构占比总体较高。如在CSSCI期刊上发文5篇以上的高校党内法规研究机构有山东大学党内法规研究中心、上海社会科学院法学研究所党内法规研究中心、深圳大学党内法规研究中心；共16部公开出版著作中武汉大学党内法规研究中心占据10部；全部承担过国家社会科学基金、教育部人文社会科学研究和中国法学会部级课题这三大项目的唯武汉大学党内法规研究中心1家，承担过两项的也只有山东大学党内法规研究中心1家。[1] 由此可见高校是推动党内法规建设的重要力量，不仅为党内法规理论研究与实践建设搭建了互动的桥梁，也为党内法规学科建设提供了丰沃土壤。

当前，武汉大学、中国社会科学院、中国政法大学、华东政法大学、山东大学、西南政法大学、西北政法大学等高校在本科及研究生阶段已经开设党内法规学相关课程，部分高校也已启动

---

〔1〕《全国党内法规研究机构调研报告（征求意见稿）》，中国法学会党内法规研究中心，2019年2月18日。

了党内法规博士生培养工作,[1] 更重要的是2018年9月，国务院学委会下发的《关于推进部分学位授予单位设置“党内法规”研究方向的通知》（以下简称《通知》）正式确立在法学一级学科下设置“党内法规”方向，由此标志着党内法规学已经由“显学”发展成为一门独立学科。教材是学科建设的基础和支撑，但目前党内法规学还没有统一的教材，尽管中办法规局和中国法学会已聚合多方智慧进行《党内法规学》教材编写工作，但尚未公开出版。面对党内法规学学科“无书可教，无书可读的”困境，加快推进“党内法规学”教材编写是当前学科建设的迫切需要。

二、“党内法规学”教材编写思路

“党内法规学”教材是党内法规学学科建设的基础，也是党内法规人才培养的关键。因此，编写高质量、引领性的“党内法规学”教材，首先应遵循四个基本原则：一是明确教材的适用对象；二是把握学科建设的目标和要求；三是保证教材内容与课时安排相匹配；四是保证教材内容遵循逻辑关系。《通知》为党内法规人才培养提供了具体方案，明确了教材适用对象，并规定了党内法规学学科建设的目标与要求。本部分以此为基础梳理“党内法规学”教材编写思路。

（一）明确教材适用对象

教材的编写首先要做到“因人制宜”。因此，要准确定位“党内法规学”教材的内容和特点，就一定要对教材的适用对象进行分析研究。本文关于“党内法规学”教材的适用对象，综合

---

〔1〕 2018年6月25日，《党内法规学》编委会成立，编写工作启动会在北京举行，标志着我国第一本党内法规专门教材编写工作正式启动。

考虑两个方面，一是本科生、硕士和博士不同的学习阶段；二是来自法学、政治学和马克思主义等不同专业背景的学生。《通知》中指出，“在法学、政治学、马克思主义一级学科的相关二级学科设置党内法规方向的硕士和博士培养方案”，由此明确了高校所培养的党内法规专业人才主要是来自不同专业的研究生和博士。而本教材主要以为党内法规学的本科教学提供教材为目的，主要有以下两方面原因：

其一，党内法规作为一门独立学科，应该遵循学科发展规律，建立“本科—硕士—博士”的完整学科体系。但从各高校开展党内法规学人才培养的实际情况来看，如武汉大学、中国政法大学、山东大学、厦门大学、西南政法大学等高校对党内法规人才的培养多集中在硕士和博士阶段，并开设了相关课程，只有少数高校在本科阶段开展了党内法规学教学工作，如西北政法大学在本科生阶段开设了党内法规学的选修课程。由此来看，党内法规学人才培养存在本科教学的缺失。但随着党内法规学学科建设的不断推进，将其纳入本科学科体系，成立独立的党内法规学专业单独招收本科生是党内法规学学科发展的必然趋势。

其二，以上述在本科阶段建立党内法规学专业方向的观点为基础，本科教学作为党内法规人才培养的起点，重在培养能够系统掌握党内法规基础知识，同时能够妥善处理党内法规与法律之间的关系，灵活运用党内法规制度的复合型法律人才。目前从各高校针对硕士和博士阶段开设的党内法规学课程来看，多为“党内法规学”专题教学，因此学生很难对党内法规知识有系统全面的了解和掌握，因而不能满足本科教学需求。“党内法规学”教材本着“应其所需”的原则，在内容上系统论述党内法规基本理论、重点廓清党内法规实施程序，为党内法规学本科教学提供教学基础。特别是目前“党内法规”领域的出版物多为著作类、工具类或辅导类用书，可作为教材的著作罕有，因此“党内法规学”作为通用教材在本科教学阶段会得到广泛应用。

总之，党内法规学作为交叉学科，对于不同专业背景的学生来说，对党内法规的知识储备、思维模式以及接受程度都有所不同。忽略对“党内法规学”教材适用对象的研究分析，不仅影响学生的学习程度，对教师的教学质量也会产生影响。因此，教材编写应综合考虑多重因素。内容上，兼顾教材的应用性和学术性功能；结构上，平衡好与法学、政治学和马克思主义等学科之间的关系；形式上，通过创新教材体例来更好适应新型教学模式与学生需求。

（二）把握学科建设目标和要求

教材编写除了在适用对象上要满足“因人制宜”，在把握建设目标和要求的基础上更要注重“因时制宜”，即“党内法规学”教材以满足时代需求为根本。首先，党内法规学学科建设的关键目标是培养具备党内法规知识和能力的高层次人才，为建设全面依法治国和全面从严治党的伟大工程储备人才。本教材以辅助学生打牢党内法规知识为根本，并为党内法规学科理论的发展成熟提供支撑，同时不断充实更新自身内容以保障教材的持久生命力。其次，《通知》重点要求党内法规学学科建设要坚定正确的政治方向。其中，正确的政治方向体现在党内法规学学科建设的全过程，以认真贯彻党的指导思想为宗旨，坚持习近平新时代中国特色的社会主义思想，全面贯彻落实党的十九大精神。“党内法规学”教材也充分汲取其宗旨原则，对教材的政治正确性进行充分考量和严格把关。

为达到以上目标和要求，“党内法规学”教材在编写中，把党的政治引领作为贯穿全书的生命线，深入贯彻党的十九大精神和习近平新时代中国特色社会主义思想，牢牢把握教材编写的政治方向。同时，严格把控教材质量，除了突出教材的政治性，还要注重科学性、准确性、实用性、创新性、指导性、系统性。“党内法规学”作为交叉学科，在教学与教材上应体现学科的交叉特性，因此教材编写组成员除了党内法规研究的专家学者以外，还应有法学、政治学、马克思主义等众多理论和实务领域专家组成。另外，《通知》中关于党内法规学学科的课程体系不限于党内法规学专题研究课程，还包括法学、政治学、马克思主义等交叉学科课程，因此，“党内法规学”教材在内容上要处理好与党内法规学课程体系的关系，做到与其他学科课程有机衔接。最后由于学界关于党内法规研究的众多观点尚未达成共识，因此教材应对概念进行严格定义、对原理进行严密的逻辑解释，以此保证教材的准确性。

（三）借鉴宪法学教材编写经验

《通知》将党内法规专业方向设置在法学学科之下，因为法学的部分理论、原则与党内法规有共同适用之处，[1] 因此借鉴宪法学、法理学等法学学科建设的宝贵经验，能使党内法规学学科建设站在更高的起点上发展和完善。宪法学发展历程漫长而曲折，宪法学教材也经历了三十多年的历史变迁，从 1982 年《宪法》颁布至今，宪法学教材也可谓“千姿百态”。

宪法学教材主要经历了三个阶段的变迁：“注释宪法学—实

---

〔1〕 肖金明：《法学视野下的党规学学科建设》，载《法学论坛》2017 年第 2 期。

施宪法学—理论宪法学”。也由此可见宪法学教材的发展成熟并不是停留于传统对宪法典的描述，也不只以宪法实施为目的条文解释，更不是对两者的简单结合，而是在宪法学科发展成熟的基础上，构建完善的宪法学教材理论体系。第一阶段的宪法学教材主要以宪法典的结构为主，内容局限于对宪法条文的解释。如1983年吴家麟主编的首部《宪法学》教材共五编十八章，分别为“绪论、国家制度、经济制度、公民的基本权利和义务、国家机构”，在结构安排上基本与“八二宪法”相一致。在此后出版的众多宪法学教材中，多沿用这一体例，〔1〕如许崇德主编的《中国宪法》〔2〕。但随着宪法学理论研究的深入和实践教学经验的积累，宪法学教材也随之丰富和更新，宪法学教材的结构和内容在潜移默化中也开始从“静态的宪法描述”向“动态宪法实施”阶段转化。“宪法学实施”阶段的宪法学教材最明显的特征就是在教材中增加了“宪法程序”“宪法应用”等宪法实施的动态论述。但是，从构建完整的学科体系来说，无论是以文本为主的宪法学注释，还是以应用为目的的宪法实施，亦或二者的结合，对于宪法学科体系的研究和构建都是肤浅、局限的。〔3〕近些年，“宪法学理论”阶段正在逐渐打破这种壁垒，重构宪法学理论体系，其研究成果明确了宪法中“民主权利”的生命根基和“公民权利与国家权力”的主线。这一阶段成果也充分反映在宪法学教材中。如周叶中编著的《宪法》〔4〕首创了“宪法基本理论—宪法基本

---

〔1〕 管华、黄明：《宪法学教材三十年变迁的特点》，载《法学教育研究》2014年第1期。

〔2〕 许崇德主编：《中国宪法》，中国人民大学出版社1989年版。

〔3〕 周叶中、周佑勇：《宪法学理论体系的反思与重构》，载《法学研究》2001年第4期。

〔4〕 周叶中主编：《宪法》（第4版），高等教育出版社2016年版。

制度—宪法实施”体系结构，除了对宪法学基本问题进行了全面系统论述，同时重点强调宪法实施理论和宪政等问题。

综上所述，宪法学经过众多专家、学者的耕耘，其学科理论体系已相对成熟，而党内法规学科建设才刚刚起步，因此，通过吸取宪法学科三十多年的研究成果和发展经验，党内法规学在结合自身特性的基础上突破学科发展的壁垒，对学科体系的构建不是停留于单纯的条文和应用阶段，而是深入探析党内法规的本质和规律。党内法规作为中国共产党党内之“法”，以党员义务为价值取向的理论源于中国共产党的先进性和政治性。党内法规“义务本位”是党内法规的根基，也是党内法规研究起点。“党内法规学”教材以此为导向，首先搭建党内法规理论、制度和实施的教材体系框架，为后期构建完整的党内法规学学科体系打下坚实的理论基础。

三、“党内法规学”教材的内容

教材内容以满足学科发展需求为目的，而学科的建设发展既是为了培养专业人才，也是为了不断充实完善自身理论。因此，在“党内法规学”教材编写中，为保障其“政治站位高、内容覆盖全、结构体例新”的要求，本教材沿用宪法学教材发展经验构建“党内法规基本理论—党内法规基本制度—党内法规实施”为主线的教材体系。“党内法规学”教材分为三编，第一编：本体论，主要论述党内法规的基础理论和概念。第二编：规范论，按照“1+4”的模式，对党章、党的领导、组织建设、自身建设、监督保障方面的党内法规制度进行分析。第三编：运行论，从动态的角度廓清党内法规从创制到执行的实施体系。本教材在保证党内法规知识体系完善的基础上突出重点、难点问题，如，党内法规的定义、分类、体系建设、执行问题，以及党内法规与法律的区别、衔接等问题。

（一）党内法规本体论

理论是实践的前提，如果党内法规没有一套成熟完善的理论支撑，其应用就成了无源之水、无本之木。[1] 第一编“本体论”总共分六章，主要侧重对党内法规的基本概念、历史发展、主要特征、基本范畴、党内法规与国家法律的关系等基本理论问题进行阐述。因为党内法规学作为交叉学科，如果党内法规自身理论不足，很难将“党内法规学”教材建设成与党内法规学学科理论体系相匹配的课程。

第一章：党内法规概述。本部分根据党内法规制度规范，并梳理学界研究成果，通过探讨党内法规的概念、特征、作用、分类等党内法规基本理论，从而把握党内法规的内涵外延。同时，在习近平新时代中国特色社会主义建设的背景下，总结梳理党内法规在“全面依法治国”和“全面从严治党”的地位和作用，以及党内法规的分类，并对党内法规的分类标准加以分析。

第二章：党内法规的发展历史。发展以史为鉴，从党的一大通过《中国共产党第一个纲领》党内法规萌芽之时到“全面从严治党”和“依规治党”思想的形成，党内法规在中国共产党 90 多年的发展历程中发挥着举足轻重的作用。本部分以党内法规制度框架和中国共产党的发展历史为依据，参照《中共中央文件选集》《中国共产党党内法规选编（1978—1996）》《中国共产党党内法规选编（1996—2000）》《中国共产党党内法规选编（2001—

[1] 宋功德：《党规之治》，法律出版社 2015 年版。

2007)》《中国共产党党内法规选编（2007—2012)》《中央党内法规和规范性文件汇编（1949 年 10 月—2016 年 12 月)》等文献，把党内法规的历史发展划分为四个时期：民主革命时期—革命建设时期—改革开放时期—现代化建设时期，分别对不同历史时期党内法规的基本内容、主要特征、重大影响等进行梳理。

第三章：党内法规制度体系。2017 年中共中央印发《关于加强党内法规制度建设的意见》强调，党内法规制度体系，是以党章为根本，以民主集中制为核心，以准则、条例等中央党内法规为主干，由各领域各层级党内法规制度组成的有机统一整体。2018 年《中央党内法规制定工作第二个五年规划（2018—2022 年)》提出，“到建党 100 周年时形成以党章为根本、以准则条例为主干，覆盖党的领导和党的建设各方面的党内法规制度体系”的重大目标。党内法规体系庞大，内容交错纵横，而党内法规学习的核心是对党内法规制度体系有清晰认识。党内法规体系的分析，可从法学的视角出发，运用法学原理从“纵向”党内法规的效力位阶和“横向”党内法规规范两个维度对党内法规体系进行深入剖析。[1] 从党内法规的纵向划分来看，《中国共产党党内法规制定条例》将党内法规分为党章、准则、条例、规则、规定、办法、细则 7 类，其效力等级具有与法律体系类似的分层的结构，党章具有最高的效力，其次是准则、条例等。[2] 在横向上以党内法规内容范围为分界标准对党内法规体系进行划分，《意见》提出“1+4”的基本框架为此提供了宏观的蓝本。

---

〔1〕 王建芹：《法治视野下的党内法规体系建设》，载《中共浙江省委党校学报》2017 年第 3 期。

〔2〕 周叶中：《关于中国共产党党内法规体系化的思考》，载《武汉大学学报》2017 年第 5 期。

第四章：党内法规的范畴。学科是由其范畴构建起来的理论大厦，[1] 关于党内法规的范畴，学界有重要论述。其中，有学者提出，党内法规学理论体系是由基本范畴、核心范畴和重要范畴集约而成。[2] 党内法规与党内法治、领导与执政、民主与集中、权利与义务是党内法规的基本范畴。[3] 本部分充分吸收学界理论成果，对党内法规的核心范畴“党组织的权力和党员义务”，派生范畴“自由与纪律、党建与执政、自治与法治”等加以阐述。并从“义务本位论”视角理解党组织、党员、党内法规三者之间的关系，[4] 重点剖析党内法规的核心范畴。

第五章：党内法规与国家法律。党内法规与国家法律共同作为中国特色社会主义法治的重要组成，推进两者的衔接协调是当前亟需解决的核心问题。[5] 党的十九大报告强调，坚持“依法治国和依规治党有机统一”的创新战略。因此，为促进二者在全面依法治国的进程中相互协同、同向发力提供思想和行动指引，本部参照党内法规与法律的衔接实践，汲取学界的相关研究成果，从三个方面讨论两者之间的关系：一是党内法规严于国家法律，党内法规对党员行为的规范标准比法律规定更严格；二是国家法律高于党内法规，即党内法规在制度内容、制定程序、执行标准上不得与法律相抵触；三是党内法规与国家法律衔接协调，两者在价值取向上相一致，共同致力于国家法治现代化建设。

---

〔1〕 张文显：《论法学的范畴意识、范畴体系与基石范畴》，载《法学研究》1991年第3期。

〔2〕 宋功德：《党规之治》，法律出版社2015年版。

〔3〕 伍华军：《论党内法规的基本范畴》，载《法学杂志》2018年第2期。

〔4〕 周叶中、邓书琴：《论中国共产党党内法规的价值取向——以党员义务和党员权利为视角》，载《中共中央党校学报》2018年第4期。

〔5〕 秦前红、苏绍龙：《论党内法规与国家法律的协调衔接》，载《学术前沿》2016年第10期。

（二）党内法规规范论

本编总共分为六章对具体党内法规制度进行论述。内容以2017年《中共中央关于加强党内法规制度建设的意见》提出的“1+4”的基本框架——“党章之下分成党的组织法规制度、党的领导法规制度、党的自身建设法规制度、党的监督保障法规制度”为编写框架，[1] 以《汇编》收录以及新出台的中央党内法规和规范性文件为范本。

第一章：党章。党章作为党建设的总规矩和总章程，在党内法规中犹如“宪法”的地位，具有最高的效力和权威。[2] 习近平总书记强调：“党章是党的总章程，集中体现了党的性质和宗旨、党的理论和路线方针政策、党的重要主张，规定了党的重要制度和体制机制，是全党必须共同遵守的根本行为规范。”同时，党章对党员的权力义务、思想行为等作出了明确规定，我国8900多万党员无论是在工作还是在生活中都以党章作为思想引领和行为指南。党的十八届六中全会通过的《关于新形势下党内政治生活的若干准则》强调：“新形势下加强和规范党内政治生活，必须以党章为根本遵循”。党的十九大通过的党章修正案，把“习近平新时代中国特色社会主义思想、全面从严治党、四个意识写入党章、推进两学一做”等一系列新思想新理念写入党章，更加明确了党章在党的政治和思想建设中的统领地位。因此在新时代“全面依法治国”和“全面从严治党”深入推进的进程中，党章的作用绝不容忽视。

---

〔1〕 屠凯：《论党内法规制度体系的主要部门及其设置标准》，载《中共中央党校学报》2018年第1期。

〔2〕 莫纪宏：《论党章的最高效力》，载《西北大学学报（哲学社会科学版）》2017年第5期。

第二章：党的领导方面的党内法规。党的十九大报告明确指出："党政军民学，东西南北中，党是领导一切的。"中国共产党的领导主要是党的政治领导，党的领导方面的党内法规是对党行使行政权力和执行行政活动的规范，是为党发挥总揽全局、协调各方提供的制度保障。《汇编》中关于党的领导方面的党内法规和规范性文件共有75件，如思想宣传方面的《中共中央关于社会主义精神文明建设指导方针的决议》（1986年），统一战线方面的《中国共产党统一战线工作条例（试行）》（2015年），社会组织建设方面的《关于加强社会组织党的建设工作的意见（试行）》（2015年）。中共中央印发《中央党内法规制定工作第二个五年规划（2018—2022年）》强调，"要完善党的领导法规。重点制定中国共产党重大事项请示报告条例，党中央领导全面深化改革、经济、法治工作等方面的规定，中国共产党农村工作条例、宣传、组织、政法工作条例等一系列党内法规。2019年，中共中央印发了《中国共产党重大事项请示报告条例》。本部使用规范分析和实证分析的方法，对领导方面的党内法规的内容、作用范围、表现形式、实施原则等基本内容加以介绍，并通过案例分析的方式，对重要制度条文进行详细解读。

第三章：组织方面的党内法规。党的组织方面的党内法规是对党的各种不同组织的设立标准和职责范围进行的规范，是实现党的领导的重要途径、推动党的组织和党的队伍建设的重要保障。[1] 从组织法规制度对应的主体和对象看，主要为党组织机构的设置和职责。《汇编》关于党的组织建设方面的党规，总共有11件。其中，组织方面的《中国共产党党组工作条例（试

[1] 殷啸虎主编：《中国共产党党内法规通论》，北京大学出版社2016年版。

行》）（2015）、《中国共产党地方委员会工作条例》（2015）、《中国共产党支部工作条例（试行）》（2018年），选举方面的《中国共产党基层组织选举工作暂行条例》（1990年），象征标志方面的《中国共产党党旗党徽制作和使用的若干规定》（1996年）等党规。本部分主要对组织方面的党内法规的制度内容、基本特征等方面进行考察研究。

第四章：党自身建设方面的党内法规旨在规范党的自身建设活动，提高党的建设科学化水平，主要包括党的思想建设、组织建设、作风建设和反腐倡廉建设等方面的内容。《汇编》关于党自身建设方面的党内法规相比其他党内法规为数最多，总共138件。如综合性的《关于新形势下党内政治生活的若干准则》（2016年），思想建设方面的《中共中央关于认真学习宣传贯彻党的十八大精神的通知》（2012年），组织建设方面的《中国共产党发展党员工作细则》（2014年），反腐倡廉方面的《中国共产党廉洁自律准则》（2015年），作风建设方面的《党政机关厉行节约反对浪费条例》（2013年）等。本部分以《汇编》收录以及新出台的党规为范本，对党的自身建设方面的主要党规详细论述。

另外，本部分着重强调《汇编》中关于党的组织方面的法规制度和党的组织建设方面的法规制度的异同。党的组织法规制度主要规定了党组织的设置和职责，适用对象主要为各级党组织；党的组织建设法规涉及的内容具体包括党员的发展程序、党员教育培训、党员干部的任用选拔等，[1] 适用对象主要为党员及党

〔1〕 屠凯：《论党内法规制度体系的主要部门及其设置标准》，载《中共中央党校学报》2018年第1期。

员干部。从二者关系来看，党员集体以党组织名义进行活动时要依据党的组织法规制度，党的组织法规制度是党的组织建设法规制度的基础和前提，虽然二者在内容上具有相互交错的关系，但绝不意味着彼此间可以相互替代。〔1〕

第五章：党的监督保障方面的党内法规主要发挥着对党组织及党员行为活动的监督和党员权利保障这两方面的作用。目前，中国共产党已基本形成以《党章》为核心、以《中国共产党党内监督条例》为主干，多种监督制度协同发力的党内监督制度体系。〔2〕《汇编》收录的监督保障法规和规范性文件共32件，其中，监督方面的《中国共产党巡视工作条例》（2015年）、《中国共产党党内监督条例》（2016年），奖惩方面的《中国共产党党纪处分条例》（2018年）、《中国共产党问责条例》（2016年），党员权利保障方面的《中共中央关于印发〈中国共产党党员权利保障条例〉的通知》（2004），制度建设保障方面的《中共中央办公厅关于开展党内法规和规范性文件清理工作的意见》（2012年）等党规。监督保障方面的党内法规是党内法规体系的重要组成部分，制度规定既强化对执政权力的监督和制约，也强调对民主权利的保障。本部分主要以党内法规文本为范例，从权力规范和权利保障两个方面对监督保障方面的党规规范加以论述。

《汇编》以"四大板块"的框架为基准，对1949年新中国成立至2016年现行有效的党内法规和规范性文件进行了系统梳理，

---

〔1〕 屠凯：《论党内法规制度体系的主要部门及其设置标准》，载《中共中央党校学报》2018年第1期。

〔2〕 蔡文华：《党内监督制度体系的存在形态及其优化路径》，载《理论探索》2017年第5期。

充分反映了我国党内法规制度建设的丰硕成果。[1] 但随着党内法规制度建设的不断推进，从2017年至今党内法规制度成果也在不断涌现。如2017年，十九大表决通过《中国共产党章程(修正案)》、中共中央修改发布《中国共产党巡视工作条例》(2017)、中央纪律检查委员会审议通过《中国共产党纪律检查机关监督执纪工作规则》等；2018年全年共印发党内法规74部，同时启动了第二次党内法规和规范性文件集中清理工作；2019年中央全面依法治国委员会第二次会议审议通过《2019年中央党内法规制定计划》，同年中共中央印发《中国共产党重大事项请示报告条例》和《中共中央关于加强党的政治建设的意见》。由此可见党内法规制度建设处于动态变化之中，同时具有一定的“时效性”，而“党内法规学”教材是以制度为基础编写的，“时效性”也应在教材中得到充分反映。因此本教材也应顺应时代发展，适时对其进行修改和补充。

（三）党内法规运行论

党内法规从制定到执行，整个运行过程不仅是党内法规保持鲜活生命力的体现，也是充分发挥其功能和价值的体现。党内法规的制定、修改、解释、备案、审查、评估、执行、清理等运行程序的每一个环节，都需要不同机构和众多岗位协同推进。特别是在十九大报告提出“深化国家监察体制改革，推进监察委员会同党的纪律检查机关合署办公”的背景下，提高党内法规的运行效力是实现国家治理能力现代化的重要路径。本部分总共六章，分别对“党的机构、党内法规的创制、党内法规的执行、党内法

---

〔1〕 赵娜：《党内法规制度体系基本框架演变的历史考察——基于不同党内法规选编（汇编）版本的分析》，载《理论探索》2019年第1期。

规的备案审查、党内法规的解释、党内法规的清理”等内容进行阐述。

第一章：党的机构。党的机构是党内法规运行的中枢，党内法规的制定、修改、解释、备案、审查、执行、清理等都以党的机构为载体进行。党的机构的建立与宪法、法律中国家机构设置的原理类似，主要依据党章和相关党内法规建立的发挥党的领导和执政、党员组织和活动等职能的党组织。本部分从两条线索出发对党的机构进行系统梳理论述，一是依据《党章》的有关规定，按照层级关系，把党的组织分为：党的中央组织、党的地方组织、党的基层组织、党组等；二是根据党的组织的主要职能，将党的组织划分为党的权力机关、党的执行机关、党的监督机关等。但在国家机构深化改革背景下，仅仅了解党的机构职能是远不能适应未来岗位需求的。特别是十九届三中全会通过的《中共中央关于深化党和国家机构改革的决定》和《深化党和国家机构改革方案》进一步加快党政合署合并的趋势，这一举措尽管优化了党和国家机构的工作职能，但是也潜藏着党政混淆的风险。[1]因此，只有对职能相近或重叠的党和国家机构有清醒的认识，才能准确把握其职能的区别和联系做到有效衔接协调，进而加强和完善国家的治理能力和治理体系。

第二章：党内法规的制定。党内法规所进行的一切活动都是以党内法规的制定为基础展开的。党内法规的制定包括党内法规的制定和修改，《中国共产党党内法规制定条例》（2013年）可以说是党内法规中首部“立法法”，对党内法规制定、修改等程

---

〔1〕 秦前红、陈家勋：《党政机构合署合并改革的若干问题研究》，载《华东政法大学学报》2018年第4期。

序作了具体规定。本部分主要从四个方面对党内法规制定的内容进行梳理：一是明确党内法规的制定权及党内法规制定权限的基本理论问题；二是依照《中国共产党党内法规制定条例》所明确的党内法规制定主体和授权制定主体进行阐述，并进一步论析实际操作中存在的“党内法规制定主体不明确”的突出问题；[1]三是对党内法规制定过程中所涉及的具体程序和相关制度进行分析解读；四是借鉴立法质量评估的理论对党内法规的制定和修改进行立规前、立规中、立规后的质量评估予以分析。[2]

第三章：党内法规的执行。“天下之事，不难于立法，而难于法之必行”。由于党内法规的特殊性，党内法规的实施也具有一定的复杂性。首先，从党内法规的自身特性来看，其不仅具有法的属性，还有明显的政治性，其执行程序不仅受制度约束，还受到政治的影响。更重要的是，党的十八大以来，以习近平同志为核心的党中央强调，把“制度治党”“依规治党”作为全面从严治党的重要部署。因此，管党治党不仅要以党章为根本依据，还必须以政治为导向，并严格按照其他党内法规规范严格执行。如中央最新印发的《中国共产党重大事项请示报告条例》第 4 条第 4 款规定：“坚持规范有序。落实依规治党要求，严格按照党章党规规定的主体、规范、程序和方式展开重大事项请示报告工作”，也明确强调了这一标准。其次，从党内法规的适用对象来看，党员的违法违纪行为，不仅要受法律的制裁，还要受党规处分。所以目前党内法规在执行中面临着与宪法、刑法、行政法、监察法等法律的衔接的重要问题。如何做到两者有机衔接，以保

---

〔1〕 苏绍龙：《论党内法规的制定主体》，载《四川师范大学学报（社会科学版）》2018 年第 5 期。

〔2〕 管华：《党内法规质量评估标准研究》，载《学习与实践》2017 年第 7 期。

证党内法规的有效执行，其中一个重要的方面就是必须对党内法规的具体制度和执行程序有清晰的把握。本部分通过案例和制度规定相结合的模式，对党内监督、问责、处分、救济等程序的执行标准、执行主体、适用制度作详细阐述。

第四章：党内法规的备案审查。保证党内法规制定合法合规，提升党内法规制定的制度化、科学化水平，从而建立一套完善的党内法规备案审查体系，是当前党内法规建设所面临的重大课题。[1]《中国共产党党内法规和规范性文件备案规定》第1条规定："为了规范党内法规和规范性文件备案工作，保证党内法规和规范性文件同党章和党的理论、路线、方针、政策相一致，同宪法和法律相一致，维护党内法规制度体系的统一性和权威性，根据《中国共产党党内法规制定条例》，制定本规定"，明确了党内法规备案的目的、原则和依据。因此本部分依照《中国共产党党内法规制定条例》和《中国共产党党内法规和规范性文件备案规定》相关规定，对党内法规备案审查的含义、原则、范围、主体、具体程序进行阐述。通过建立严格的政治审查、适度的规范审查、宽松的合理审查模式，[2] 来推动完善党内法规备案审查制度体系的建设。

第五章：党内法规的解释。党内法规的解释是党内法规体系的重要组成，也是弥补部分党内法规制度规定模糊性和抽象性缺憾，[3] 从而推动党内法规有效执行的重要保障。《中国共产党党

---

〔1〕 殷啸虎主编：《中国共产党党内法规通论》，北京大学出版社2016年版。

〔2〕 李大勇、宋润润：《党内法规备案审查的多元化标准》，载《理论视野》2017年第1期。

〔3〕 郭书辰、徐君婷：《简析党内法规解释的构建原则与方法》，载《中共乐山市委党校学报》2018年第1期。

内法规制定条例》第29条第3款的规定：“党内法规的解释同党内法规具有同等效力”，明确了党内法规解释的效力和地位。《中国共产党党内法规制定条例》把党内法规分为党章、准则、条例、规则、规定、办法、细则七种形式，由此可见党内法规的解释也是一项复杂的工程，就具体党内法规而言“谁来解释、怎样解释、解释效力如何”都是党内法规解释的重点问题。从目前党内法规解释的概况来看，尽管部分党内法规已有明确条款规定了相关解释问题，如《关于新形势下党内政治生活的若干准则》规定“涉及全党全国性的重大方针政策问题，只有党中央有权作出决定和解释”，明确了解释主体和解释权限，但是，众多党内法规还存在解释主体、解释名称、解释权限、解释效力、解释程序等内容规定尚不明确。因此，在对现行有效的党内法规解释文本分析的基础之上，首先要清晰认识党内法规解释的概况和存在问题，从而借鉴法律制度解释和司法制度解释的方法和原则来促进党内法规解释机制的不断完善。[1]

第六章：党内法规的清理。党内法规清理是更新和充实党内法规体系的必经程序。[2] 2012年中央印发了《中共中央办公厅关于开展党内法规和规范性文件清理工作的意见》，在2012—2013两年的时间里，中央和各党委对改革开放三十年来出台的党内法规和规范性文件进行了大规模清理。同年中央印发的《中国共产党党内法规制定条例》第31条规定：“党内法规制定机关应当适时对党内法规进行清理，并根据清理情况及时对相关党内法

〔1〕 谭波：《论党内法规解释权归属及其法治完善》，载《江汉学术》2018年第4期。

〔2〕 王建芹：《党内法规清理标准的科学化构建》，载《理论学刊》2017年第4期。

规作出修改、废止等相应处理。”从党内法规清理的制度规定中可以看出，完整的党内法规清理系统，应该包括党内法规的清理主体、清理权限、清理程序、清理标准、清理后的处理结果等内容。[1] 本部分主要以党内法规清理的具体制度规定为依据，结合学术界的研究成果，对党内法规的清理主体、清理程序、清理标准等内容进行全面系统的梳理。

四、“党内法规学”教材的特点

（一）思想与理论与时俱进

从党的十八届四中全会把“完善的党内法规体系”纳入中国特色社会主义法治体系，到党的十九大把“依法治国和依规治党有机统一”纳入新时代中国特色社会主义基本方略，我国的法治实践进入一个“新时代”。“党内法规学”教材作为新时代法治人才培养重要工具，应立足法治建设新时代、党规研究新时代、法学教育新时代，充分吸纳党内法规建设的新思想、新成果和新理念，充分体现教材的与时俱进和鲜明时代感。本教材的与时俱进主要体现以下两个方面。

其一，全面贯彻十九大精神和新时代习近平新时代中国特色社会主义思想。党的十八大以来，以习近平同志为核心的党中央为建设发展中国特色社会主义，提出了一系列治国理政的新思想、新战略，创立了习近平新时代中国特色社会主义思想。党的十九大通过的党章，把习近平新时代中国特色社会主义思想确立为党的指导思想。十三届全国人大通过的《宪法修正案》，把习近平新时代中国特色社会主义思想载入宪法。这一系列举措充分

---

[1] 殷啸虎主编：《中国共产党党内法规通论》，北京大学出版社2016年版。

证明了习近平新时代中国特色社会主义思想，在党和国家建设中的重大政治意义、理论意义和实践意义。党内法规学科建设的重点是突出学科的政治特色，因此“党内法规学”教材全面贯穿新时代理念，对于牢固树立“四个意识”认真践行“两个维护”的新时代法治人才意义重大而深远。

其二，系统论述马克思主义中国化的理论思想，特别是马克思主义的政党思想对我国党的建设带来的新经验、新启示。”[1]马克思主义作为中国共产党建立建设的指导思想和理论基础，党内法规也是马克思主义原理和党的建设实践相结合的产物。国务院下发的《通知》中明确指出，要培养具有坚定的马克思主义信仰，坚持共产主义远大理想和中国特色社会主义共同理想，具有高尚道德品质和强烈责任感、事业心的从事党内法规教学、研究和实务工作的高层次人才。习近平总书记也强调：“坚定的理想信念，必须建立在对马克思主义的深刻理解之上”，[2]“坚持用马克思主义中国化最新成果武装头脑、凝心聚魂”。[3]因此，党内法规的人才培养，必须加强对马克思主义思想理论的学习，特别是要对马克思主义中国化最新成果进行深入剖析。

（二）形式与内容有效融合

内容与形式是唯物辩证法的基本范畴，内容决定形式，形式依赖内容。在“党内法规学”教材编写中，保证内容与形式的有效融合，是使教材在教学中发挥最大效用的重要经验。

“党内法规学”教材在内容排列上遵循人们对法学或者其他新兴学科认识的基本规律。首先，以党内法规基本理论为基准，

---

〔1〕《十八大以来重要文献选编》（下册），中央文献出版社 2018 年版。
〔2〕《习近平谈治国理政》（第 2 卷），外文出版社 2017 年版。
〔3〕《十八大以来重要文献选编》（下册），中央文献出版社 2018 年版。

对党内法规相关概念、原则、原理进行分析介绍。其次，又按照“1+4”的体系框架对具体党内法规制度分别加以介绍，使读者能够建立清晰的党内法规制度框架，更好的理解掌握党内法规制度规范。最后，按照党内法规的产生逻辑，分步骤对党内法规的运行机制进行介绍，包括党内法规的创制、解释、备案审查、执行、清理等。“党内法规学”教材内容通过建立以上逻辑体系，使读者循序渐进地学习党内法规知识。此外，由于党内法规学学科涉及领域十分广泛，与宪法、行政法、监察法、马克思主义等学科有着密切的联系。为保证教材内容的完整，本教材在体系上增加配套教学资源，提供参考文献、参考书目、习题库、案例库、党内法规目录以及重要政策文件目录。同时，在形式设计上为适应新型教学需求启动互联网思维扩充教材内容、丰富教材形式，如借助“二维码”呈现知识要点、加入慕课、视频资料等。教材针对“争议性”“复杂性”的观点，另设“专题研究”模块为学生“排疑解难”。

（三）理论与实践有机结合

理论和实践的有机结合是本教材的又一特点。构建科学完善的党内法规理论体系是党内法规学学科建设的支撑，[1] 而理论又是在不断的汲取经验实践中发展完善的。党内法规专业人才是为服务于国家法治建设而培养，因此不仅要求学生熟练掌握党内法规理论知识，还要求培养学生的实际应用能力。本教材为有效处理党内法规理论和实践衔接问题，引入“案例解析”模块。“案例解析”模块主要结合“诊所式教学”和“翻转课堂”的教

---

〔1〕 姬亚平：《论党内法规学的学科建设》，载《中国法学教育研究》2018年第2期。

学模式，把学习的主动权交给学生，使其能够做到学以致用，从而为更快适应未来岗位需求夯实基础。另外党内法规人才的培养不能局限于本领域的知识传授，还要处理好与宪法、刑法、行政法、监察法等领域与党内法规在具体制度和执行程序中的衔接关系，以满足纪委监委合署办公下对岗位职能的要求。总之，新时代法治人才的培养不是简单的“纸上谈兵”，而是培养对法学、监察学、政治学、党内法规等理论知识熟练掌握后准确解决复杂实际问题的复合型人才。

五、结语

当前，建设具有统一性、权威性和引领性的“党内法规学”教材是顺应党内法规学学科建设形势的迫切需要。“党内法规学”教材编写存在诸多严峻挑战，最终可归结为党内法规理论体系不完善、教材编写无前例可寻的缺憾。因此，党内法规研究的学者专家在立足党内法规政治性的基础上，应采用多元化、多方位视角，借鉴吸收其他学科建设的宝贵经验和学术成果，就重要问题努力达成共识，从而构建与党规学体系相匹配的党内法规理论体系。本教材的第一编对党内法规的理论体系进行了详尽阐述，目的是为党内法规学搭建完整的体系框架。另外，党内法规人才的培养是立足于未来法治岗位的需求，做好理论与实践的有效互动，充分激发教材的功用，是本教材重点关注的问题，力争聚合理论与实践的智慧，为党内法规学建设形成强大合力与最大共识。另外，在教材“案例解析”模块精选经典和现时案例，特别是监察法出台和党规制度相对完善以后的违法违纪案例，如秦岭北麓县境内违建别墅案、湖南洞庭湖违规违法建设矮围案、长春长生公司疫苗案、京津冀违建大棚房案等都反映出背后所面临的腐败、作风和责任问题，对党内法规学科教学具有重要启示作用。

参与式案例教学的实践路径

——以刑事诉讼法学案例教学为视角

◎屈　新*　吴红颖*

摘　要：参与式案例教学作为一种以学生为中心，以案例为载体，以应用为目的，以互动为特色的新型案例教学模式具有无可比拟的优势。刑事诉讼法学案例研习课是理论与实践紧密联系的课程，在经历了传统的案例教学模式之后，逐渐向参与式案例教学模式转变，但在实际操作过程中仍然存在诸多问题。通过梳理当前刑事诉讼法学案例教学中存在的问题，有针对性地对参与式案例教学模式进行变革与创新，从教学的准备阶段、实施阶段、评价阶段构建参与式案例教学在刑事诉讼法

* 屈新，男，中国政法大学刑事司法学院教授。

* 吴红颖，女，中国政法大学刑事司法学院 2018 级硕士研究生。

学案例教学中的实施路径，有效激发学生的学习主动性，实现师生的良性互动，从而改善教学效果，提高教学质量，培养符合刑事一体化趋势的优质法律人才。

关键词： 参与式案例教学　刑事一体化　法律人才培养

一、参与式案例教学模式概述

（一）参与式案例教学模式的内涵

参与式案例教学是一种以学生为中心，以案例为载体，以应用为目的，以互动为特色的新型案例教学模式。[1] 与传统案例教学模式不同，参与式案例教学的特点就是提高学生的参与度，从案例选材、资料查阅、问题思考到案例展示、课堂讨论、成果汇报、评价与总结等每一个教学环节，都由学生以小组为单位合作完成。学生始终是案例教学的中心，教师相当于课堂的主持人和总导演，负责把控课堂节奏，有效弥补传统单向案例教学模式的不足。

表1　传统案例教学与参与式案例教学的比较

教学模式		传统案例教学	参与式案例教学
教学主体		以教师为中心	以学生为中心
教学过程	设计案例	教师设计案例	学生设计案例，教师根据教学计划修改和完善
	展示案例	教师课堂讲述或课前布置案例	学生通过多种形式展示案例
	分析案例	教师讲解案例	学生分组讨论并汇报成果
	评价与总结	教师评价案例并总结其中的理论知识	学生自评、学生互评、教师点评相结合，学生在课后提交案例分析报告

〔1〕 陈颖:《高职高专参与式案例教学模式探索》，载《高教论坛》2013年第3期。

（二）参与式案例教学模式的特点

参与式案例教学加强了教学者与学习者之间以及学习者与学习者之间的信息交流和反馈，使学习者能深刻地领会和掌握所学知识，并能将这种知识运用到实践中去。[1] 与传统的案例教学方式相比，参与式案例教学具有如下特点：

1. 教学目标的全面性

通过采用参与式案例教学，充分调动学生的积极性和主动性，使学生深刻地领会和掌握所学知识，并能将这种理论知识与实践活动有机结合，培养学习者分析问题和解决问题的能力，最终实现知识传授、能力培养、素质提升的三维目标。

2. 教学过程的互动性

参与式案例教学过程注重师生互动和学生间互动，一方面，教师引导学生通过类比、思考、交流和反思等活动分析案例，然后根据学生实际情况进行有针对性地讲解，使学生能深刻掌握知识、理解理论、应用方法、解决问题；另一方面，鼓励学生与学生之间进行深入的交流，共同学习，互相帮助。

3. 教学形式的多样性

学生主导案例教学的全过程，有利于充分激发学生潜力，丰富课堂形式。在案例选取和设计环节，给予学生主动权选择自己感兴趣的案例将大大丰富案例来源和案例种类；在案例展示环节，学生可以采用自主讲述案例、播放案例视频、到法院实地旁听庭审等任何一种自己擅长的方式完成展示；在案例讨论和汇报

---

〔1〕 徐俊：《以案例为载体的参与式教学法在高校思想政治理论课中的应用》，载《才智》2017 年第 32 期。

方面，以小组为单位分析和讨论案例必然会产生思维的碰撞和观点的交锋，能充分激发学生潜力，推动学生对问题的深层次思考；案例评价方面，学生自评、学生互评与教师评价相结合的多元评价机制有利于改进课堂质量，提高教学效果。

4. 教学氛围的民主性

参与式案例教学方法特别注重发挥学生的主体性，鼓励学生主导案例研习过程。参与式案例教学积极倡导平等、民主、宽松、开放、快乐的课堂氛围，鼓励学生积极大胆地投入到课堂教学中，允许他们畅所欲言，各抒己见，张扬个性风采，形成生动、活跃的良好课堂氛围。

二、刑事诉讼法学案例教学的现状

法学教育的目标已由知识型转向应用型，刑事诉讼法学作为一门应用性很强的学科，在教育教学改革的背景下愈加重视理论与实践结合的教学方式。案例教学作为刑事诉讼法学的重要教学方法，在各高校的教学实践中已经得到不同程度的融入和体现，并且在经历了传统的案例教学模式之后，逐渐向参与式案例教学模式转变，但在实际操作过程中仍然存在诸多问题。

（一）案例选取或案例编写不当

案例是刑事诉讼法学案例教学的核心，案例的优劣对课堂质量有着至关重要的影响。一个高质量的案例包含很多要素，比如典型性强、有说服力、新颖、真实、可读性强、有吸引力，等等。但实际情况是，很多教师往往不能根据教学进度、时事热点精心设计和选择案例，所选案例或陈旧缺乏视角的多元与论争性，或编造失真缺乏可探讨性和综合性。案例选取不当则无法充分调动学生的主动性和积极性，也无法实现案例教学的预期效果。

（二）学生参与不力使案例教学流于形式

师生之间的有效互动、共同参与是实现案例教学目标的关键。传统的教师讲授型案例教学模式因为缺乏学生的参与而逐渐被抛弃，当前，以学生为主体的课堂讨论式案例教学逐渐占据主流地位。后者在形式上具备了学生参与和师生互动的条件，但在教学实践中，参与是否真实、互动是否有效则参差不齐、大相径庭。其具体问题主要表现在以下几个方面：一是学生参与的积极性不高，大部分学生仍然习惯于传统的讲授法教学，对于案例教学所需要的讨论、思考与答问环节关注过少；二是学生参与的有效性不足，案例教学需要提前储备相关素材和理论知识，大部分学生在课前没有充分准备和全程跟踪，在课上的讨论环节只能一言不发；三是学生参与的秩序性缺乏，由于对案例教学的方法不熟悉，学生参与案例教学的秩序比较混乱，讨论效率较低，无法适应案例教学的进度。[1]

（三）局限于诉讼程序的研习无法适应当前刑事一体化的人才培养需求

法律人才的培养最终要为司法实践服务，而司法实践历来都是融实体与程序、法律与政策、事实证据与法律适用为一体的综合性活动。特别是近年来刑事一体化的理念愈发得到重视，培养“宽口径、厚基础”的高级刑事实务人才和教学科研人才成为刑事法学教育的新要求。而当前的刑事诉讼案例教学往往局限于程

---

〔1〕 刘文化：《刑事诉讼法案例教学实践之反思》，载《人民法治》2017年第8期。

序问题和证据问题的研讨，与刑法学、犯罪学等多学科的知识融通欠缺，对批判性思维的研究方法应用不足，不能适应刑事一体化的教学改革趋势。

三、参与式案例教学在刑事诉讼法学案例教学中实施的重要意义

刑事诉讼法学案例研习课是刑事诉讼法学的核心课程之一，其目的在于在于通过案例研习让学生理解和掌握刑事诉讼的基本原理，并能运用这些原理分析、评价、解决实际中的刑事诉讼问题，这是一门应用性和操作性很强的学科。在刑事一体化的背景下，研讨刑事诉讼法学的案例也要充分借用刑法学、犯罪学等学科的原理来进行分析，案例研习的理论性、逻辑性、专业性不断增强，对于尚未完全掌握刑事法学原理的本科生而言具有一定的难度。而参与式案例教学能充分发挥学生的主动性，引导学生自主学习理论知识、解决实际问题，促进学生参与，增进师生互动，从而改善教学效果，提高教学质量。

（一）有助于理论与实践相结合，提高学生刑事法治能力

刑事法学知识一般围绕对犯罪的法律处置，涵盖刑法学、刑事诉讼法学、刑事政策学、犯罪学、刑罚学、侦查学等诸多学科。传统的讲授式案例教学，由授课教师分析、讲解案例，学生参与度较低，往往没有时间自主学习、独立思考，因此很难深刻理解和把握如此庞大复杂的刑事法学知识体系。而且司法实践历来都是融实体与程序、法律与政策、事实证据与法律适用为一体，一个刑事案件不仅涉及立案、侦查、起诉、审判、执行等不同诉讼阶段，还要解决最具个案特征的定罪量刑问题。可以说诉

讼机制的运行是诸多制度、程序和规则的综合运用，因此，将参与式案例教学应用于刑事诉讼法学案例教学，让学生主动、深度地参与案例的搜集、设计、展示、分析、讨论、汇报以及评价各个环节，通过对案例的综合分析，全面透彻地掌握刑事法学知识体系，提高把脉实际问题和解决实际问题的能力。[1]

（二）有助于调动学生主观能动性，培养团队合作精神

案例教学的目的就在于启发学生思考，通过互动参与方式，提高学生的刑事思维能力和理论联系实践的应用能力。在参与式案例教学中，学生通过团队合作完成案例教学以及评价的全过程。因为需要参与教学效果评价，评价结果作为期末最终成绩的一部分，学生团队能形成一定程度的竞争，克服慵懒，主动学习、讨论，变被动学习为主动思考，变无话可说变有话要说，主观能动性得到发挥，同时还能激发学生的创新意识。

一次效果良好的参与式案例研讨需要一个团队默契合作完成，从案例选择、资料查阅、问题思考、到展示演练各个环节，都需要作业团队组织分工、协调合作，团队的每个成员都要为争取案例的较好评价尽力尽能，这无疑对学生参与团队合作精神和集体荣誉感培养是一次极大提升。

（三）有利于促进师生互动，改善教学效果

传统的讲授式案例教学，授课教师提出案例、分析案例、给出结论，学生往往只是被动地接受知识，甚至出现课上记笔记、课后记忆背诵的低级学习模式，一旦遇到全新的案例则无从下手，更不用说将所学的知识应用与实际。而参与式案例教学，通

---

〔1〕　胡之芳：《刑事诉讼法学案例教学法的思考》，载《当代教育理论与实践》2012年第10期。

过授课教师的引导，学生自主搜集案例、展示案例，通过讨论分析解决自己提出的问题。在思考的过程中，教师适时地因势利导，师生之间形成良性互动、教学相长，有效地改善了教学效果，提高了课堂质量。[1] 参与式案例教学始终以授课教师为主导，以学生为主体，形象地比喻这种角色定位，可以说教师是幕后的导演，学生是台前的演员，[2] 知识、思想、经验在师生之间双向流动，共同呈现一堂充满活力但又保有秩序的案例课。

四、参与式案例教学在刑事诉讼法学案例教学中的实施路径

（一）参与式案例教学的准备阶段

授课教师在参与式案例教学中发挥导向作用，负责制定并公布参与式案例教学的教学任务和课程要求。在开学后的第一次课上，授课教师公布案例教学的参与方式、考核办法，并对全班同学进行分组。

1. 参与方式

学生以小组为单位参与案例教学全过程，具体包括搜集资料、设计案例、展示案例、分析案例、讨论案例、展示汇报和撰写案例分析报告等环节。每一位学生都要深度参与全部环节，不能仅参与阶段性工作。

2. 考核方式

参与式案例教学的评价机制包括学生自评、学生互评和教师评价，因此需要建立一套完整的评价标准体系，对案例设计、案

---

〔1〕 杜江涌：《师生互动教学法的新探索——案例教学法在家事法课程中的应用》，载《法制与经济》2009年第8期。

〔2〕 梁洁：《参与式案例教学模式在〈公共财政管理〉课程中的应用研究》，载《大学（研究版）》2017年第11期。

例展示、案例讨论和案例总结四个环节分别设置相应的评价指标。评价结果纳入学生期末成绩。

3. 分组方式

以自愿分组和统一调配相结合的方式对班级进行分组，一般6~10名同学为一组，每组选出一个负责人，负责小组内部的统筹分工。分组后以抽签方式决定小组作业顺序。

（二）参与式案例教学的实施阶段

实施阶段是参与式案例教学的核心阶段，该阶段由案例设计、案例展示、案例研讨、案例总结四个环节构成，分别致力于培养学生发现问题、说明问题、分析问题和总结问题的能力。教学流程清晰，教学目的明确。

1. 设计案例

各小组围绕刑事法学的理论知识，借助网络、报纸、电视等各种媒体，辅助多媒体设备，在限定时间内完成案例的选材、搜集和编写工作。为了能取得较好的案例教学效果，案例的选择要尽量满足下列条件：一是新颖性，选取的案例最好是近期发生的，具备较高的时效性，容易激发讨论热情；二是典型性，案例应该具有一定代表性，能浓缩大量的刑事法学理论内容；三是多样性，选取的案例不能局限在刑事领域，要尽量体现跨学科交叉，比如以“司法公正与媒体监督的良性互动”为主题的案例则实现了法学与新闻传播学的交叉，有利于培养学生解决复杂问题的能力。在此期间，授课教师可以提供相应的技术指导，例如告诉学生查阅资料的途径，指导学生如何查找资料，如何编写案例，但不要给出涉及案例内容的实质性指导。[1]

案例编写完成后要及时反馈给授课教师，由教师根据教学进度和教学对象对案例进行修改完善，并针对该案例提出 2~3 个待解决问题。所提问题应该在一定程度上反映该案例的教学目标，并对后续的案例展示、案例研讨环节具有一定的引导和提示作用。

2. 展示案例

该环节要求学生对其自主编写的案例进行介绍和展示，为了保证课堂效率和课堂效果，案例展需要在限定的时间内完成，一般 10~15 分钟为宜。案例展示的形式可以灵活多样，如配合 PPT 讲述、辩论会、情景剧、观看视频等形式。[2] 甚至每学期可以选择一个正处于审判阶段的案例，带学生走入法庭去旁听庭审，深入了解包括证据在内的案件细节问题，回到学校后再次讨论并由学生对案件作出裁决，裁决的结果可与案件最终的裁判文书进行对比，实现了课堂教学与司法实践的无缝对接。无论采用哪一种形式展示案例，最终要展示和呈现出明确细致的案情，包括案件的起因、经过、结果。同时要提供可供讨论的问题，除了授课教师在上一环节给出的问题，负责该案的小组以及其他同学都可以提出问题，问题既要与案件内容有关，也要具有开放性。

3. 研讨案例

案例研讨是参与式案例教学的中心环节，学生通过对案例的充分讨论和分析，深入学习理论知识，通过思考提高分析问题和

---

〔1〕 崔征:《刑法案例教学法在实践中运用的探索》，载《法制与社会》2012 年第 32 期。

〔2〕 潘高峰、陈露:《论法学教学中案例选择和展示的技巧》，载《天中学刊》2011 年第 2 期。

解决问题的能力。案例研讨要彻底摆脱授课教师的干涉，真正以学生为主体，由学生负责组织和投入讨论，各小组成员要认真倾听彼此的意见和看法，并伴有激烈讨论，从而提高学生的主观能动性、创新意识和理论应用能力。讨论结束后，由负责汇报的小组推选出代表发言，讲述本组对案例的理解、分析、判断过程，提出解决法律争议的思路和结论。在这个过程中，老师可以通过提问引导主汇报人之外的其他学生积极发言。汇报结束后，如果出现其他小组与汇报小组观点不一致的情况，小组之间可以展开辩论，就焦点问题展开二次讨论。注意在整个案例研讨过程中，授课教师始终扮演监督者和气氛调解者的角色，避免给出具有指向性的观点，干扰学生独立思考。

4. 总结案例

汇报完毕后，老师要对学生讨论和汇报时候所运用的方法、思路以及解决问题的途径进行总结，给出所研讨案例的参考而不是唯一答案。案例教学法实施的目的是锻炼学生分析问题解决问题的能力，而不是得出唯一正确答案。总结时着重点评讨论的思路是否正确、分析问题的方法是否恰当，得出的结论是否合理。要点明该案例所要考察的法学原理与知识点，对学生的表现给予实事求是的评价，指出讨论的成功之处和需要改进的不足之处。

此外，负责该案的每一位小组成员都要在课后提交案例分析报告，作为对案例研讨的回顾和总结。撰写案例分析报告能够进一步深化学生对讨论内容的理解，同时锻炼学生书面表达能力。

（三）参与式案例教学的评价阶段

评价是参与式案例教学应有的重要环节，它直接反应参与式教学的效果和学生表现。评价体系可由授课教师引导制定，包括评价主体、评价指标和权重两部分。[1]

1. 参与评价主体

由授课教师和学生组成，授课教师负责评价体系制定、案例制作点评以及班级成员评价的指导监督工作，全班学生均可参与案例教学效果打分，打分结果交由各组组长汇总整理取平均分，各小组的最终成绩为各组组长所取分数以及授课教师分数加总后的平均分。

2. 评价指标及权重

评价指标体系设置是否合理关系到学生参与案例教学的积极性。评价指标选取可灵活掌握，可由案例选材时效性、案例内容的社会关注度、案例制作思路逻辑性、案例的创新性、案例的完整性、刑事理论与案例的结合度、案例教学表达准确度、团队合作度、在课堂上的互动度等构成，也可根据教学需要加减指标评项，其各项分值权重根据授课教师教学意图分项设定。各小组的最终成绩和学生后期提交的案例分析报告的成绩将综合纳入学生本课程的期末综合成绩当中。

---

〔1〕 范玉琴、李艳飞:《基于应用能力导向的西方经济学参与式案例教学实践探索——以独立学院为例》，载《山东农业工程学院学报》2017年第12期。

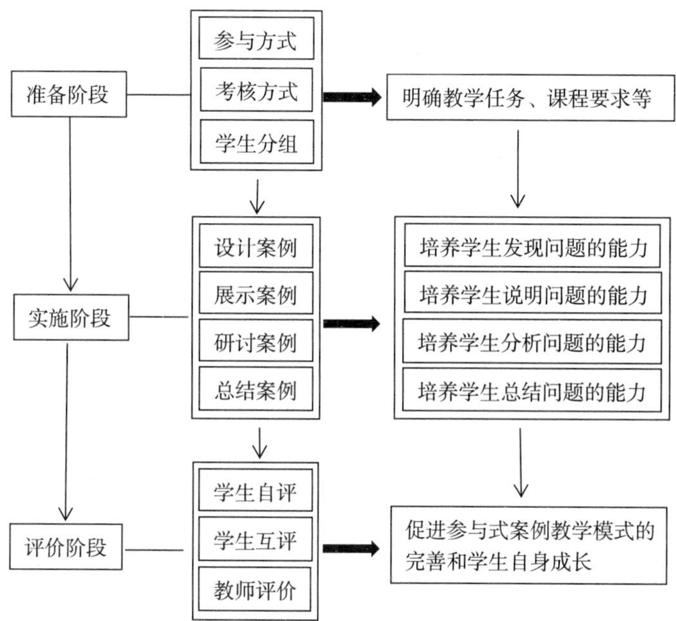

参与式案例教学在《刑事诉讼法学案例研习》中的应用

“民族区域自治法”本科教学实例的选择与适用

——以中央民族大学法学（藏语基地班）为例*

◎郑　毅**

摘　要：“民族区域自治法”课程作为中央民族大学法学院本科特色课程，同法学（藏语基地班）的专业培养目标高度契合。实例教学模式不仅对教学效果提升效应明显，更有利于充分贯彻落实双语法律人才培养、维护民族团结、筑牢中华民族共同体意识等中央顶层设计精神。实例的选择应主要遵循规范性、实践性、民族性、团结性和适当趣味性五大标准。根据使用目标和场域的不同，实例可为引导型、说明型、印证型和关联型共四大类（十五小类），这可通过十九个具体实例深入

* 中央民族大学2018年度校级教改项目“深化法学（藏语基地班）人才培养模式改革”的阶段性成果。

** 郑毅，中央民族大学法学院副教授，法学博士。

解读阐释。随着实例教学优势的显现，其困境亦日渐突出。虽然并非所有困境均可径由实例教学模式本身的发展得到根本性解决，但优化推升的空间与前景依然显著。而加强相关实例的遴选和更新力度、合理优化实例的具体内容及表述方式、促进实例教学模式的结构性完善无疑在该优化过程中扮演重要角色。

关键词：“民族区域自治法” 本科课程 教学模式 选择与适用原则 中央民族大学

一、研究的缘起

（一）本文的价值

《民族区域自治法》是我国重要的宪法相关法，作为国家基本政治制度的民族区域自治制度乃至整个民族法制体系的核心规范，其在2011年建成的中国特色社会主义法律体系中占据重要地位。[1] 中央民族大学法学院作为我国民族法制教育的最高学府，虽然早在2003年即开始培养民族法学博士研究生，但正式开设专门的“民族区域自治法”课程却始于2014年起招收的“法学（藏语基地班）”的《专业培养方案》——隶属于三大课群中的“专业方向课”，开设于大三下学期，共36学时。迄今为止已面向2014级至2016级法学（藏语基地班）学生开设三轮。作为该课程的唯一授课教师，笔者认为对课堂讲授过程中相关实例的选择与适当运用等经验及时总结、提炼和升华，[2] 对于本

---

〔1〕 在2011年《中国特色社会主义法律体系》白皮书中，在位列七大法律部门之首的“宪法相关法”中，《民族区域自治法》是唯一一部获得单段表述“待遇”的宪法相关法。

〔2〕 需要指出的是，本文的“实例”泛指所有在课堂上为实现特定教学目标而举出的例子，不仅仅局限于司法裁判或案例教学层面上的“案例”。

课程顺利讲授、法学（藏语基地班）专业培养目标的实现乃至整个民族法制本科教学的发展等均意义重大，包括但不限于如下三点。

第一，其重要性在本质上是由民族区域自治的价值决定的。一方面，民族区域自治制度是我国的基本政治制度，党的十八大以来，“坚持和完善民族区域自治制度”在历部中央顶层设计文件中一脉相承，党的十九大报告再次予以重申；另一方面，党的十九大提出全面依法治国、建设中国特色社会主义法治体系和社会主义法治国家。在新时代法治人才培养过程中，“民族区域自治法”课程显然成为前述目标的“最大公约数”。

第二，近年来，双语法律人才培养成为新时代法律专业人才培养的重点之一。2015年最高人民法院、国家民族事务委员会联合印发的《关于进一步加强和改进民族地区民汉双语法官培养及培训工作的意见》提出了民族地区双语法官培养的“千人计划”，为双语法官培养和培训勾画出了明确的“时间表”和“路线图”——“到2020年前，基本解决民族地区人民法院双语法官短缺问题，各民族地区人民法院共培养出双语法官1500名”；2016年最高人民法院和国家民族事务委员会又决定在中央民族大学、西南民族大学、西北民族大学设立首批全国双语法官培训基地。中央民族大学法学院法学（藏语基地班）专业即为面向藏区培养藏汉双语法律人才的实验班，其主要生源地除西藏自治区外，还包括甘肃、青海、四川、云南等省的藏族自治州。对于民族自治地方双语法律人才培养而言，“民族区域自治法”课程在传统主干法学课程外无疑扮演重要角色。

第三，目前开设“民族区域自治法”课程的高校法学院并不多，但随着民族自治地方的法治建设不断深化，对既具备法学专业素养又能够深度理解和精准把握民族区域自治法治时代内涵的高级法律人才的需求不断增加，该课程在西部民族地区或民族高校法学院的扩大化开设趋势明显。作为较早从事相关课程教学实践的专任教师，有必要及时总结、全面梳理、深度提炼相关经验教训，以小见大地助力民族地区法治专门人才培养。

（二）“民族区域自治法”课程教学的主要目标

第一，规范分析能力的培养。我国长期存在将民族区域自治不断赋予过多政治色彩的倾向，这在党的十八届四中全会“依法妥善处理涉及民族因素的社会问题”目标的实现过程中尤应避免。[1] 而在教学过程中区分作为法学的“民族区域自治法制”和作为民族政策学的“民族区域自治制度”，关键就在于充分发挥“规范分析”这一法学“看家”的学科特色思维模式的作用。除了“源于规范→基于规范→归于规范”的法教义学思维，更关键的在于法规范解释方法的习得。

第二，逻辑思维能力的提升。作为全国人大制定的宪法相关法，《民族区域自治法》本身相对宏观和抽象，因此逻辑思维能力的培养与提升对于解读立法精神、建构规范体系、剖析法治实践、处理具体案件等具有重要价值，这对于规则设置相对具体的民商事、刑事、行政法律部门的学习与领会同样具有明显的溢出效应，无形中成为勾连民族区域自治法和其他传统部门法课程的重要逻辑纽带。

---

〔1〕 中共中央、国务院于2014年底印发的《关于加强和改进新形势下民族工作的意见》明确要求：“要依法妥善处理涉及民族因素的问题，坚持在法律范围内、法治轨道上处理涉及民族因素的问题，不能把涉及少数民族群众的民事和刑事问题归结为民族问题，不能把发生在民族地区的一般矛盾纠纷简单归结为民族问题。”

第三，双语实践能力的奠基。法学（藏语基地班）的培养目标中，“熟练运用汉语和藏语”与“具有实践和创新能力”并重。一方面，课程讲授在兼顾理论的同时更强调鲜明的实践导向，毕竟大多数毕业生未来将回到藏区从事一线司法实践工作；另一方面，虽然“民族区域自治法”课程本身不能提供法律藏语的学习，但可以通过详解民族区域自治框架下少数民族语言文字权、民族自治地方自治机关和司法机关适用当地通用的一种或几种语言文字制度、双语法律人才在民族自治地方法治建设中的重要作用乃至引导参与藏汉双语诉讼实践等方式加深学生对相关理论与规范的理解以及对国家政策精神的领会，以此提供基础性、知识性和背景性的良好支撑。

（三）实例选择和适用的标准体系

由上，“民族区域自治法”课程中的实例选择主要应考虑如下五点标准。

第一，能够切实帮助学生深入掌握民族区域自治法律规范，并初步具备运用课堂的理论与分析方法解决具体法律案件的专业能力。

第二，在兼顾民族区域自治法制宏观问题的基础上，主要面向藏区或藏族的司法实践，为学生日后在藏区从事具体法律实务提供丰富的前期储备。

第三，贴近藏族的传统文化、习惯规则、宗教信仰等，它们一方面是藏区深化社会主义法治建设过程中无法规避的特色需求与关键因素，另一方面能够提升学生学习时的亲切感、代入感乃至使命感。

第四，维护民族团结，筑牢中华民族共同体意识。这既是新时代民族工作的重中之重，也是对党的十九大报告中“促进各民族像石榴籽一样紧紧抱在一起”的具体践行。

第五，适当兼顾趣味性。由于“民族区域自治法”课程开设于大三下学期，高年级本科生相对散漫，又处于法律职业资格考试、研究生考试、公务员考试、英语四六级、托福、雅思以及实习、求职、就业等繁忙阶段，大多数学生偏实务化的职业规划导致其对司法适用性相对较弱的“民族区域自治法”课程的学习积极性相对较低，而适当兼顾实例的趣味性能够在一定程度上活跃气氛、调整节奏、重新凝聚注意力，进而提升授课效果。

应注意，前述五类标准存在结构性划分。其一，核心标准，所举的实例绝对不能触碰的“红线”即可能引发破坏民族团结的后果，在此基础上特别鼓励通过实例强化维护民族团结、提升中华民族共同体意识。其二，重要标准，即在核心标准反向排除形成的范围内，遴选相关实例所应遵循的主要依据，法律规范掌握、面向藏区或藏族的司法实践、贴近藏族特色等三大标准位列其中。其三，补充标准，即所谓的趣味性：合乎前述四大标准同时又兼具趣味性的，优先选用；符合前述四大标准但不具有趣味性的可作为备选，不宜直接排除；不完全符合前述四标准但却具有趣味性的，原则上不予选用。

二、内容、意图与技巧：实例的类型结构及其举要

在数年的“民族区域自治法”授课过程中，笔者将相关实例逐渐类型化，形成四大类共十五小类，每类实例所具有的功能、适用场域及其背后彰显的选择标准均有所差异，谨详述之。

（一）引导型实例

所谓的引导型实例，是指实例本身并不担负主要的说理功

能，其价值更多地体现在引出议题、提请关注等方面。由于引导型实例后常常接重要的知识点，因此相关实例在授课实践中往往要通过营造某种类似“戏剧冲突”的手法来激发听众的关注兴趣。实践中，这种“戏剧冲突”主要通过营造各种反差实现，其又可分为三种功能类型。

1. 引出议题

如在介绍唐代民族法制史时，须对古代吐蕃立法有所涉及，但在传统认知中，一方面认为法制史在整个法学理论系统中不具实践性，另一方面觉得古代少数民族地区的立法颇为落后，故须通过适恰的实例引导来提升关注度：

【例一】曾经轰动一时的“长江捞尸人”事件——船家不仅不对溺水者施救，反而放任溺亡的后果发生以赚取天价捞尸费——引发社会强烈关注。但当下学术界对于“见死不救入刑”抑或是“见义勇为激励”在路径选择上存在较大争议：“见死不救”的成立须以当事人具备相关能力为前提，而“见义勇为”又面临未达施救目标或引发次生伤害的风险，这些都提升了法律实践中的判定难度。由此引入一个开放式讨论环节。

在学生简短课堂讨论无果后，笔者举出一千多年前的吐蕃《狩猎伤人赔偿律》——对目击陷于牦牛身下的情形，根据遇险者与施救者的地位对比，以及遇险者最后的状态（无恙、伤、死），综合决断惩罚见死不救者或奖励见义勇为者。较之当代相关讨论“非此即彼”的狭隘格局，吐蕃立法不仅采取了更为全面的双管齐下的规制思路，且针对具体情形设定了客观、详尽、周延的判断基准。以此引导学生认识到古代民族法制并不一定是落后的，其对现代法制具有一定的借鉴意义，并提升藏族学生的历史自豪感与民族自信。

2. 引发思考

主要是通过突破传统的认知来实现反差效果，以加深对相关知识点的理解，又可分为如下三种。

（1）理论与实践的反差。如基于对《宪法》《民族区域自治法》等法律中“民族平等”相关规定的理解，以及对诸如少数民族高考加分等现实情况的掌握，学生大多会判断目前对于民族平等的保护较为充分，从而忽视民族平等法律保护实践的复杂性，故有必要通过实例来印证法律规范“从纸上走到地上”的重要性。

【例二】2012 年 12 月，网友爆料 7 天连锁酒店首都机场店拒绝少数民族旅客入住，而酒店官方的危机公关说辞则是“根据当地派出所的要求，对入住的个别民族的旅客进行报备，而前台表述不当引发误会”。其实国家早在 2002 年 11 月就出台了《关于纠正极少数宾馆饭店旅店拒绝少数民族人员入住行为的通知》，这一方面说明此类事件自来有之且绝非孤例，另一方面也说明规范的真正贯彻落实（即“法制”向“法治”的华丽转身）是一个漫长的过程，比规范的制定要更为复杂。

（2）颠覆惯性思维。既能够加深听者对相关知识点的印象，同时又能纠正一些“想当然”的认知，并进一步拓展理论背景和知识结构，如下面两例。

【例三】目前我国中央民族立法往往具有原则性、抽象性较强的特征，因此当遇到某些“语焉不详”的条款表述时，学生自然会以“立法滞后”评价。但在论及《民族区域自治法》第 31 条第 3 款“民族自治地方在对外经济贸易活动中，享受国家的优惠政策”的规定时，却必须引入2001年修法增加该款时“入世”的宏观背景——为了在确保民族自治地方外贸优惠的同时尽量减小同WTO“国民待遇原则”的直接抵触，故该款采用了模糊性表述的方式。

本实例传达给学生三个重要信息：一是立法语言的模糊有技术性模糊和策略性模糊之分；二是立法语言模糊并不一定是坏事，否定性评价主要指向技术性模糊；三是对条款的解读须还原立法的时代背景。

【例四】藏族“赔命价”习惯法在形式上与现行《刑法》的规定不符，因此多认为是须革除的对象，但现实中偏远藏区却仍普遍存在，学生理解起来比较矛盾。此时若举出《刑事诉讼法》第288条和《最高人民法院关于常见犯罪的量刑指导意见（2017年修订）》（法发［2017］7号）所规定的刑事和解制度，就能够很好地解决这一矛盾。

本例欲同时实现四个重要教学目标：一是扭转“赔命价”习惯法一无是处、必须革除的刻板印象；二是明确国家通过立法承认民族习惯法的重要方式；三是将“民族区域自治法”课程与学生之前学过的刑事诉讼法课程勾连起来，知新温故；四是从侧面暗示《民族区域自治法》第10条“保障或改革自己的风俗习惯的自由”的重要实现方式，一举四得。

（3）对“灯下黑”议题“解剖麻雀”。基于“路灯效应”，〔1〕某些议题往往被认为基于法律的明确规定已无探讨的必

〔1〕 所谓“路灯效应”，即人们经常成为下面事实的受害者：比如夜间我们在街上把钥匙丢了，我们总是倾向于回到照明较好的便道上去找，也就是在路灯下找。而既有研究的偏颇，可能恰恰导致我们忽略了隐藏在黑暗中的“钥匙”。［法］让-皮埃尔·戈丹：《何谓治理》，钟震宇译，社会科学文献出版社2010年版，第27页。

要，但实际上却往往是被误读的重要基础性问题。通过实例的分析能够很好地消除误解、加深认识，进而在逻辑推理和批判过程中激发学生的发散思维潜力。

【例五】作为民族区域自治法制的基本主体，一般认为《宪法》第112条对自治机关“人大+政府”的内涵表述并无争议。但结合2015年《立法法》修改的过程却未必：修改后的《立法法》赋予自治州人大及其常委会地方性法规制定权，此为大前提；全国人大将这一赋权逻辑的依据解释为《民族区域自治法》第4条第2款“自治州的自治机关行使下设区、县的市的地方国家机关的职权”以及设区的市人大及其常委会有权制定地方性法规，此为小前提。故逻辑推导的结论是“自治州的人大常委会属于自治机关”，这显然与《宪法》第112条的规定冲突。那么，人大常委会究竟是不是自治机关？在引导学生进行简单的课堂讨论后，笔者分述两种截然不同的判断及其各自理由，展开“苏格拉底式”的自问自答，最后引导学生自己得出开放性的判断。

该实例的运用不仅充分实现了“自治机关是什么”的基本教学目标，更开拓了视野、纠正了误区、训练了逻辑思维，进而强化了学生对该知识点的深入把握。而笔者在讲述民族区域自治法制另一重要主体“上级国家机关”概念时，亦采用了类似的实例讨论方式。

3. 引起关注

这类实例首先旨在引发听者对重要问题的关注，此外，也可扭转学生对“民族区域自治法”课程乃至整个法学（藏语基地班）专业诸如实践性有限、就业面狭窄等方面的误解，进而提升专业信心，进一步激发学习积极性。如在论及双语法律专业人才的缺口严重影响公正审判的问题时，例六的使用显然会使讲授更为直观，而例七则说明民族地区司法实践对深入了解少数民族风俗习惯同样提出了较高的要求。

【例六】四川甘孜县一个藏族女孩从一位陌生男子飞驰的摩托车后座摔了下来当场死亡，死者家属质疑为何死者会坐上陌生人的摩托车？后发现，外聘的藏汉翻译由于缺乏法律专业背景，误将目击证人用藏语陈述的“从后座跳下来”译为“从后座掉下来”，遮蔽了骑车男子胁迫女孩赴郊外实施强奸的真相。一字之差，导致案件性质迥异。

【例七】一名藏族妇女赴甘南藏族自治州夏河县人民法院起诉离婚，在财产分割上提出“只要家里的那口锅”。承办案件的汉族法官觉得并无不妥，但男方不但不同意，还邀约亲友大闹法院。经查，当地藏族人的传统是分家不分锅，否则寓意家破人亡。最后男女双方在藏族法官主持下达成了新的财产分割协议。

可见，双语司法能力的养成和民族风俗习惯的把握均对公正审判和定分止争意义重大。而前述不同类型的实践困境又与法学（藏语基地班）的培养目标深度契合，专业学习大有用武之地。

（二）说明型实例

这类实例往往直接作为知识点证立和逻辑推演的构成部分，意在加深听者的印象，尤其是确保全面、准确、深入地掌握相关教学内容，相对于一般性的讲授而言，往往发挥“锦上添花”的独到作用。大致分为四小类。

1. 一般说明

区别于“理论铺陈+实例说明”的一般套路，强调在分析实例的过程中潜移默化地将知识点阐释清楚，说理入深但痕迹较淡，更便于学生的领会掌握。如在讲授“自治机关”的规范表述时，笔者通过如下实例展开。

【例八】本校某博士生导师曾来电询问，其所指导博士生的毕业论文中反复出现“民族自治地方的自治机关”的表述，为求简洁，能否去掉“民族自治地方”的限定？学生在简短的课堂讨论中往往感觉无从入手。于是笔者径由下列思路层层引导：如果该前缀不能删除，必要性何在？意在区别于民族自治地方外其他地方的自治机关；我国目前除民族区域自治制度外尚有特别行政区的高度自治制度，因此所谓的“民族自治地方外的其他地方”仅指特别行政区。于是问题的关键在于确认：特别行政区有无自治机关？学生多倾向肯定立场，并会举出立法会、特首、拥有终审权的高等法院等诸例。在基本认可的基础上，笔者进而强调在实践中“实施自治权的机关”并不一定是规范层面上的“自治机关”。因港澳基本法文本中并无“自治机关”表述，因此该提法在现行法律规范的框架下仅存在民族自治地方。回到该博士生导师提出的问题，删去前缀并不会引发规范上的混淆，因而是可以的。

该实例的运用意图至少有五：一是强化学生对“自治机关”所在制度场域特定性的认知，这是基本讲授目标；二是帮助学生对于特定问题的分析找准突破口并构建合理的解构进路，服务于更高的法律逻辑分析能力培养的目标，属于提升目标；三是提示学生注意法律规范和法律实践的关联与差异，进而夯实“规范主义”的专业价值观；四是引导学生将民族区域自治和特别行政区的高度自治这两大中国特色地方自治制度进行横向比较，自主发现更多的“知识金矿”；五是暗示学生运用合理的分析逻辑自行得出结论甚至可以解答博士生导师提出的疑惑，进而提升学习信心，此乃附带目标。

2. 引申说明

在一般性讲授的基础上，通过适当的（尤其是跟听者关系较为密切的）实例引用，缩短学生与略显枯燥的知识点的心理距离，进而提升学习效果。如关于五大自治区自治条例难产的问题，笔者通过实例九进行解读。

【例九】五大自治区的自治条例数十年来难产有诸多原因，其解决的方案在于中央主导下分批次的梯度实施。可将宁夏作为试点，内蒙古和广西跟进，而新疆西藏出台自治条例则作为远期目标。先给出答案后，再引导学生思考为什么要按照这个顺序排列？在学生各抒己见后，作为小结，笔者举出2008年“3·14事件”后亲赴拉萨调研的实际情况，说明西藏的现阶段工作重心主要在于维护国家统一、民族团结和社会稳定，通过自治条例法律化的时机目前尚不成熟，同时展示当时调研中拍摄的具有典型说明性的照片。

该例的适用目标主要有三：一是拉近了法学（藏语基地班）学生同该知识点的的心理距离，提升其关注意愿和可接受度，这既通过以西藏和拉萨为例的选择实现，也通过笔者结合亲身经历“现身说法”的形式达成；二是实现了对自治区自治条例的知识点的引申（如捎带提及五大自治区各自的优势和劣势），进而融入整个自治区立法的宏观框架；三是限于课堂时间，恰好引导学生阅读笔者就相关议题所撰的论文作为参考文献，将课后阅读与课堂讲授有机整合。

3. 补充说明

此类实例本身并非必须讲授的知识点，但是补充说明后能在强化理解基本知识点的基础上发挥有益拓展的效果，故可在课堂时间允许的情况下择机适用。如在讲授《宪法》第112条关于自治机关的内涵时，基本教学目标仅要求对新中国成立以来四部《宪法》的规范史作一梳理，但在提及唯一未对“自治机关”内涵予以明确规定而仅笼统规定“自治机关的形式可以依照实行区域自治的民族大多数人民的意愿规定”的五四宪法第67条时，笔者往往会举例说明当时的背景和考量因素：

【例十】该条之所以作模糊处理，主要是为了照顾当时西藏的情况。根据中央政府与西藏的十七条协议，西藏实行完全自治，可以不召开人大、不选举政府、不搞土地改革。西藏建立什么形式的政府，完全由那里大多数人民的意志决定。因此，倘若当时西藏大多数人民的意志决定的政府组织形式同五四宪法对自治机关的规定不一致，将导致西藏自治区被排除出宪法框架的严重后果。因此只能作策略性模糊。后来，西藏也采取了和全国其他民族自治地方一致的政权组织形式，因此从第二部宪法——七八宪法开始，自治机关的内涵构成才被明确规定。

该实例预期的效果有四：一是点明五四宪法在自治机关构成问题上成为四部宪法中唯一例外的成因；二是暗示对规范的理解应“知其然，知其所以然”；三是借机引入“历史解释”的规范分析方法；四是同前文关于立法语言的“策略性模糊”的讲授形成呼应，进一步加深听者对立法技术板块相关知识点的印象。

4. 反向说明

对于某些特殊的知识点，直接的正面阐述虽然重要，但效果未必能达到预期。如果在正面阐述的基础上，再列举反向实例加以说明，形成“正反合意”，反而有着全面深化理解的优势。如在讲授《宪法》第120条和《民族区域自治法》第24条的民族自治地方组织公安部队权时，笔者在交代作为前身的革命战争时期民族武装和当下并不存在此类公安部队的现状之后，更倾向于通过实例反向说明从民族武装改编为民族自治地方公安部队最终再消弭于无形的过程：

【例十一】新中国成立初期，个别民族地区曾发生武装叛乱。周恩来曾对此总结道："有些人想和政府较量，四川凉山彝族自治州就因为有这类人，而发生了叛乱。甘孜藏族自治州也是这样。我们也要估计到，我们的工作不是没有缺点和错误的，并且这些缺点和错误很容易被叛乱分子当成反对改革的借口。但是叛乱发生的主要原因还是有些人掌握武装，想和政府较量较量。"再把叙事线索"由古到今"，以距今并不遥远且学生有所了解的拉萨"3·14事件"和乌鲁木齐"7·5事件"等展开辅助性说明。

本例使学生产生如下印象：虽然形式上相关条款实施不佳，但若一旦实施不当，反而会诱发巨大的国家安全风险。这可以在一定程度上扭转学生基于通常认知而强调所有法律条款必须一味全面贯彻落实的机械主义立场，进而充分领会法律的策略性实施所缔造的弹性制度空间。此外，除说明民族自治地方组织公安部队权规范和实践落差的成因，本例的另一条"暗线"在于借由民族团结教育强化学生的"中华民族共同体意识"，以实际践行党的十九大报告提出的："全面贯彻党的民族政策，深化民族团结进步教育，铸牢中华民族共同体意识，加强各民族交往交流交融，促进各民族像石榴籽一样紧紧抱在一起，共同团结奋斗、共同繁荣发展。"

（三）印证型实例

一般地，理论判断多由逻辑推导而来，具有一定主观性。作为学术探讨尚可，但对于本科阶段的授课而言，却要务求客观精准。为消解学生可能产生的疑惑，通过大量典型实例印证相关知识点和立场就不可或缺。其主要功能在于提升一般性讲授内容的可信度和说服力，主要可分为如下四类。

1. 数据印证

举出权威统计数据是提升判断客观性的基本实例形式，且数字内容易于图表化，相对比较直观，能发挥良好的印证效果。如在提及《民族区域自治法》第 47 条的双语法官问题时，笔者会通过具体的数据呈现实践缺口这一根本难题：

【例十二】甘肃省现有少数民族成分 55 个，少数民族总人口 241 万余人，占全省总人口的 9.43%。该省民族地区共有法院 26 个，干警 1300 多人，但能够承担一般性双语工的仅有 34 人，能开庭口译和法律文书翻译的不到 10 人。四川甘孜藏族自治州甘孜县藏族人口占到 95%以上，且大部分藏族群众不懂汉语。但甘孜县人民法院现有的 30 多位法官中仅有七八人可以使用双语开庭审理案件，而可以用双语书写法律文书的只有 2 人。四川省藏族聚居区法院通过“开口子”招考，已有藏汉双语人员共 396 人，占应配双语人员数量的 82%，但双语法官紧缺的呼声仍然强烈，因为可以使用民族语言进行庭审诉讼、制作裁判文书能力的成熟双语司法人才依旧是少数。即便是如此有限的双语法官队伍，还同时面临巨大的人才流失：贵州省 331 名双语法官中，45 岁以下的仅占 1/3；广西能熟练使用壮语庭审的法官，年龄多在 50 岁以上；内蒙古巴尔虎左旗人民法院，自 2011 年以来，7 名精通蒙汉双语的法官相继通过考录、调转的方式离开了，一度无法正常开展庭审工作。

前述数据除可说明我国双语法官培养和培训任重道远，还由于为藏区培养藏汉双语法律人才本身就是法学（藏语基地班）的专业目标之一，因此实践的迫切需求更能够提升法学（藏语基地班）学生的专业自信以及毕业后从事双语法律实务工作的意愿，对“民族区域自治法”这门课程本身的认同度亦会进一步加深。

2. 实践印证

同样是关于双语诉讼的问题，学生普遍会认为主要是民族自治地方对此需求迫切，因而“用武之地”相对局限。对此，笔者会专门举出2014级第一届法学（藏语基地班）毕业生索朗扎西在北京本地参与藏汉双语诉讼的实例：

【例十三】2015年5月，北京市朝阳区人民法院温榆河法庭受理了一起民事诉讼。案件的当事人之一是藏族同胞，汉语很不熟练，听不懂法官说话，也无法清楚表达己方观点。后来，温榆河法庭辗转联系到了中央民族大学法学院，找到了索朗扎西，才解了这位藏族同胞的燃眉之急。但索朗扎西事后表示，经过几年的法学（藏语基地班）学习，他仍不清楚如何用藏语准确地表达法条中的专业术语，藏学院老师开设的“藏汉翻译”的课程并不能满足法律专业翻译的需求，因此在温榆河法庭做庭审藏语翻译时，感觉相当吃力。

该例旨在三个方面发挥积极作用：一是法学（藏语基地班）“大师兄”的亲身经历，使得学生产生天然的亲近感，更易引起重视；二是深刻理解在少数民族散居化的历史过程中，双语诉讼的价值绝不仅仅局限在传统意义上的民族地区，在自己身边就有鲜活的实例，适用空间广阔；三是体会目前的培养方案本身尚待提升的方面，引导学生在法律专业框架下的藏汉翻译能力的习得方面进行重点提升。

3. 经历印证

主要通过结合笔者实践调研经历“现身说法”，一般辅以大量的照片、图片展示，提升相关知识点的可接受度。如在讲授《民族区域自治法》第 36 条的民族教育管理自治权时，笔者通常结合赴西双版纳州调研傣族佛寺教育的实例：

【例十四】西双版纳傣族信仰南传上座部佛教，秉承佛陀出家修学遗风，男童一般五六岁时剃度出家，在佛寺中学习宗教经典以及傣族语言文字和传统民族文化，后根据个人意愿决定还俗或终身为僧。在傣族传统认知中，没出家的男性等于没上过学，因而被社会歧视。但在九年义务教育制度确立后，出家当和尚抑或入校当学生就成为傣族男童的两难之选，由此产生一系列协调两种教育模式关系的地方立法或政策。再通过属于笔者在云南省、西双版纳州、勐海县、曼恩村九年一贯制学校等不同层级开展相应调研图片，分析相关做法的利弊、解释背后隐含的诸如傣族男童群体上并存的宗教信仰自由和受教育权两大基本权利冲突的深层理论问题。

该例的预期效果有五：一是说明民族地区教育发展的多样性和复杂性；二是揭示直接规范上难以解读出的、民族教育背后的深层社会问题乃至宗教问题；三是通过傣族男童佛寺教育现象导致的受教育权和宗教信仰自由选择困境，引出同一主体的基本权利冲突的重要理论；四是不同地方层级针对同一问题的情况掌握差异巨大，越远离基层、信息失真越严重的实际情况，强调赴基层一线开展田野调查的重要性及相关技巧，鼓励学生积极参与假期社会调研项目、大学生创新创业训练计划项目等实践训练；五是以新奇性和趣味性话题适当调剂授课节奏，重新凝聚听者的注意力。

4. 对比印证

对于某些作为特殊规定的制度条款，可以通过设计一个实例强调其与其他相关制度的差异性来加深理解，同时也能通过反向构建其他相关制度的一致性而达到掌握度整体提升的效果。如在讲授《民族区域自治法》第42条民族自治地方在科教文卫体方面的对外交流权时：

【例十五】虚构一个某自治县开展科学技术对外交流的事件，让学生评价该行为的合法性。根据对《民族区域自治法》第42条第1款的理解，所有学生（至今无例外）会想当然判断其合法，但其实该款仅针对民族自治地方同国内其他地方的交流权问题；而真正针对“对外交流权”的该条第2款，却仅将该权授予自治区和自治州，不包括自治县。在此基础上，笔者再强调这是《民族区域自治法》第三章唯一一处对三类民族自治地方的自治权规定不一致的情形。

该例既加深了学生对第42条第1款和第2款本身（尤其是后者）的重点关注，也辅助学生针对除该款外的其他自治权条款在三类民族自治地方间的一致性作出大胆判断，进而对前述问题形成准确、深刻的记忆。

（四）关联型实例

就一般记忆规律而言，孤立的记忆往往会随着记忆（尤其是近似的）对象的增加而效果明显递减，解决方案之一就是构建普遍关联的记忆体系所产生的深度刺激实现二次强化，这就需要相应关联型实例的出场，主要类型有四。

1. 理论与实践的关联

纯粹理论一般给人疏远之感，但与身边实例相关联则可在一定程度上缓解这种隔阂。比如笔者在讲授民族区域自治法制史时提及元代的民族法律制度，由于距今较久远，很难形成直观的感受，这就需要实例的适当补足：

【例十六】元代西藏法制颇具特色，忽必烈封藏传佛教萨迦派第五代祖师八斯巴为帝师，“任中原法主，统天下教门”。同时，八斯巴也是北京城的选址者、设计者、规划者。在此基础上，再展示北京白塔寺的白塔图片，并说明这座学生耳熟能详的著名建筑始建于元世祖至元 8 年，是藏传佛教对元代统治者产生重大历史影响的现实例证。

一方面，列举藏传佛教史上的著名人物，有利于拉近学生与课堂知识的心理距离；另一方面，以学生日常居住地北京市的著名景点白塔寺为例佐证元代的西藏法制以及藏传佛教的地位，有利于拉近历史与现实的时空距离。

2. 宗教与世俗的关联

由于相当比例的少数民族群众具有信教传统，故对于民族区域自治法制而言，宗教一直是不容忽视的潜在线索，其中，面向法学（藏语基地班）的课程自然可以通过提升对藏传佛教的“曝光率”吸引听者的关注。关键在于准确拿捏宗教实例的叙述尺度——既同知识点有明确的契合度，又不能喧宾夺主，避免陷入“就宗教而谈宗教”的误区。如在讲授清代民族法制史的过程中，笔者会适当穿插对于藏族学生颇为熟悉的“金瓶掣签”制度的例解：

【例十七】“金瓶掣签”制度始创于清代乾隆年间，本质上是乾隆皇帝为了破除活佛转世的家族垄断而进行的宗教改革，其背后实为中央王朝强化对西藏地区控制的重要举措，后逐渐内化为宗教仪轨。乾隆御赐的金本巴瓶有二，一藏拉萨大昭寺，供青藏地区活佛转世掣签用；一藏北京雍和宫，供蒙古地区活佛转世掣签用。凡蒙藏大活佛（如章嘉、哲布尊丹巴、达赖、班禅等）转世，均须经金瓶掣签认定。在此基础上再引申分析2007年国家宗教局《藏传佛教活佛转世管理办法》第4条“申请转世活佛有下列情形之一的不得转世”被谓以唯一一条“管来世的法”所引发的争议及相关规范的拓展解读。

本例的实际效果有四：一是完整传递“金瓶掣签”制度的基本历史信息，这是讲授的基本目标；二是揭开该制度被适用于活佛灵童转世而蒙上的神秘的宗教面纱，还原其作为中央与西藏地方关系制度的本来内涵；三是由于大多数藏族学生均有大昭寺和雍和宫的参访经历，得以将知识点与学生个人经历紧密关联；四是引出《藏传佛教活佛转世管理办法》的讨论，指导学生以规范的法律思维客观对待坊间争议并尽量形成专业的判断。

3. 课堂与生活的关联

笔者一直引导学生对自己身边的日常生活进行法学视角的解读，将所学专业真正融入“柴米油盐酱醋茶”。这类实例往往强调与听者保持“零距离”，甚至常见到“如果不是举出相关实例，生活中通常不会去专门注意”的程度。如笔者在讲解《民族区域自治法》第40条民族自治地方的医疗卫生事业管理自治权时就以藏医药的传承发展为切入口：

【例十八】2018 年 11 月，中国“藏医药浴法”被正式列入联合国教科文组织“人类口头和非物质文化遗产代表作”，我国已拥有世界级非物质文化遗产 40 项，成为拥有这类代表作最多的国家之一。随即播放央视纪录片《远方的家》在甘肃碌曲县专访藏医院、探索藏药炼制的片段。进而话锋一转，展示中央民族大学少数民族传统医学研究院的办公楼图片，说明藏族医药研究一直就在身边，我校在相关领域具有重大的学术影响。

通过该例，一是使藏族学生获得天然的亲近感；二是使他们认识到本民族传统文化的重要价值以及为国家带来的国际声誉；三是将静止甚至枯燥的规范条文活态化引入校园这一再熟悉不过的学习生活圈，利用对母校的天然归属感加深对相关知识点的印象。

4. 民族区域自治法与其他部门法的关联

民族区域自治法通常被认为缺乏直接的司法适用性，这也在相当程度上影响了学生的学习热情。可通过在该法与其他部门之间建立逻辑关联，达到既提升实践性价值认同，又通过部门法间的制度勾连实现“温故”与体系化理解的目标。如在讲授民族习惯法律制度时，笔者以 2015 年在甘肃藏区的一起偿债宴为例：

【例十九】2015 年 4 月 21 日，青海果洛州玛沁县大武镇某牧民举办了一场偿债宴。举办者（债务人）将自己的所有财产集中起来后，分别口头通知各债权人到场。宴会当天，在活佛、头人、村干部等见证下，先由债务人说明债务情况，然后以起誓的方式对执行清偿财产的真实性自我证明，清偿财产的所有权随之自债务人转移至债权人会议。后者在折价清算的基础上，通过抓阄的方式分割清偿财产，债务关系至此终结，所有债权人日后均不得再向债务人讨债。而所谓的偿债宴，可追溯至松赞干布《十六法典》时期的“藏族传统破产制度”。再进一步引导学生回忆现行《企业破产法》的相关制度，进而自发展开比较评价。

与实例一近似，该例既可印证少数民族习惯法不一定必然落后的判断，更能够引导学生对国家法对偿债宴习惯法的承认展开发散性思考。

三、百尺竿头：迈向优化的“民族区域自治法”实例教学

（一）“民族区域自治法”实例教学模式运用的积极效用

笔者连续三届法学（藏语基地班）的“民族区域自治法”课程教学实践表明，技巧地、精准地选择实例能够有效提升课程的讲授效果，主要表现有三。

第一，学生的课堂状态明显改善，对相关议题的关切度、参与讨论的活跃度均维持在较好的水平。即便是被安排在诸如下午前两节这种学习效果普遍不佳的时段，仍能体现出较高的学习积极性，这对于同司法实务相距较远且内容较为枯燥的理论性课程而言是难能可贵的。

第二，就近年来的本科毕业论文选题而言，法学（藏语基地班）的学生在民族区域自治法制领域的选题最为集中，个别学生甚至对诸如“《立法法》修改后自治州双重立法权的选择实施”这类颇具前沿性和理论深度的选题表现出极大兴趣，[1] 这在相当程度上可归功于课堂相关实例的讲述和讨论所引发的后续思考。

---

〔1〕 如2015级法学（藏语基地班）本科毕业生冷本扎西的毕业论文题目为《论自治州的单行条例于地方性法规的关系——以甘孜藏族自治州为例》。

第三，前述判断亦能从第一届法学（藏语基地班）毕业生——14级法学（藏语基地班）学生的毕业去向中获得佐证（详见下表）。一方面，赴基层公检法或律所从事法律实务工作的11人，占毕业生总数的52.4%；倘若除去待就业的7人，则从事一线法律实务的比例高达78.6%。另一方面，在选择攻读研究生的毕业生中，本校法学院与藏学院各1人。其中留在法学院攻读法律硕士学位的曲麦拉姆同学，正是出于对本科阶段民族区域自治法课程教学的认可而选择笔者作为研究生导师，并在硕士学士阶段继续研究民族区域自治法制议题。

中央民族大学法学院14级法学（藏语基地班）

毕业生就业去向

姓　名	生源地	毕业去向	姓　名	生源地	毕业去向
曲英	西藏	那曲市色尼区人民检察院	道吉才让	四川	北京市京师律师事务所
索朗扎西	四川	若尔盖县人力资源和社会保障局	彭毛措	青海	海北藏族自治州海晏县人民法院
更周错	青海	果洛藏族自治州玛多县人民法院	赛毛吉	青海	果洛藏族自治州久治县人民法院
曲麦拉姆	四川	中央民族大学法学院研究生	南杰加	青海	中央民族大学藏学院研究生
多杰扎西	青海	格尔木市城市管理综合行政执法局	索南多杰	青海	格尔木市城市管理综合行政执法局

续表

姓　名	生源地	毕业去向	姓　名	生源地	毕业去向
普布普尺	西藏	西藏自治区八宿县县委组织部	中桑	西藏	那曲市索县县委政法委
娘格才让	青海	海南藏族自治州中级人民法院	旦智杰	甘肃	甘肃众友甘南藏药有限公司董事长助理
巴桑	西藏	待就业	袁兴平	甘肃	待就业
索朗卓玛	西藏	待就业	周甲	甘肃	待就业
真美旺姆	西藏	待就业	斯达次仁	西藏	待就业
才旺	西藏	待就业	＊本表相关信息由15级法学（藏语基地班）达哇卓玛同学统计，特此致谢！		

（二）“民族区域自治法”实例教学模式的问题及其浅析

第一，学生对“民族区域自治法”课程本身的刻板印象并未获得根本性改观，同民法、商法、刑法、诉讼法等具有丰富司法审判实践的部门法而言，强理论性、弱司法性依然是学生将更多的时间和精力投入到本课程学习的主要障碍。

第二，“实例依赖症候群”效应逐渐显现，其体现主要有三：一是在举证实例时往往听课情况较好，而进行通常的理论讲授时则效果差异明显；二是学生对附有相关实例的知识点往往掌握情况较好，但没有相关实例时则相对较差——毕竟受课时所限，不可能所有知识点均辅以相关实例；三是实例虽然能够引人入胜，但学生常常把更多的注意力集中在实例本身，却反而忽视了实例背后意在说明的基本理论问题，而后者显然才是举例的根本目的所在。

第三，本着本文开篇所提出的实例选用标准体系，真正适恰实例的遴选和更新均颇具难度，成因有四：其一，这是“民族区域自治法”课程本身的理论性和抽象性所决定的；其二，法律实务（尤其是司法裁判实践）中对《民族区域自治法》的关注不足；[1] 其三，虽然法学（藏语基地班）学生均为来自于藏区的藏族，但生源地区位差异明显、日常使用的藏语方言不一甚至城乡有别（真正来自牧区的比例并不高），这都扩大了“众口难调”效应；其四，北京距传统藏区较远，信息获取不宜，不对称情况较为普遍。

如何针对问题迈向优化的“民族区域自治法”课程教学？笔者认为首先应对前述问题进行分类处理。一方面，属于该课程的本质性特征，凭借单纯的授课模式优化无法从根本上解决的“明希豪森困境”——正如我们不能指望一个人拽着头发把自己从泥沼中拉出一样，对于某些问题，实例教学的改革仅能在某种程度上抑制消极效用的发挥。诸如学生对该课程重视度的实质性改观、民族区域自治法的理论性和抽象性、法律事务关注的不充分等均属此类。另一方面则是其余那些真正能够通过实例教学模式的优化而获得较大改善的问题。这说明，实例教学模式并非能够“起死回生”的“灵丹妙药”，其局限性主要有二：一是在量上，其不能适用于所有问题，效用区间有限；二是在质上，其难以从根本上完全破局，更多只是提供缓解部分困境的解决方案。

当然，这也并不意味着“民族区域自治法”课程的实例教学改革前途渺茫，恰恰相反，其仍具有较大的授课实效提升空间，

---

〔1〕 传统上，各级法院在裁判文书中较少援引《民族区域自治法》，限制了该法在司法实务中的直接适用性。

原因有三：一是从教学实效来看，实例教学模式的提升效果仍然比较明显，目前尚未遭遇明显的瓶颈或天花板；二是虽尚不能实现一蹴而就或短期的跨越式发展，但该课程寄寓的整个大环境正在逐渐改善，如新时代民族地区社会主义法治建设的不断提速、司法实务对《民族区域自治法》的重视不断加强、[1] 民族法学的学科地位不断上升、“民族区域自治法”课程开设学校范围不断扩充等；三是就笔者有限的教研经验而言，目前尚未发现比实例模式提升效果更显著的“民族区域自治法”课程的替代性授课方案。

（三）部分超越：实例教学模式积极效用的进一步释放

关于实例模式的未来发展策略，本身是一个非常庞大而复杂的体系，当另文专门探讨。但笔者认为如下三点乃是重中之重。

第一，加强相关实例的遴选和更新力度，拓展实例来源。对于“实例依赖症候群”效应的前两类问题而言，一方面，在有限的课时内尽量丰富相关实例的讲授；另一方面，进一步优化所举实例与其所指向的具体知识点之间的微妙平衡关系。在避免实例“喧宾夺主”的前提下，充分发挥其吸引关注、提请重视、调谐节奏等积极作用。对于实例来源信息不对称的问题来说，合理拓宽来源渠道具有事半功倍的效果。近年来笔者将民族区域自治法、民族法等本科课程的期中考试统一为根据教师给出的选题方向或范围、结合自身经历或身边实例开展具体分析的随堂论文方

---

[1] 近年来，援引《民族区域自治法》的裁判案例逐渐增多。在中国裁判文书网共检索获得13份此类裁判文书，均形成于2015年以后；个别判决甚至直接以《民族区域自治法》作为裁判（而非说理）依据，如“南春诉吉林交警总队高速支队延吉大队行政强制措施”案（[2015]延中行终字第96号），载中国裁判文书网，http：//wenshu. court. gov. cn/content/content? DocID = 3dfa47fa - 6608 - 4e44 - 9da9 - b40407be5c60&KeyWord =，最后访问时间：2019年5月8日。

式，这一方面能够促进学生将课堂所学理论与生活实践充分结合，另一方面也能从学生答卷中为笔者更新教案提供大量鲜活的实例素材。

第二，合理优化实例的具体内容尤其是表述方式，缓解学生过分聚焦实例本身而忽视其背后的知识点以及单一实例难调众口的困境。就前者而言，关键是实例讲述的逻辑优化。“知识点→实例佐证”的通常进路确实容易导致学生注意力的前后分配不均，其解决方案在于把真正的教学重点作为实例的起点和最终的归依，在观感上确保平衡凸显知识点的“内核性”和实例的“外部环绕性”，即更多地采用“知识点讲述→实例佐证深化→知识点引申发散”的逻辑。前述所举的多数实例即是依照这一逻辑展开的。就后者而言，普调众口的关键一方面在于找准“众口”的“最大公约数”，前述多个实例围绕藏族（藏文化/藏区）、中央民族大学（共同归属的单位）、北京市/拉萨市（共同亲历的地区）等要素展开即充分体现了这一考量；另一方面，通过拉近与日常生活的贴合度和熟悉度抵消对抽象理论陌生感和排异感，例十八中对中央民族大学少数民族传统医学研究院的引用即为典型佐证。

第三，促进实例教学模式的结构性完善。一方面要“引进来”。前述实例多属二手资料，其证明效力显然弱于一手素材或当事人的直接阐述。“引进来”的关键即在教师一般性讲授的基础上，邀请代表性人物进课堂。如针对双语诉讼发展的实际问题，从事双语诉讼实务的法官或律师、现场经历过双语诉讼的同学（如例十三中曾去文温榆河法庭担任过翻译的毕业生索朗扎西）、从事双语翻译研究教学的教师学者（针对具体的藏汉法律翻译案例进行点评）等，都是合适的“引进来”的对象。另一方面还要“走出去”：一是鼓励学生依循课堂所举的实例“按图索骥”，主动寻找和发现时间、生活和身边的相关实例，并有意识地同课上内容形成印证；二是鼓励学生充分利用假期社会调研项目、大学生创新创业训练计划项目等实践平台，就具体的民族区域自治法制问题进行自主的实证研究，在验证课堂所授实证研究方法的同时充分体会“学以致用”的过程；三是积极鼓励甚至提供直接参与民族法制实践的契机，使学生在实操过程中加深对所学基本理论点的认知，“学在课堂，功在课外”。

多媒体教学法在法学教学体系中的定位、运用及其构建

——基于西北政法大学实证调研数据的研析*

◎胡晓玲**

摘　要：科技化信息时代的到来，对传统教学模式造成了重大冲击。因应时代之变革，多媒体教学法在法学教学体系中该如何定位，如何化弊为利妥善运用多媒体教学方式优化教学环节，如何建构一整套有效促进法学教学效果提升的多媒体教学体系是法学教学工作者不可回避的时代命题。本文立足与此，以所在大学为样本，借助在对实证调研数据研究分析的基础上，试图对此予以探寻回答，籍此，希冀能够对高等学校法学教学

* 基金项目：西北政法大学高教所教改课题“多媒体教学法在法学教学体系中的定位、运用及其建构”（XJY201512）。

** 胡晓玲，法学博士，西北政法大学行政法学院副教授，硕士研究生导师，中国政法大学博士后流动站研究人员。

效果的高效改观有所裨益。

关键词： 多媒体教学　有效教学　板书教学　网络教学平台

随着现代科学技术的发展，人机交互普遍应用，多媒体手段也在教学中被普遍采用。那么，究竟何为多媒体教学？多媒体对应的英文是 Multimedia，Multi 是多的意思，Media 则是人与人之间信息沟通的各种媒介或载体，一般包括文字、图像、动画、声音及各类视频或其集合，具有信息集成性和交互性的特点。对于教学，是指“教师教和学生学的协同活动”，[1] 顾明远教授如此解释：“教学是以课程内容为中介的师生双方教和学的共同活动。”[2] 综上，通说一般认为，多媒体教学，即在教学活动中使用各种多媒体手段，通过投影仪、计算机、视频展示台等硬件设施，将 PPT、AUTO、Excel 等软件存储的图文信息以及声音、动画等方式予以直观、生动地展示，从而使观看者更好的获得传播信息。近年来，在教育中大力运用信息技术被中央多次重申，如在教育部发布的《教育信息化十年发展规划（2011—2020年）》[3] 第十五章中，特别强调要“推动信息技术与高等教育深度融合”，要“加强高校数字校园建设与应用”；随后发布的《教育信息化“十三五”规划》[4]《教育信息化2.0行动计划》[5] 等文件中，更是彰显信息化在教育中愈加重要的地位。显然，因

[1] 中国百科大辞典编委会编：《中国百科大辞典》，华夏出版社1990年版，第460~461页。

[2] 顾明远主编：《教育大辞典（增订合编本）》，上海教育出版社1998年版，第711页。

[3] 教育部《教育信息化十年发展规划（2011—2020年）》（教技［2012］5号）。

[4] 教育部《教育信息化“十三五”规划》（教技［2016］2号）。

[5] 教育部《教育信息化2.0行动计划》（教技［2018］6号）。

应信息化网络时代之变革，在高校法学教学体系中广泛使用多媒体手段已然成为不可逆转的潮流。

多媒体教学手段的普及植根于其不可忽略的优势，然而，这种手段的介入是否完全正相关地促进了教学效果的增长，却是一个值得细细思量的问题。本文着力于此，以笔者所在的高校为样本，围绕"教师"与"学生"这两大主体，采用无记名填写调查问卷、深入课堂观摩及深度访谈等形式，对多媒体教学进行了实践运作状态的近距离考察。在前期研读文献及与学生随机私下交流的基础上笔者设计了一份调查问卷，构成上为22道客观题和3道主观题，问卷的内容主要围绕对多媒体教学定位的认识、多媒体课件的实践表现形态、多媒体教学的利弊认识、多媒体教学的硬件设施、多媒体教学课件制作及教学网络平台资源等影响多媒体教学效果的因素予以了设计，尽可能全方位的展现多媒体教学的现实状况，以此对其有效性评价标准予以深度考量。实证调查问卷的发放对象为西北政法大学时为三年级的本科学生[1]，笔者利用授课期间之便利，将调查问卷在一学期内，分批次发放至选定的调查对象手中，样本选择采用整个班级集体参与及班级遴选代表相结合的方式，在行政法学院、民商法学院、公安学院、刑事法学院、经济法学院5个法学院系的学生群中共发放调查问卷合计300份，基本涵盖整个法学院系学生群体，实际回收问卷276份，剔除无效废卷16份，合计有效问卷260份：其中刑事法学院废卷1份，有效问卷23份；公安学院废卷8份，有效问卷40份；经济法学院无废卷，有效问卷55份；行政法学院废卷3

〔1〕 抽取大三学生的原因是：大三学生，对学校的整体教学活动安排及师资队伍已然相当熟悉，并已有一定程度相对独立的判断与识别能力。在这种基础上，获得的数据相对更为客观。

份，有效问卷70份；民商法学院废卷4份，有效问卷72份。回收后的问卷，由课题组工程师在自行研发的小程序并借助Excel表格功能的基础上，完成了22道选择题的数据录入及图表统计工作。此外，在研读调查问卷最后一道开放性问题“请推荐给您留下深刻印象的，教学效果优良的，哪些年，我曾追过的老师”的有效信息，结合日常知晓的口碑较好的老师，深入到一线课堂观摩教学现场，并采用在教师休息室聊天、小型座谈等方式对锁定教师进行深度访谈，融合笔者十多年的高校法学教学经历，一定程度上可感知到教师群体对多媒体教学较为普遍的认知态度。

藉此，笔者希望能以实证调研的方式洞察多媒体教学的现实运作状况，通过真实世界的数据为多媒体教学在法学教学体系中的妥善定位给出支撑，并在借鉴学界关于多媒体教学研究相关成果的基础上，从实践层面和理论视角为法学多媒体教学体系的具体构建提出优化策略和改良提升建议，以便为提高高校法学课程的教学效果提供有价值参考，并希冀总结实践中的成功经验，形成一定的操作模式予以在全国范围内推广应用。

一、调研结果及其数据统计分析

本次学生问卷调查共涉及问答题22道，开放性题3道，分类整合后具体数据统计及调研结果如下：

（一）多媒体教学法与传统教学法的对比定位调查情况

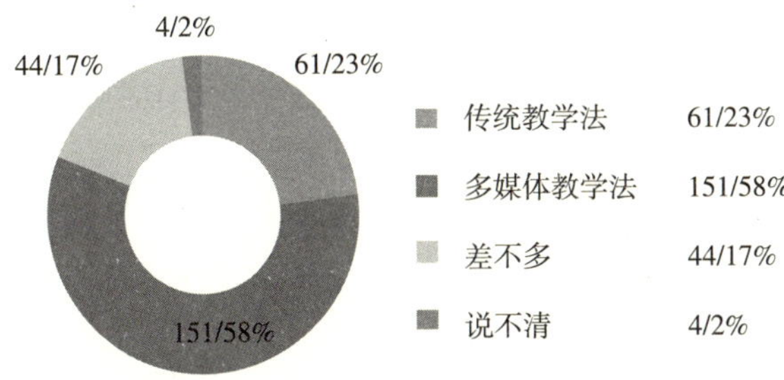

图 1　学生对多媒体教学的喜爱程度（第 1 题）

从图 1 可以看出，在 260 名学生中有 151 名也即 58%的学生比较喜爱多媒体教学法，同时，有 61 名即 23%的学生更喜爱传统教学法。总体上看，大部分学生对于多媒体教学法还是比较认同的。

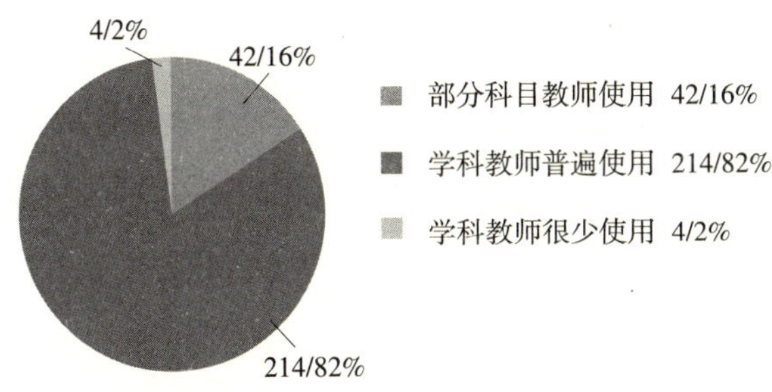

图 2　多媒体教学在教学过程中的使用情况（第 2 题）

从图 2 可以看出，在 260 份问卷调查中，有 82%的学生表示教师会在教学过程中普遍使用多媒体教学，很少使用多媒体教学的学科教师仅有 2%，可见多媒体教学在授课过程中的使用频率相当高。

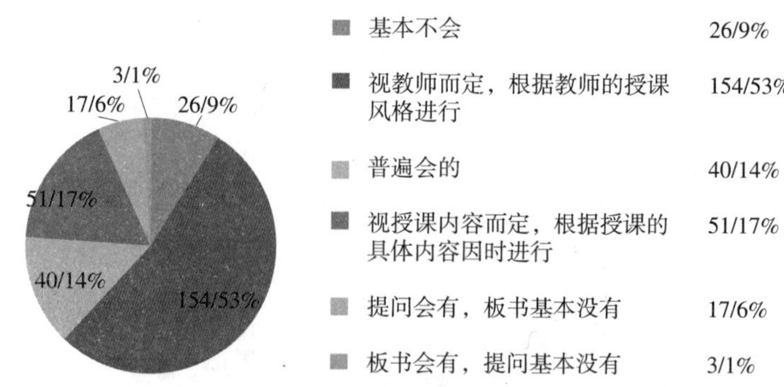

图 3 多媒体教学法与板书等其他教学法的结合情况（第 3 题，多选题）

图 3 的统计结果显示了在 260 份调查问卷中，有 53%的学生反映老师在使用多媒体授课过程时，是否会结合其他教学法要视教师而定，根据教师授课风格进行，同时也有 17%的学生反映多媒体教学是否会与其他教学方法结合要视具体的授课内容，仅有 14%的学生反映教师普遍会结合多媒体教学法与其他教学法进行授课。这也反映了在授课过程中，多媒体教学法使用普遍，其他教学法使用并不普遍，多媒体教学法与其他教学法的结合度不高。

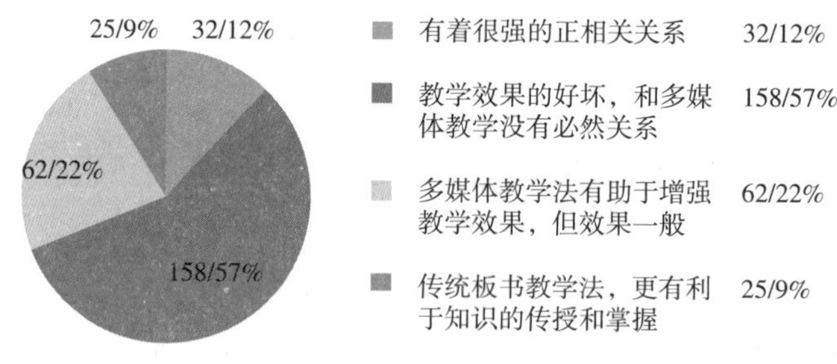

图 4 教学效果的好坏与使用多媒体的关系（第 5 题，多选题）

从图 4 可知，有 57%的学生认为教学效果的好坏与使用多媒体教学没有必然关系；同时也有22%的学生认为多媒体有助于增强教学效果，但效果一般，仅有12%的学生认为教学效果与使用多媒体有很强的正相关的关系。从上图数据也可以得出，从学生的角度来看，使用多媒体教学法与教学效果的好坏关系并不大。

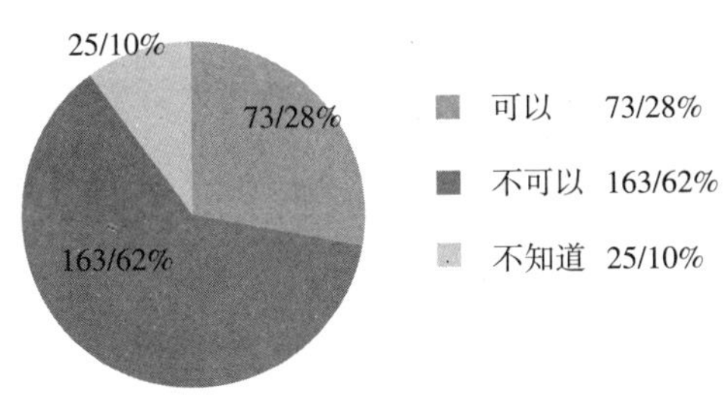

图5 多媒体能否代替黑板教学（第6题，多选题）

从图5可知，超过半数的学生认为多媒体教学不能代替黑板教学，仅有28%的学生认为多媒体教学可以取代传统的黑板教学，可见，从学生角度看，黑板教学法等传统教学方法在日常教学中还是不可或缺的，在普遍使用多媒体教学的同时，不能忽视与黑板教学等传统教学法的结合。

（二）多媒体课件的实践表现状态

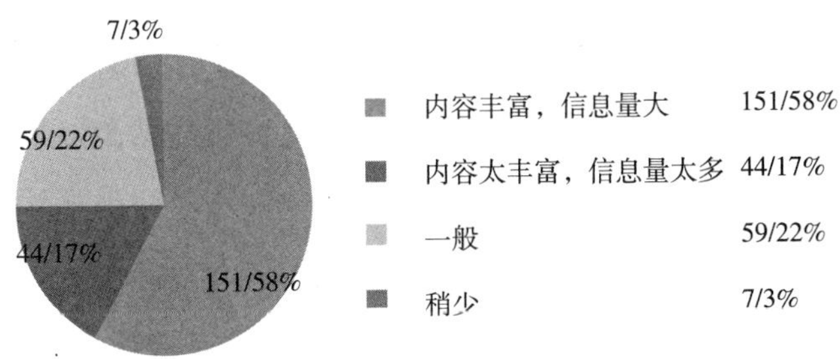

图6 多媒体课件的内容与信息量丰富度（第7题，多选题）

从图6反映的数据看，有58%的学生表示教师使用的多媒体课件内容丰富，信息量大，可见，教师在使用多媒体授课时还是比较注重课件涵盖更多的信息量的。

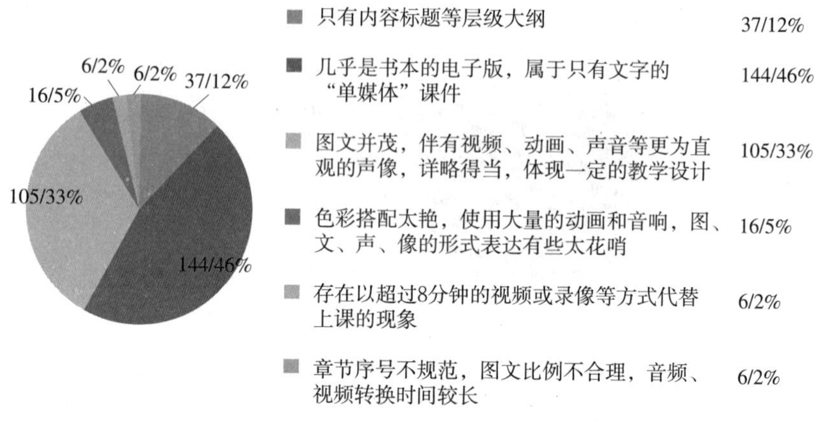

图7 课件的外在展示情况（第9题，多选题）

从图7看出，有46%的学生反映教师的多媒体课件几乎是书本的电子版，属于只有文字的“单媒体”课件；另有33%的学生也反映教师课件图文并茂，伴有视频、动画、声音等更为直观的声像，详略得当，体现一定的教学设计；同时，有12%的学生反映课件仅有内容标题等层级大纲。大体上看，多媒体课件的制作水平还有相当大提升空间。

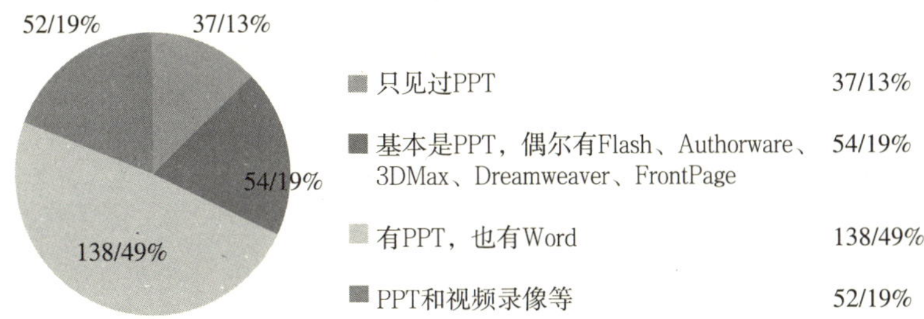

图 8 多媒体课件的表现软件（第 11 题，多选题）

从图 8 得知，有 49%的学生反映在课堂中，课件制作除了 PPT，还会有 Word；19%的学生反映除了 PPT 也会有视频录像以及 flash、Authorware 等其他形式，仅有 13%的学生反映只见过 PPT。可见，教学课件中使用最多的软件是 PPT，同时还会有视频录像、Word 等其他形式，虽然多媒体课件制作形式并不单一，但是与 PPT 的使用频率相比，其他高端软件的使用频率明显偏低。

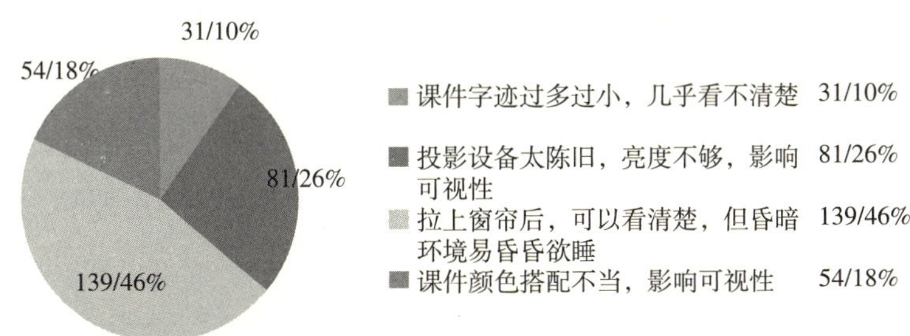

图 9 授课课件的可视性（第 14 题，多选题）

从图 9 可知，多媒体授课过程中，存在授课课件清晰度不高、投影设备陈旧、课件颜色搭配不当，影响可视性、使用多媒体的环境昏暗等问题。从中也知，在多媒体普遍使用的今天，多媒体设备的硬件问题还需进一步提高，教师课件的制作水平还有待加强。

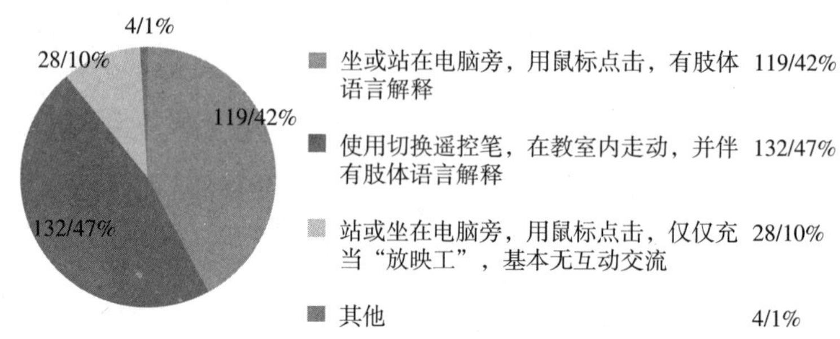

图10 多媒体课堂教师的仪态（第16题，多选题）

从图10的数据可知，有42%的学生反映在多媒体课堂中，教师会坐或站在电脑旁，用鼠标点击操作，并有肢体语言解释；有47%的学生表示教师会使用切换遥控笔操作多媒体，在教室内走动，并伴有肢体语言解释；有10%的学生表示教师会站或坐在电脑旁，用鼠标点击，仅仅充当课件“放映工”，基本无互动交流。从中可见，教师在使用多媒体时与学生虽有互动，但互动的比例明显不高，更要纠正基本没有互动的“放映工”式教学，上课绝不能仅仅依靠多媒体课件。

（三）多媒体教学的利弊认识

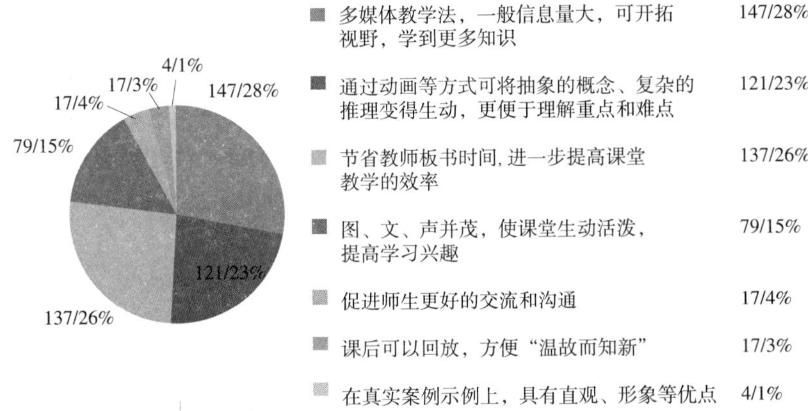

图 11　多媒体教学的优势（第 4 题，多选题）

从图 11 数据可知，多媒体教学较之其他传统教学有许多典型性优势，如其信息量丰富、更加生动、有助于提高学习兴趣、提高课堂效率等，从中反映出多媒体教学与其他传统教学法相比具有独特的优势和价值。

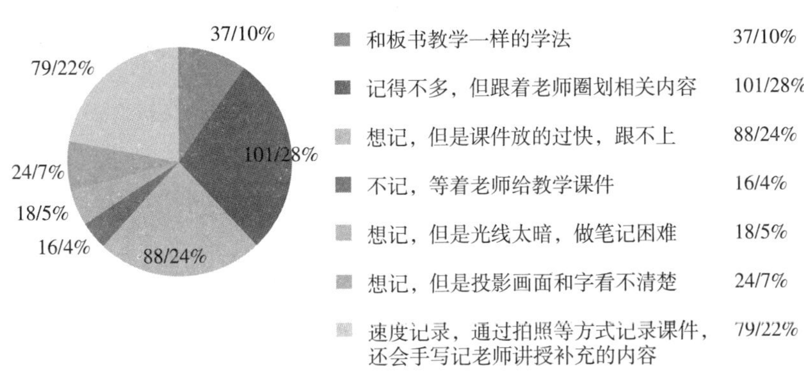

图 12　多媒体教学中是否会做笔记（第 12 题，多选题）

从图12可知，大部分学生在多媒体教学过程中不会做笔记，有的是因为课件播放过快，有的是因为光线问题，还有22%的学生会通过拍照等方式记录课件，仅有10%的学生表示和板书一样的学法。总体上看，多媒体教学法在提高教学效率的同时，也会产生学生无法跟上教学步调的问题。

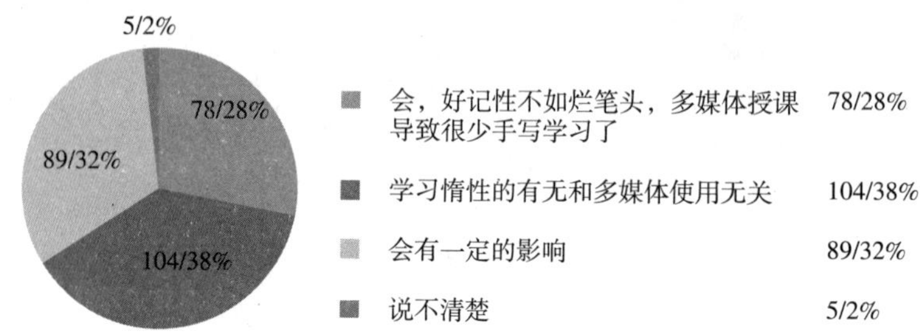

图13　多媒体教学是否会增加学习惰性（第13题，多选题）

从图13可见，在利用多媒体教学是否会增加学习惰性这一问题上，有38%的学生认为不会，他们认为学习惰性与多媒体的使用无关；同时有60%的学生认为会有一定影响甚至是肯定会有影响。由此可见，多媒体教学在方便教学课堂，改变传统教学模式的同时，对学生主动学习的积极性有一定的消极影响，会让学生养成一定的惰性。

（四）多媒体教学硬件设施情况的调查

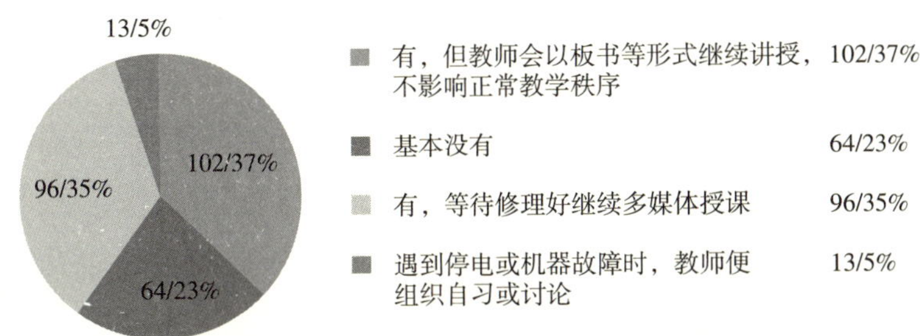

图 14　在教学过程中设备是否出现问题（第 15 题，多选题）

从图 14 可知，有 37%的学生表示在教学过程中多媒体设备出现切换或连接问题，但教师会以其他方式进行讲授；有 35%的学生反映同样会出现问题但教师没有通过其他方式授课而是等待修理好继续多媒体讲授；仅有 23%的学生表示基本没有出现设备故障问题。可见，多媒体硬件设施的好坏对教学课堂会有影响，在一定程度上会影响授课质量，故而，高校在使用多媒体进行教学时，要注重多媒体硬件设施的建设和定期维护。

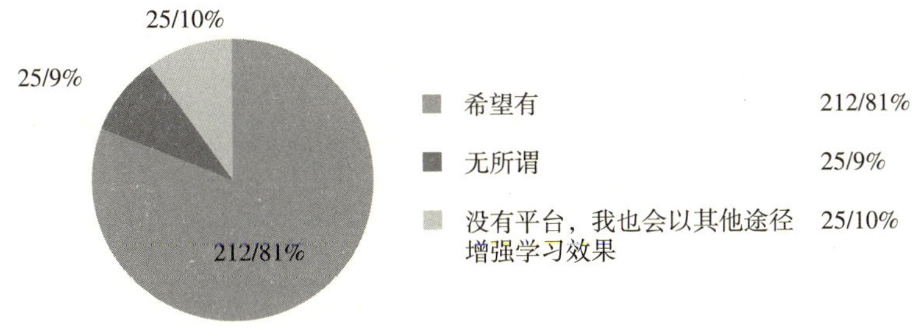

图 15　是否希望有教学网络平台（第 19 题）

从图15数据可知，有81%的学生希望能够有教学网络平台，共享教学信息，仅有9%的学生表示无所谓，从大体上看，大部分学生还是希望学校能够建立教学网络共享平台，以增强学习效果。据此，需要大力加强教学网络共享平台建设的力度，进行有效教学信息共享，方便学生课后学习，进而提高学习效果。

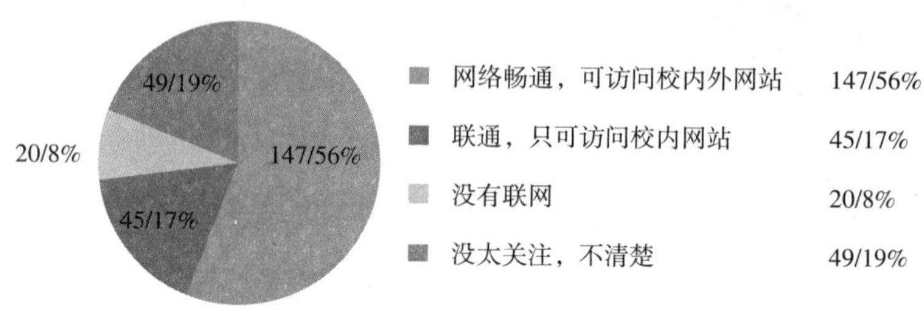

图16 多媒体教室是否可以联网（第20题，多选题）

从图16可知，56%的学生表示多媒体教室网络畅通，可访问校内外网站，17%的学生表示多媒体教室虽然联网但只可访问校内网站，仅有8%的学生表示多媒体教室没有联网。网络的使用方便多媒体教学超链接的展示，有利于提高教学效果。故而，建议加大网络多媒体课堂的使用力度。

（五）课件是否愿意共享及其制约原因

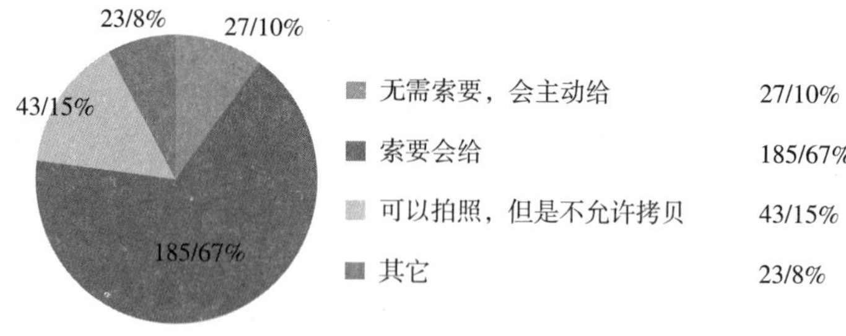

图17 教师是否允许拷贝课件（第17题，多选题）

图 18 是否会将课件给营利机构（第 18 题，多选题）

从图 17 的数据显示，67%的学生表示在索要的情况下教师会让拷贝多媒体课件，10%的学生表示教师会主动给课件，15%的学生表示教师不允许拷贝课件只允许拍照。从图 18 可知，94%的学生表示不会直接将课件给营利性机构，6%的学生表示会将教师的课件给营利性机构。多媒体课件是学生课下学习的依据之一，使用多媒体课件有利于对课上知识进行课下消化，但课件涉及到教师的知识产权问题，建议教师与学生合理协商，对是否允许拷贝多媒体课件这一问题理性认识，方便学生的同时要保护好教师的知识产权。

（六）对多媒体教学效果影响指标的考评调查

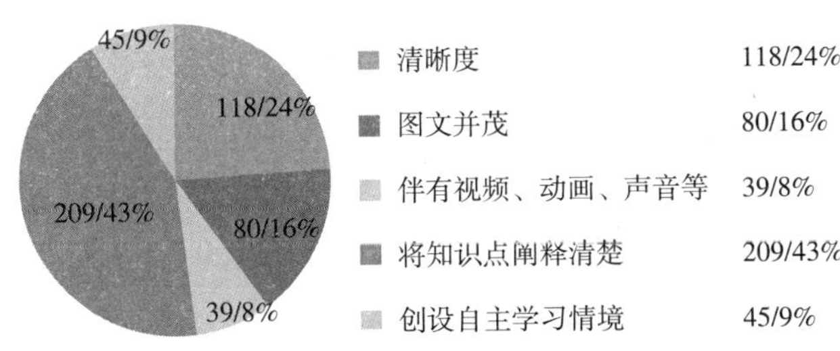

图 19 评价教师制作课件质量高低的主要指标（第 8 题，多选题）

从图19可知，43%的学生认为能否将知识点阐释清楚是影响课件质量的因素之一；有24%的学生认为是清晰度，16%的学生认为是图文并茂，有9%的学生认为是创设自主学习的情境。由此可知，多媒体元素的介入会给教学效果提升带来积极影响，但教师本身的知识水平、授课思路以及学生对教师所阐释知识点的接收程度是评价教师授课效果的更重要因素。

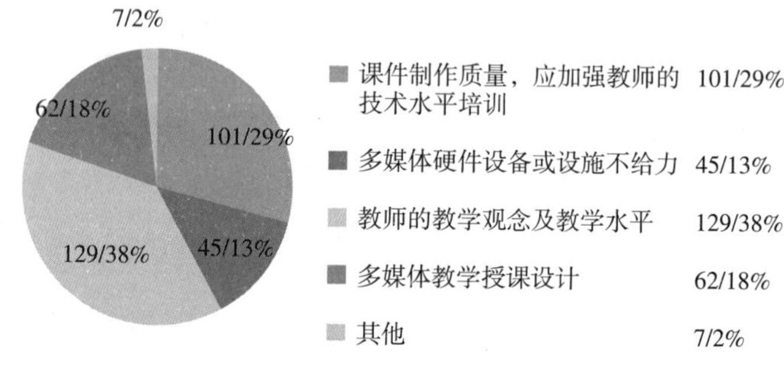

图20 影响多媒体教学质量高低的主要因素（第10题，多选题）

从图20可知，有38%的学生认为多媒体教学质量与教师的教学观念及教学水平有关；有29%的学生认为与课件制作质量有关；有13%的学生认为与多媒体硬件设施有关；有18%的学生认为相关因素是多媒体教学的授课设计。总体上看，多媒体教学质量的高低除了与教师的教学观念、教学水平等教师自身因素相关外，多媒体课件的制作技术、授课设计以及多媒体硬件设备的完善也会在相当的程度上影响多媒体教学质量的高低。

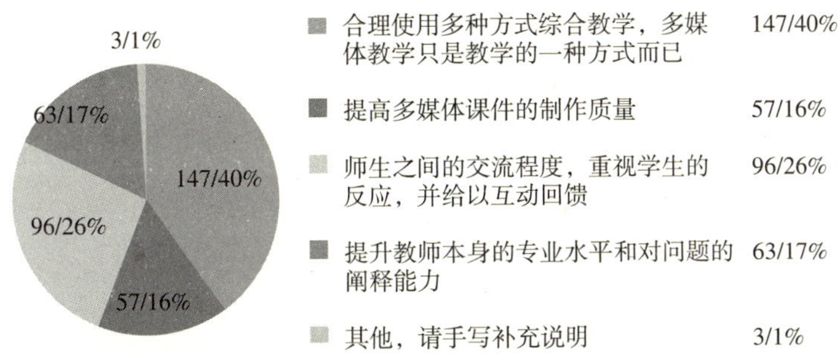

图 21 最期待多媒体教学在哪个方面予以改善（第 21 题，多选题）

从图 21 的数据可知，40%的学生期待多种方式综合教学，26%的学生表示要重视师生之间的交流，重视学生的反应并给以互动回馈，16%的学生认为应提高多媒体课件的质量，17%的学生认为应提高教师本身的专业水平和对问题的阐释能力。学生多方面的认知，可见，多媒体教学效果的提升是一个综合性的整体工程。

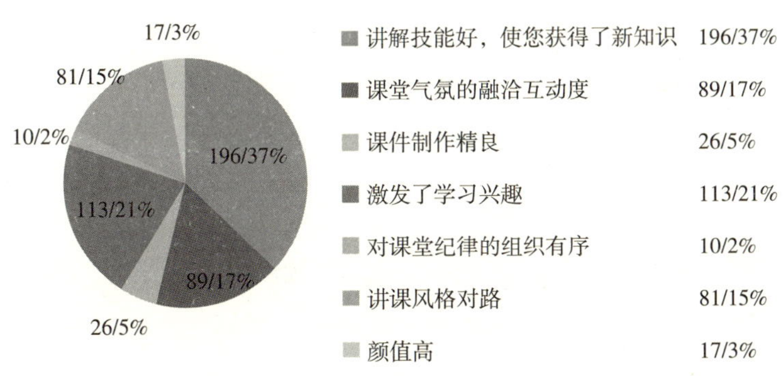

图 22 评价教师授课效果的重要考评指标（第 22 题，多选题）

从图 22 可知，有 75%的学生认为授课效果与教师的讲解技能，传授新知识有关，17%的学生认为与课堂气氛的融洽互动度有关，有21%的学生认为授课效果与激发了学习兴趣有关，有15%的学生认为是教师的讲课风格。由此我们可以看出，教师授课技巧及讲解问题的思路对提高授课效果具有极其重要的意义，体现尊重学生主体性地位的课堂互动度的高低也是相当重要。教师可从以上几方面协调入手，寻求可有效增强授课效果的最佳整合方式。

此外，作为本次调研问卷开放性问题的第23题“除了上述问题外，您认为多媒体教学效果的提升还应考虑哪些影响因素，还存在哪些不足，有何要求”及第24题“为了提升法学教学效果，对于多媒体教学法的改进，您有什么好的建议或意见”，当时设计的目的是为了弥补前述选择题考虑不周之处，从研读学生的答卷情况来看，学生指出的问题或提及的改进建议基本都可为问答题涉及因素所涵盖，问答题的回答情况一定意义上可反映这两题的倾向性建议，故而，对此两题不再单独作数据分析。

二、多媒体教学法在法学教学体系中的妥善定位

在研读上述调研数据的基础上，首先要回答的问题便是多媒体教学法处于怎样的一种地位上？“教育评价的目的是教育评价主体欲使评价对教育发生什么影响，也就是说教育评价主体期望通过评价过程及评价结果对教育活动产生何种影响。”[1] 据此，作为教育主管部门推崇和倡导的多媒体教学法在法学教学体系中应该处于何种地位，迫切值得我们思考。

---

〔1〕 王景英主编:《教育评价理论与实践》，东北师范大学出版社2002年版，第28页。

（一）多媒体教学法能否代替传统板书教学

多媒体教学法和传统的板书教学法是怎样的一种关系？其是一种对立被取代的关系吗？分析板书教学的优点，答案未必如此：

首先，从知识的识记效果来看，传统的板书教学，可以很好的锻炼学生手脑并用的能力，具有极强的现场生成的优点。但在多媒体教学方式中，一方面因为信息量的增加，学生很难及时全部的记录讲授信息；另一方面学生也想着可以课后再看课件，主观上过多的依赖于课件，未必能及时有效的跟踪上课信息，加之从掌握知识的记忆效果来看，眼过远不如动手对知识的把握更有力度。

其次，从客观的信息传输途径来看，多媒体教学被作为现代课堂教学方式的一种普遍要求，学生在课堂上常常是眼睛从一个屏幕盯向另一个屏幕，一些课堂的播放仪设备陈旧，亮度不够，加之常靠拉上窗帘遮光，长时间看下去易发生视觉疲劳，甚至头昏脑胀的现象。

再次，从教学的灵活度来看，板书教学过程中，教师可根据课堂学生的反馈情况适时对教学内容进行一定程度的取消或拓展属性的灵活调整，这种因学生需求变化而进行的调整是教学过程中自然发生的，学生一般不易察觉教学设计已悄然发生了变化，但若是采用多媒体教学，因为课件的播放一般都有一个预设的程序，讲授内容和播放课件顺序不一致，极易为学生感知发现，易引发学生的茫然感，甚至认为教师备课不认真充分，教学不熟练，影响到对教师的信任感。

最后，从情感的互动效果来看，美国心理学家罗森塔尔的实验证明，情感对学生的心理和行为产生直接的影响。[1] 是否具有感情色彩，论说逻辑是否缜密，它是任何技术都不能取代的，注重师生情感交流的传统教学中教师的语言表达、手势、体态等教学方法至今具有强大的生命力，对提升教学效果具有重要的作用。

事实上，传统的板书教学，对于教师有着极高的要求，教师需要具有强大的知识储备与记忆能力才能在课堂上口若悬河，滔滔不绝；教师还要擅于语言表达和灵活运用各种讲解技能，甚至配合肢体语言进行讲授，才会深深吸引住学生。在调研中，有同学在开放性问题中甚至写道："换板书，多媒体无法达到用手写板书的授课方式的个人魅力"，"只写板书，这才是水平！"

（二）多媒体教学和传统教学如何有机融合

计算机辅助教学虽然被认为是未来教育的潮流，但是研究证实它并没有比基于教师的传统教学模式更加有效。[2] 所以，笔者认为应该构建传统板书和现代多媒体教学方式有机结合的教学模式，其二者应该取长补短，优势互补。具体而言：

首先，在课堂上教师要有意识的对重点核心知识点进行必要的粉笔板书，板书也可在要对课件内容予以进一步阐释，增补内容或在口述时学生没有听明白时使用，要适时安排一些时间供学生对重要内容予以动手笔记记录，因为板书毕竟节奏慢，传输信息有限，但其却能有效增强记忆效果。特别要强调的是，由于身处电子化信息时代，很多年轻教师的书写能力欠缺，板书字迹潦草，甚至课堂上出现不会书写或书写错误的尴尬局面，故而亟需

---

〔1〕 杨永明等：《普通心理学》，陕西人民教育出版社 1982 年版，第 113 页。

〔2〕 Schweppe, J., Eitel, A., Rummer, R., "The Multimedia Effect and Its Stability Over Time", *Learning and Instruction*, 2015, pp. 24-33.

开设专门的板书技能培训课程来提升教师的此类能力。课堂上，教师要有意识的进行一些提问，结合具体授课情况即兴发挥，引导学生积极思考。教师在课堂上最好是使用电子遥控笔操纵电脑，这样可极大的将教师从讲台上解放出来，深入到学生群中，也非常有利于教学肢体语言的运用和发挥。

其次，对于多媒体手段的使用来说，有研究者提出要建立“活性炭”式的多媒体手段应用机制，笔者深以为然。其把“教”与“学”比喻为两个需要相互“吸附”的物体，将多媒体教学这一系统视为“活性炭”，环节上使用的“孔”越多，教学活动对学生的“吸附力”就越大；但如果设置的“孔”太多，就会牺牲“孔径”，进而影响教学活动“吸附力”的增加，所以，应该合理确定多媒体教学要素数量。[1] 故而，要把握好多媒体的使用时机，正确界分何时使用多媒体，厘定多媒体与板书、其它辅助教具、语言讲解、肢体动作、互动交流之间的关系。“传统教学中教师书写板书时所特有的亲和力、口头讲解及形体语言等所具有的感染力和板书书写的审美作用是多媒体技术无法取代的”。[2] 调研问卷中提及的学生认可的教师，不乏课上很少用多媒体甚至根本不用而只是板书，但学生却对此很认同，用学生的原话说是“课很吸引人”，“多媒体虽然重要，但‘裸讲’的老师也更是棒棒哒”。

可见，现代先进的教学手段只有在科学利用的基础上才能大显神通，要本着因教学内容而异、因授课对象而异的原则使用多

---

〔1〕 郑旭翰、何明珂:《高校多媒体教学实证研究》，载《中国大学教学》2008年第11期。

〔2〕 姜涛:《大学多媒体教学述评及其分类应用导引》，载《黑龙江高等研究》2007年第10期。

媒体方式。此外，教师的年龄及个性的差异也使得我们不能强求一致一律使用多媒体进行教学，某些老教师的板书授课经过多年潜心研究和实践磨炼，被学生喜爱成为金课，某些青年教师的教学自成风格，这些教学效果优良的课程并没有和使用多媒体有多少关系。调研显示，有学生还很善良地写道“某些老师是机盲，用 PPT 反而会拉低教学质量”。假使一定要在课堂上使用多媒体进行教学，多媒体使用的理想境界是，课件在需要发挥作用时在发挥作用，而学生却感觉不到课件的存在——听课者“得其意而忘其形”，因为讲课者已经“人机合一”，这样的老师才能真正发挥出多媒体教学存在的“多种艺术形式的完美展示、多种感官刺激的综合实现”〔1〕的境界。可见，多媒体教学，“学”是目的，“多媒体”仅仅是为了实现更好教学效果的一种手段，其定位应是配合教学，起到的是辅助和促进教学的功能，最终的目的是使得学生通过教学活动增长了新知，发展了心智，用学生的话说，就是“通过授课实现了传道授业解惑”。只有这样的教学才是一种“有效教学”〔2〕。

三、多媒体在法学教学体系中之现实运用状况

法学是一门社会性学科，也是一门应用性很强的实践性学科，理论知识的掌握和实践能力的培养在教学目标中占有同样的比重，两者皆不可偏废。作为应对纷繁复杂变动社会的社会性规

〔1〕 刘坚:《高校多媒体教学的现状与发展对策》，载《教育学术月刊》2011 年第 1 期。

〔2〕 所谓有效教学，是指教师通过一段时间的教学之后，使学生获得了具体的进步或发展，也就是说，学生有无进步或发展是教学有没有效益的唯一指标。参见崔允漷:《有效教学的理念与策略》（上），载《人民教育》2001 年第 6 期。

则，法律必须因社会情势之变更而适时修改。故而，法学面临的教学任务是复杂繁重的，基于此，借助科技化手段化解其矛盾便显得尤为必要。

（一）多媒体教学法之优势阐释

多媒体在法学教学体系中，至少具有以下优点：

第一，多媒体教学结合计算机技术，可有效提高教学效果。法学教学活动中，常常会存在单纯用语言很难解释的一些法律现象，而它们往往又是教学的难点和重点，通过利用大量形象直观的视听和图像资料，教学内容得以丰富形象化，可将抽象的知识点迎刃化解，尤其在案例教学中，通过多媒体直接播放教学视频，将实际案例通过投影放大、清晰地映在屏幕上，可极大的增加学生的感性认识，比单纯的教师口头讲解效果会好很多。对于实践性法学课程而言，多媒体技术的应用给课堂教学模式的创新也提供了有利条件，比如对于模拟法庭的传统教学而言，学生无法实现亲自体验扮演角色的愿望，但多媒体的使用，可以使模拟法庭的设立摆脱时间和空间等因素的限制，学生可自由选择角色随时进入实战演习状态，从而为模拟法庭教学活动的开展提供了便利。

第二，采用多媒体教学手段，可有效提高教学效率。法学教学的具体实践中，常常会出现大量教学内容和有限课时之间的矛盾，多媒体技术可将知识进行合理整合，实现有限时间内对教学信息的全方位、多角度级差式增量传输，增加单位时间内的信息输出量，增加了课堂知识总量。多媒体技术的使用，可以将信息以最快的速度传播给每一位学生，同时也可以调动学生的学习兴趣。[1] 还有研究证明，多媒体手段的运用对那些学习上出现暂时困难的学生尤为奏效。[2] 多渠道传播理论证实当信息是由一个以上的渠道传递时，会有额外的加强效果，从而形成更好的记忆和学习效果。[3] 由上可见，多媒体手段可将大量教学信息通过生动形象的感性材料展示在学生面前，在多种感官的综合刺激下，学生不仅“听到”知识，更多的“看到”了知识，加强了学生和传输信息之间的互动性，且对于信息的获得和保持具有重要意义，多媒体的使用，在活跃课堂氛围的同时，在了解真实社会情境的前提下，不知不觉中增强了学生主动分析判断，独立思考，融合解决问题的综合能力。

第三，多媒体教学灵活了课堂教学形式。通过使用无线电子教鞭和移动话筒，教师不再局限于黑板和讲台，不再被固定在键盘和讲桌前面，其可以深入到学生群中，在教室的任意一个角落自由实现图片的切换，教师和学生在课堂上客观的融为一体，成功解决了互动的技术障碍。此外，通过使用电子课件及网络资源等，在节约课堂板书时间的同时也使得教学资料更为详实，内容更易于更新，也便于学生复制与下载后研习。

（二）多媒体教学法之弊端分析

不可回避的是，多媒体教学也存在诸多问题，这主要体

---

〔1〕 Savage, Terry M. and Karla E. Vogel, “Multimedia”, *College Teaching*, 1996, pp. 127-132.

〔2〕 Piotrowski, Judith and Rea Reason, “The National Literacy Strategy and Dyslexia: A Comparison of Teaching Methods and Materials”, *Support for Learning*, 2000, pp. 51-58.

〔3〕 Ellis, T., “Animation to Build Higher Cognitive Understanding: A Model for Studying Multimedia Effectiveness in Education”, *Journal of Engineering Education*, 2004, pp. 59-64.

现在：

第一，多媒体对教师教和学生学的方式造成重大影响。过多依赖多媒体，导致离开多媒体不会授课，尤其在新任教师以及所授为新课时，这一弊端表现尤为突出。传统的板书，一般教师都有较精细的讲义和较为严密的教学设计，也要求教师对于授课内容做到相对了熟于胸，有备而来，甚至达到“背课”的效果。但是，在技术极大冲击课堂的大环境下，教师学会了偷懒，很多时候将纸质讲义内容照搬到 PPT 等教学课件中，开始出现照着屏幕讲授甚至“念课”的现象，教师离开多媒体不知如何拉通课堂，如果碰上投影仪、电脑、音响等硬件设备出现故障或者停电的时候，常常会感到手足无措、甚至中断课堂教学的尴尬场景。这种教师照“屏”宣科的“PPT 依赖症”被学生极为诟病，调研中有学生甚至说“一些教师只是木偶般说教，当机械放映工”。而就学生层面而言，一定程度上增加了学生的惰性，大部分学生上课不再手脑并用作笔记，只是跟着教师圈画课本，甚至只看不划，这在上述图 12 和图 13 中可以清晰看出。原因主要归结为：课件播放过快，来不及记录；课件会发给学生，不用费力记笔记；老师制作的课件字数太多，字号过小，后排学生几乎看不清楚，无法跟着做笔记；背景和文字反差小，辨认费力；光线太暗，做笔记困难等；还有个别同学以“拍照的方式代替作笔记”。

第二，多媒体教学效果受制于课件制作状态。教学过程中，过多的使用技术手段，声音、动画的频繁出现，极大的冲击了视觉，分散了注意力，削弱了学生的思考能力，会引发学生思维上的偏差，减弱了在逻辑思维上的训练，不利于法学学科尤为凸显的学生细腻缜密逻辑思维能力的培养。一张张飞驰而过的多媒体课件，让人应接不暇，无疑，形象、生动的教学手段可以很好的“吸引眼球”，但对于抽象思维、创新性思维却造成了一定程度的限制，其在让人耳目一新的同时，也削减了思考的空间。调研中甚至有教师不是从教学效果的角度去考虑教学内容的选择和教学环节的设计，而是过多的考虑课件如何“花哨”一点，如何“好玩”一点，呈现出来的课件画面缤纷斑斓，图文混杂，五花八门的声光传输让学生感觉不到重点甚至不知所云，造成一种喧宾夺主的幻象。格外需要纠正的是，多媒体教学绝不能是为了作秀或者应对相关部门的考核指标而在教学并不必要的情况下使用多媒体元素。与此形成巨大反差的是，某些多媒体课件却仅是文字版的照搬，只是从 Word 形式换了个 PPT 的展示形态，给人一种“黑板搬家”的感觉，所作课件文字色度几乎无区分，让人抓不住重点在哪且感觉视觉疲劳，仅有的几张点缀图片，却让人感觉图文无关，极其缺乏严谨性。前述图 9 对此高达 46%的占比数据统计着实让人震惊！而对于多媒体教学所使用的软件，课堂上基本是 PPT 一统天下，能够使用 Flash、Authorware、Dreamweave、Photoshop 的寥若宸星，还有一些课堂竟然一个学期下来只使用 Word 进行教学！

第三，多媒体的教学效果受制于投影仪等辅助教学硬件设备的制约。实践中，多媒体的播放必须借助投影仪等辅助教学设备，很多教室的投影设备陈旧，为了使投影内容容易识别，很多时候教师会关闭教室的照明灯，使得投影清晰，但却导致学生无法很好做笔记和阅读书籍，严重影响到教学效果。现实中多媒体教学的控制台一般都在固定位置，授课时教师常常被局限于控制台周边，教师的注意力也一定程度上被多媒体的演示所分散，无法像传统教学那样全身心的投入到用眼神、手势等方式与学生在传授知识的同时进行情感互动交流，教师在一定层面上成为了多媒体的解说员，教师授课的中心地位被削弱。此外，很多多媒体教室没有联网，即使联网了，网络也非常不稳定，严重影响了超链接等教学内容的拓展演示。所以，为了充分发挥多媒体教学的优势，学校必须投入资金加强多媒体硬件设施的建设：适当调整多媒体设备的安装位置，以便于突出教师在课堂教学中的主导地位；建议安装多层次分区可调节照明设备，在集中照明的基础上加设分散照明，以解决上课教室的光线和照明问题；在多媒体设备中安装遥控装置，使教师能走出控制台实现幻灯片切换；要为教师配备移动话筒、无线鼠标，使得教师能深入到学生当中予以互动；要更新已经老化的多媒体设备，避免图像不清晰，声音不适度；要改变部分教室屏幕挡住黑板，没有板书空间，不便教学的状况；要定期升级电脑杀毒软件；要督促设备维修人员及时排除设备故障，定期进行维护，以保障正常教学。

第四，教师教授的艺术得不到充分发挥。因为多媒体课程一般都有预设的演示流程，教师在讲授时如果发现学生对某些问题掌握不到位，也很难及时调整，讲授时缺乏有效的师生互动调节体制，在“师”与“生”的沟通中，介入了“机”，冲淡了直接的情感交流，导致师生关系相对疏离。美国著名教育家哥拉斯费尔德曾言：“在教和学的过程中，教师和学生要共同营造一个真实的教学环境，并以教学内容为宗旨进行面对面的思想交流和碰撞，‘知识’是教师与学生在互动过程中实现意义共享的结果。"[1] 因此，在运用多媒体手段进行教学时，一定要适时调整教学方式，发挥教师与学生之间的互动性。一般认为，教师的教学能力包括认知能力、设计能力、操作能力和监控能力，观察学生的课上反应属于监控能力，根据授课对象的反应情况对教学设计临场予以调整体现出教师在认知能力基础上的高度操作能力和设计能力，这四种能力的融合运用充分体现出优秀教学水平的形成绝非一日之功。

四、理想的多媒体教学法在法学教学体系中的具体建构

承前调研数据分析之结果，可见，多媒体教学效果之好坏受制于多项因素，但其中至关重要的一因素便是多媒体课件的制作情况，那么，怎样的课件是符合促成教学效果提升的优质课件呢？

（一）怎样的课件是一份优秀的法学教学课件

课件是教学活动进行的重要载体，其凝结着讲授者的教学设计，蕴涵着其教学理念，故而一份课件可以充分展示出讲授教师的逻辑思维和如何组织教学活动的预设，它与板书、课堂讲解、质疑、提问、教师的动作、表情等相得益彰，综合推进教学活动的进行。无疑，一份优秀的课件是讲好一门课程的前提，一份赏心悦目的课件如同人的得体外表。从一定意义上而言，课件制作内容与外观的评价和教学效果间存在显著正相关。[2] 结合调研

---

〔1〕 Glaserfeld, E. von, Aspect of constructivism in Fosnot ed., *Constructivism: theory, perspectives and practices*, New York & London: Teachers College, Columbia University, 1996, p. 274.

〔2〕 金燕：《多媒体教学课件质量与教学效果的因素探析》，载《电化教育研究》2007年第5期。本次调研表20的数据显示，有29%的学生认为，多媒体教学效果的高低和课件制作质量正相关，对此予以了一定程度的佐证。

中被学生认可的口碑极好的课件所具有的共性特质，一份具有表现力的优秀课件应包括哪些构成要素，或者说，具有哪些属性，窃以为以下方面不可或缺：

首先，课件内容要做到页面清晰，界面文字要确保后排坐者能清晰看见，如有图表也要尽可能提高其可见度，文字颜色宜深不宜浅，且文字与背景的色度及亮度应形成足够反差，以增强其可视度。课件的设计要符合教学规律，在吃透教材的基础上，其展示内容要精当，建议使用纲要式目录提纲挈领的传递要讲授的知识，要突出教学的重点和难点，其信息量要符合认知规律。对于投影内容，绝不能只是教材内容的电子化翻版，决不能只是“教材搬家”，必须根据教学大纲、授课对象的水准经精心选择后予以编排设计，应有一定的补充和拓展内容，详略得当、图文并茂的展示，将很多知识点直观清晰传授，整个课件的架构应能够体现出一定的教学设计理念。

其次，一份优秀的教学课件，页面要条理有序，章节序号要协调统一，外在表现形式规范，图文比例合理，版面不能过于花哨，在配置相应的链接按钮时，要避免音频、视频转换时间过长，对图片、动画、音频、视频等声像的选择要和主题相吻合，以必要性为限，避免哗众取宠。有学者甚至认为，“教学过程中增加动画似乎并不利于学习，而且可能削弱教学效果，因为动画经常使学生产生认知超载。”[1] 基于此，对于过多的声像视频需保持一定的警醒。值得注意的是，调研发现现实中存在一种乱

---

〔1〕 Schneider, S., Nebel, S., Pradel, S., Rey, G. D., “Mind Your Ps and Qs! How Polite Instructions Affect Learning with Multimedia”, *Computers in Human Behavior*, 2015, pp. 546-555. 转引自：郑玉玮、崔磊：《多媒体在教育中的应用：一个矛盾的复合体》，载《电化教育研究》2016年第11期。

象，课堂在上课期间播放视频案例，这本无可厚非，这种直观的方式有助于学生理解相关概念及范畴术语，但不止一个课堂花一节课乃至两节课的时间来播放“今日说法”等法治栏目，甚至于还有教师在课堂上以完全播放电影的方式来代替讲授〔1〕，这极大的损害了教学的严肃性。笔者以为，对于教学视频案例的选择，必须精挑细选，必须精短，一般应以不超过3分钟为宜，对于特别典型的视频案例，如果过长，完全可以安排学生在课后观看。

最后，课件要具有一定的交互性，播放设计要注意有一定节奏，把握好呈现的最佳时机，既不要太快，又不要太慢，播放内容应按照语意逐一出现，合理开展讲解，建议对思考性的内容要分步展示，不要内容随着一页课件直接毫无悬念的全部呈现，放视频时必要的时候中间予以暂停，留给学生一个探究的缓冲时间，激发学生思考、彼此交流，促成进一步的理解。建议设置提问、提示，启发式的引导询问学生的想法，推导下面将会发生什么？建议设置讨论、点评等辅助性活动，必要时配以板书以增强重点；可以设置一定的动态链接，突破播放中的程序限制；讲授时设置适当停顿，无声态势语若运用得当，可营造出非常好的教学氛围，充满神韵的眼神，可以产生“此时无声胜有声”的效果。

近年来，教育部每年都会组织全国范围内的多媒体课件大赛，各省市教育主管部门、各高校也都积极开展各类型课件比赛，层出不穷的课件比赛，过多的聚焦于课件制作的技术水平，

---

〔1〕 前述图7的数据显示，有2%的课堂存在以超过8分钟的视频或录像等方式代替上课的现象。

而对于课件的教学设计、所反映出来的教学理念关注度并不大。课件是否真正有效促成学生获得新知，是否实现了“有效教学”的科学目标，理应成为考评多媒体课件是否优秀的更重要指标，现实中迫切需要形成一套更为科学的多媒体课件评价机制体系。

（二）如何制作一份优秀的法学教学课件

课件的制作水平是多媒体教学面临的突出问题。

客观而言，作为知识生产主力军的高校教师现时压力重重，其既要承担教学工作量，又要兼顾专业科研任务，在科研挂帅的今天，分给教学的时间和精力必然有限。制作一份好的课件需要耗费大量的时间和精力，且与研究教学方法及技巧间存在时间冲突。课件全部由教师自制无疑增加了教师的工作量，且学科教师普遍缺乏专业的软件使用知识，往往仅掌握教学软件的初级操作，即使受过一定的其它软件技能培训，要综合运用它们制出高水平的多媒体课件，也存在相当大困难。对于专业分工日渐精细化的教师而言，让其掌握专业以外其它学科的知识具有相当难度，绝非一日之功，而且，成年化的教师多已思维定型，对其多种软件的技能培训能否收到预期效果也是打一个大大的问号，现实中对图像扫描、截取影像、转换文件格式、插入超链接信手捏来的高手凤毛麟角。实践中，很多教师常常是网上下载一些免费甚至付费课件再自行调整加工[1]，这样的课件鱼龙混杂，稂莠不齐，在原来底版上的加工很难发生质的提升和改变。

理想的课件不应只是文字和图画的结合，更应是在展示内容基础上综合运用美术、音乐、计算机技术等的结晶体。故而，笔者主张在尽可能加强开展多媒体课件制作培训课程的基础上，建

〔1〕 在对教师的非正式访谈调研中，课件完全自制的比例大约仅为11%。

议拨出一定经费组织教研室人员和美工、视频、计算机技术人员专门进行基础课件开发，用以共享，各任课教师可在此基础上进行深加工，突出个性，以充分满足不同层次和不同水准的授课对象的需求。

值得注意的是，观察获奖的多媒体课件，其普遍具有的一个共性就是课件的技术含量很高，也就是说，课件的制作难度越大，特效越多，其评价才越高。这背离了有效教学的初衷，课件的使用，是为了更好的传递新知，决不能喧宾夺主，本末倒置。课件制作技巧很高，未必适合教学实际。现实中不乏整个教室只有教师口授，甚至不用板书，更不用凭借多媒体而学生听得入神，获益良多的好课堂！教师的功夫应该下在钻研教学教法，提高驾驭课堂的能力上，只追求花哨出奇的课件是不会有长久生命力的，“有些获奖课件根本不能为其他教师的教学所用，有些本来略加增改之后或许能用，但正是由于它制作难度大，一般教师根本无法修改，于是成为弃之可惜用之难用的‘鸡肋’”。[1]

（三）多媒体教学法在法学教学体系中的拓展应用

多媒体使传统的封闭式教学有了革命性突破，利用现代多媒体技术，构造有效的共享平台，可充分促进信息互动交流。

对于教师群体而言，高校要投入资金建设多媒体教学资源素材库，条件允许的话，教育厅可通过委托立项的方式，建设相对标准统一规范的省级教学资源库及精品课程建设网，该库开放且共享，方便教师学习模拟。当前，大量的法律网站、法律信息为法学教师提供了丰富的教学资源，教师可以在多媒体课件中建立

---

〔1〕 刘坚：《高校多媒体教学的现状与发展对策》，载《教育学术月刊》2011年第1期。

超链接，以便在课堂教学中直接利用网络资源，拓展教学内容的广度和深度。教师还可通过网络教学平台，在网上与学生及时互动，立体化的交流可以使课堂教学得到有效延伸，极大的避免了高校教师不坐班，学生有问题找不到教师解答的尴尬局面。

对学生群体而言，网络教学平台可为其创设良好的学习情境，如通过建立终端习题操作和在线测试，学生可在课下巩固课上知识，检测自己的学习情况；课件加入平台共享后，学生还可点播教学视频或下载教学资源，开阔视野、拓宽思路，开展个性化自主学习，提升自己的能力。法学是一门实践性很强的学科，多媒体方便案例介绍，开辟了在课堂上创设司法情境的捷径，借助多媒体技术播放课件、电影、电视节目的案例教学无疑极大程度地有助于培养学生运用理论知识解决实际问题的能力，有助于提升学生的综合素质，促进教学目标的有效实现。

尤其要指出的是，法学教学课堂为了突出实践指向，诊所课程普遍要聘请校外导师、律师、法官等实务型专家予以授课，但在一些场合下，他们未必能出现在授课现场，但利用多媒体一定程度上可以缓解这个问题，兼课专家可在约定时间不用出现在现场也可就讨论案例发表自己的看法，从而使封闭性教学成为开放性教学。多媒体网络技术还可在其他实践环节中有所作为，如可建立网上实习指导系统，教师可通过网络实时指导学生实习，还可通过与司法机关深度合作，实现在网上实时旁听审判，学生足不出户就可获得丰富的实践锻炼。

结　语

多媒体手段渗透到教学课堂可谓信息化时代的必然产物。如何因势利导，化弊为利，借其促成“有效教学”可谓意义深远。本文立足于此，试图通过对其予以妥帖定位并建构出理想的多媒体法学教学体系实现上述使命，希冀在将这种教学道具用好的基础上，促成开放性教学体系的全方位构建，最终实现高校法学学科教学效果的显著提升。

学之有趣与教之有法

——法学课堂教学的体会与思考*

◎蓝寿荣**

摘　要：大学教学的质量不高，在于学生的学习兴趣不高。高校教师的科研考核导向、学校便于管理学生的一些措施、社会功利性氛围，都会影响学生的学习兴趣，从而反过来影响到教学质量。激发学生学习兴趣，需要教师下功夫，要让大学生意识到他们已经是成年人，要自己主动学习，要习惯于非应付考试的阅读，特别是专业书籍的阅读，要习惯于参与不能立即见效的科

---

*　江西省高等学校教学改革研究重点课题“双一流建设背景下，卓越法治人才教育培养模式的创新与实践”（JXJG-18-1-15）；国家社会科学基金项目“共享发展理念的法理基础和法治实现路径研究”（17BKS073）。

**　蓝寿荣，男（1966—），浙江武义人，南昌大学法学院教授，从事金融法、法学教学研究。

研训练。激发学生学习兴趣，更需要教师提高自己的学术水平、把握分析社会热点问题的能力、引导学生参与科研训练的技巧，还需要倡导教师体会教学乐趣。通过科研训练带动学生深入专业学习，将有利于学生的学习思考能力包括问题提炼能力、思辨质疑能力得以渐进形成和提升，体会到学习的乐趣和探索未知世界的魅力。

关键词： 学习兴趣　激励教学　科研训练　法学教学

一流的大学需要一流的教学，大学教学的重要性已经成为共识，但是现在的大学教学面临很多实际的困难，不少课堂学生不满意、教师自己也觉得无趣，甚至出现了“教师表演讲课，学生虚假听课”的现象。[1] 这里面有学生的原因，如不少学生很娇气不想下苦功、学习很功利只看重分数、意志很脆弱教师不敢管，也有些是教师的原因，如教师的科研压力很大无法花大量时间精力去备课，更加没有从学生实际出发研究如何上好课。如何激发学生学习的兴趣、提高教学质量，是一个需要多学科多视野进行研究的话题。

一、学生学习兴趣不高的原因

总体而言，大学生学习兴趣不高，虽然也是与学生本人有关，但是教师和学校的责任是主要的。教师的精力重心在科研、学校便于管理的一些措施、社会功利性氛围，都会影响学生的学习兴趣，从而反过来影响到教学质量。

---

〔1〕 吴艳、陈永明：《大学课堂教学的现状分析及思考——基于全国十所高校的实证调查》，载《高教探索》2015年第11期。

第一，教学活动中，学生的主体地位并未得到尊重。很多老师的教学活动，都是为了方便自己完成课堂授课，或者是说完成教学工作量，毕竟现在的大学老师主要工作是科研，用于教学的时间精力有限，没有学术论文课题的老师将会什么都不是，但是没有好好授课的老师也可能是教授。[1] 在课堂上，大部分老师的授课还是单向的灌输，学生是上课也不记笔记，下课就去玩，考试之前请老师划重点。有个别老师甚至是直接把考题告诉了学生，学生轻松过关，成绩还不错，皆大欢喜。有的老师上课，是让学生上讲台发言，老师顺势点评一下，一节课轻轻松松过去，工作量到手了。至于学生学到了什么，教师和学生没有认真关注。

第二，教学活动中，学生的学习兴趣被忽视。在大部分课堂教学中，教师总是基于自己的年龄优势、学历优势、知识优势、社会阅历优势，自觉不自觉的以学习导师和人生导师的姿态和气势面对学生，掌控课堂。这样的一种基于自身经历和人身经验的认知架构体系，与年轻学生的内在思想要求、能力提升和社会现实需要有很大的差异，但教师往往不是依据学生的需要去修正自己的认知判断，而是凭借自己的优势地位来引导学生向自己靠拢。有名望的学者对知识的追求超过了一切，将一天中的大部分时间都分配给了学习，对自己言行喜好也是严于律己，尽量让自己对于知识的吸收和学术的追求不受人生意外事件的干扰而中断。这些老师本身而言是十分成功的，但是学生是千人千面、多姿多彩的，追求爱好各异，甚至有些后来证明是杰出企业家的

---

〔1〕 卫建国:《以改造课堂为突破口提高人才培养质量》，载《教育研究》2017年第6期。

人，在学生时代看起来是吊儿郎当，有些疯狂或蠢呆或懒散，这些必然与一心学习一心从事学术研究的老师有很大差异，如果老师的掌控能力太强，很有可能会扼杀这部分学生的学习兴趣乃至未来。大学教学，特别是研究生教学，老师是要鼓励引导学生向一切有可能做出创新的方向前进，而不是固定的教会学生背诵一些已有的知识。研究生教学，最可怕的是老师要求学生背诵记住“唯一正确”答案，而学生也是要求老师给予“正确”答案。

第三，教学活动中，学生的学习兴趣被少数教师导向所破坏。在很多学校的大学教学中，教师往往喜欢那些主动配合自己课堂教学的学生，尤其是那些看起来“乖巧”而又积极发言的学生，教师不自觉地会经常表扬，甚至在期中、期末考核中给予较高或相对高的分数。还有的学生，为了出国学习或免试保送攻读研究生，基于平时与教师接触较多，期末直接向教师提出要给高分。这些学生的学习兴趣就得到了正向的激励，但是有一些有自己的兴趣或者是默默学习的学生，尽管可能付出更多勤奋学习、取得更好的知识收获，但得不到公平的分数评定。还有大部分学校为了维持校园稳定和掌握学生的各种动向，十分重视学生干部队伍建设，以至于个别地方的学生干部“官味”一度比政府行政机关都要浓[1]。很多学校的辅导员在评定学生的各种奖励，包括学习奖学金，会优先考虑学生干部。本来学生干部做得好，有了经验积累，有利于将来走向工作岗位做管理干部，而与进一步深入研究和学术创新没有关系，但这样的事例给其他大学生的学习兴趣带来了不公平的影响。

---

〔1〕 罗文泽：《“部长级”学生会干部，只是表述有误吗》，载《光明日报》2018年7月23日，第02版。

第四，教学活动中，学生的学习氛围被功利性社会环境所销蚀。在大学生学习中，课堂教学始终是教师教和学生学的主要活动场所，其他的学习活动是为了辅助和延续课堂教学，提高教学工作的有效性。目前，课堂教学的主要不良现象，是教师的表演性教学和学生的虚假性学习。教师的表演性教学，一是因为教师自身的科研压力很大，很难投入大量时间进行备课，更谈不上和学生做课堂前的预习工作。没有教师的时间精力投入，要做好课堂教学和提高课堂教学的效果是很难的。二是虽然课堂教学的质量在下滑，但针对老师的各种考核和课堂教学的监管却有增无减，老师为了不出差错，就尽量在形式上做到位，如按时上课按时下课、上课有多媒体有互动。有个别老师为了博取学生好评，甚至犹如演员表演一样，即兴唱歌或说个相声等。三是学生学习的功利性鲜明，就是为了期末考试分数，因为分数可以对家长有交代，一些学校有了好的分数就有可能免试保送研究生。四是有些学生在大学学习期间，过多地参与了非学习活动，热衷于参加各种热闹博眼球的社会活动，享受学生活动带来的在学生中的身份地位和影响力，或者是过多地参与了老师感兴趣的活动，而对于基本上是无法在短期内见效的学习活动兴趣退减，从而影响了原本应该老老实实经历的课堂学习，并且还影响了其他学生的学习兴趣，出现了很多学生课堂听课应付和期末考试投机取巧的心态。

二、培养学生学习兴趣的激励教学

学生在大学阶段，经历了高中学习，也必然会受家庭和社会的影响，已经有了一些自己的人生观和价值观，但是还是处于可以有效培养的年龄段，这就需要教师多花功夫，花点心思好好上课，以有效的方式激励学生学习兴趣，让学生在学习中感受乐趣、憧憬未来。

（一）采用激励教学的必要性

大学很轻松现象，已经引起了社会各界的关注。[1] 大家都觉得大学应该很好玩，有很多高中老师鼓励学生参加高考，会说“考上大学就轻松了”。很多大学生甚至是自嘲说，在大学里，没有谈过恋爱的不是大学，没有挂科的也不是大学，没有当过学生干部的不是大学。特别是文科，基本上没有不毕业一说。

对于大学生学习松懒，老师不敢管也很无奈。本来，老师是应该严格管理学生的，但事实上，严格管理学生的老师可能会遇到麻烦，如有的教师一板一眼教学和对学生严格要求，期末出题难而又不划重点，学生考试成绩差，不仅是学生多有怨言导致师生关系紧张，还会有管理部门的督查。教师不敢管，也是因为有些学生很娇气。南昌大学在2015年开展学生寝室自主保洁，结果学生基本上是一片反对，引起轩然大波，此事的纠纷闹到了中央电视台专门做了一期节目来讨论，最后南昌大学还是放弃了引导同学们适当劳动进行自主保洁的工作。[2] 在大学里，很多的所谓劳动、志愿服务、社会调查，都是在学生会学生干部的组织下走走过场、拍拍照片、写个报道，徒有形式而已。虽然少部分的学生很优秀，有的甚至是非常能够吃苦，但作为整体而言，大学生应该有的严格的纪律管理、体力劳动、志愿服务、社会调

〔1〕 邬大光：《轻松的大学警惕后大众化的质量陷阱》，载《光明日报》2018年7月6日，第11版。

〔2〕 雨晴：《“自主保洁”之争给高校管理的启示》，载《光明日报》2014年9月22日，第07版。

研，几乎很少有。近几十年来，大家的个人权利意识普遍有了很大的提高，有些时候甚至出现了过度维权现象。恰恰这几年来的大学生很多都是独生子女，家长极为关注和呵护，甚至纵容，只要是在学校与老师或同学有冲突，家长就会出面讨说法，甚至出现个别家长威胁打骂老师的现象，这种现象虽然是个别的，但给老师心理的影响是很深的，很多老师都是对学生只有夸赞表扬，没有批评或指出缺点。以前教学工作有“严师出高徒”一说，现在也强调“大学不能太轻松”，关爱学生是为了让学生更好成才，而不是放任学生、溺爱学生，甚至是不敢管学生，但是说起来容易做起来并不容易，并且这种情况有可能将长期存在。那么，作为教师如何适应这种现实情况呢，在教学工作中采用激励教学是一个很好的突破困境的方法。所谓激励教学法，是指以成就、奖励或目标实现等方式，激发学生自主学习的内在兴趣，从而提高教学效果的一种教学方法。具体而言，还可以分为奖励激励、荣誉激励、理想激励、升学激励等教学方法。

激励，原本是一种心理状态，是人在某种特定物或行为诱发下出现的情绪反映本能提高的现象。[1] 在教学活动中，教师为了实现理想的教学效果，从学生的成长时期心理状态出发，运用合适的教学手段和教学方式，引导学生焕发自我学习的主动性和积极性、朝着希望的方向前进并努力争取达到预定的目标。激励对于学生学习和成才的作用，早就为中外历史上的思想家所关注和重视，如孔子的“好学”“学而时习之，不亦说乎”，古代希腊的哲学家教育家苏格拉底提出“助产术”教学方法，近现代以来

---

〔1〕 申来津：《激励发生原理：一种心理学解释》，载《学术交流》2003年第4期。

更是有很多的教育学、心理学、管理学学者应用了激励思想，如马斯洛的需要层次理论更是为社会各界人士所熟悉。依据笔者从事教学几十年的体会，一般来说，一个学生，尤其是青少年，在其成长过程中，当他的行为受到他所尊重人的肯定、表扬，或者是他自己的持续行为取得了成绩或者是达到了他的预定目标，这样的行为会让他本人比较长时间的记忆，今后他在学习中还会继续重复这样的行为，反之他会减少自己的行为。给学生设定比他平时能够完成的任务更高一点的目标，而后在老师的指导下学生经过努力完成了更高水平的学习任务，是有效激发其学习动力的一种手段。

（二）采用激励教学的可行性

教师采用激励教学方法，不能理解为不敢管学生的无奈之举，而是一种新情况下提高教学质量、培养学生创新能力的有效途径。现在，激励教学的重要性已经越来越得到了教育界人士的认可，也有很多优秀的教师对此作了很多的探索，但是究竟如何做才能有效提高学生的学习兴趣，还在不断地探索之中。

首先，让大学生真正意识到他们已经是成年人。由于高考的压力，学生已经在中学阶段被一再的强化了遵循老师课堂灌输、被动接受知识、唯一正确答案等，没有意识到上大学后要自己主动学习。如果学生一直认为是老师要他学，离开了高考的精神高压，学生就很难有主动的学习兴趣，老师在课堂上再努力也不能取得预期的效果。既然学生对于自己在知识海洋里探索没有兴趣，就很有可能学生对于一些老师的娱乐化即兴表演感兴趣。对于大学教学来说，前置的一项工作就是要引导学生自主意识的回归，让学生意识到学习是自己的事，不是老师强迫要你去学，也不是家长强迫要你去学，这个需要在大学生入学教育中明确说明，并在一些集体活动中有意识地引导予以强化。

其次，使大学生习惯于不为应付考试的阅读，特别是专业书籍的阅读。文科的教学，要提高教学的质量和效果，不管老师讲得多么高水平和认真，离开了学生的课前阅读和课后阅读，结果只能是教师的单方面努力。[1] 以法学为例，学生阅读，首先是阅读法学相关的基础性知识及基本原理，包括法学理论的基础知识、法律和法学的演进，课程相关的问题论述。与此同时，法学不是孤立的学科，学生的阅读理解需要相应的社会背景知识，相关学科的知识性书籍和理论性书籍，也是需要阅读的。这样，学生才会对于课堂教学中讲到的知识点和原理知其然知其所以然，才会将法律规范与社会实际问题相联系，对纯粹的书本知识产生感性化的兴趣。如果有的同学，能够读懂教材写作的理念、思想、逻辑，进而还会产生一点自己的毛糙的“独到”见解，则阅读的兴趣已经开始形成，学习的快乐也就有了真实的基础，对于课堂教师讲课的期许将会激励其成为认真上课的“真正学生”，课堂教学成果实现。

最后，教学的师生互动，俗称“确认过眼神”。有了专业阅读的基础，在课堂上，老师讲授教学内容，学生才会听得懂，才会对于教师是否真正的讲出了水平有初步判断的依据和能力。否则，很有可能教师讲的很好，但是学生听不懂，导致对教师讲课评价很低，迫使教师在课堂上通俗化粗浅化。所以，师生课堂互动，不是形式上的，如点名让学生站起来回答问题，或者是让学

---

〔1〕 杨立新：《阅读和写作是我国法学教育的两个短板》，载《人民法治》2018年第16期。

生上讲台讲课，而是真正的以老师的高水平讲课启迪学生往课程疑难领域前进，是知识理论讲解、社会背景分析、问题探讨和思想火花等精神上的交流。这样，才会以课堂教学吸引学生学习、引导学生课后进一步主动学习，而不是虚假式的上课认真听课、考试背笔记。

（三）采用激励教学的教师角色

从教师的角度看，首先，教师自身要有相当的学术水平，对于相应教学内容及其学术领域、司法实践要有一定的认识，才能对教学内容融会贯通、有针对性的突出重点难点，把握课堂教学的节奏。[1] 这样，教师的课堂才有可能是高水平的教学课堂，而不是应付学生的课堂。尤其是研究生课堂教学，不能变成是案例教学，自己布置一个案例，让学生上讲台发言，然后教师评议一下，这样的课堂虽然比那些重复本科教案的课堂要好些，但不是一个学术性的、提高学生思维能力和学术分析能力的课堂。如同工科教授在实验室指导学生开展创新试验一样，文科教师要做的，是通过学术问题的讲解和与研究生一起的研讨，将自己的学术探索思维和研究方法、写作经验传授给研究生，并引导研究生朝着可能的创新方向努力。

其次，教师要认真对待教学活动，要将教学视为教师的本职工作。目前的高校实际情况，每一个学校都说是教学与科研一视同仁，甚至还有学校出台了文件，但事实上是重科研轻教学，因为是受大环境影响，无论是学科评估还是学校学科排名，科研的权重始终是占大头，至少没有发现哪一次评估出现科研很强的学

---

〔1〕 蓝寿荣：《教之有法与教无定法——法学教学方法的回顾与思考》，载《贵州师范大学学报（社会科学版）》2006年第1期。

校教学排名很后的现象，对于教师个人的评价也是一样，这种情况影响到了教师对待教学的态度。各个学校采取各种有效激励教师花大力气上好课的努力还在继续，如很多学校已经开展的教学评奖、教学标兵、讲课竞赛、慕课实践、教室创新等，有的已经卓有成效，也有的已经流于形式变成表演。目前比较实际可行的是，鼓励教师凭着职业良心努力上好课，要多花点时间精力思考如何讲好每一节课，通过一学期一门课的教学提高学生的知识水平、认知能力和学习兴趣。

最后，倡导、培养教师的教学乐趣。有很多教师，他们可能并没有受到学校或其他部门的表彰奖励，但是他们很满足，喜欢教学工作、乐于与学生一起相互学习交流。有不少的大学教师，经常组织自己带的本科生和研究生开展实实在在的读书会等活动，其他老师带的学生自愿参加，既阅读了一些重要的专业文献又开展了有深度的讨论，促进了思想交流，大家从中受益，在学生中口碑甚佳，极受学生尊重，反过来也促进了教师继续学习继续研究，无形中深化了学术功底，还有可能在与学生的研讨中形成了新的研究问题。如果一个教师自己觉得教学有乐趣、值得花大气力，加上学校的奖励性制度推动，就有可能出现一个优质的课堂、一批优秀的学生。

三、提升学生学习兴趣的科研训练

在教学中，尤其是高年级学生教学和研究生教学，要取得好的效果并不容易，因为现在资讯发达，有很多知识和事件，学生比教师知道得更快、更全面，有很多知识教师在课堂上还没有讲，学生就已经用手机通过百度搜索找到并看清楚了。这种现象，今后将会成为常态，一方面说明科技进步、社会发展带来的方便，节省了学习者的大量时间和精力，另一方面也表明一些基础性的概念知识，教师不能仅仅平铺直叙讲授，需要穿透历史与现实、思想与学说、理论与实践，要通过科研训练教学带动学生研究性思考学习，大学教师的职责重心已经由讲授知识为主转向激发学生自主思考为主，让学生有兴趣去主动学习。[1] 凡是学生能够自己看懂的书本知识，简略讲授或不讲，教师要讲的是学生看不懂的知识或者看得懂却不明白其缘由的知识。当然，对于教材内容，教师要注意引导学生系统性地阅读、结合社会实际理解性阅读，使学生不仅自己看懂了基础知识，还能够通过课堂教学领会了教材为什么要这么写。

所谓研究性学习，就是学生在老师指导下，通过参与问题研究，写成调研报告或者小论文，从而学习专题知识及其运用的一种学习方式。相应的，教师就有研究性教学。所谓研究性教学，是教师通过学生开展或参与问题研究的形式，指导学生发现问题、分析问题、调查取证、形成结论，写成小论文，提高学生的知识水平和实践能力的一种教学方式。这种教学方式，是使学生由问题出发学习知识及其运用，区别于一般课堂教学强调的由概念出发的法学原理与司法适用学习。关于研究性教学，各种著述很多，学者的观点各异。结合我自身的教学体会，研究性教学可以结合课堂规范性教学内容开展，是一种对于课堂教学内容深度学习的方式，也可以围绕教师的学术兴趣或者是社会热点问题来开展，是一种从社会真实现象出发练习发现问题分析问题提高学

[1] 冯果：《大数据时代的法学教育及其变革》，载《法学教育研究》2018年第2期。

习效果的方法。具体的形式有读书会、热点问题讨论会（如近期的昆山宝马司机被反杀案、重庆公汽女乘客打骂司机坠江案、范冰冰偷逃税案）、学术疑难问题对话会（如大数据时代的个人信息保护问题、中央与地方金融监管协助机制问题、环境侵权归责原则问题）、司法案例研究会（如股东查阅公司财务数据问题、虚假宣传构成欺诈问题、民间借贷司法认定问题、民间借贷中的非法集资认定问题）等。开展研究性教学，也是各国高等教育教学普遍的做法。在很多国家的大学里，研究生和高年级本科生也是重要的学术成果产出队伍，甚至一些十分有发展前景的创新就是由学生做出的。[1] 当然，无论是大学生还是研究生，在校期间的研究性学习，也不能是单纯为了发表文章，是为了通过科研训练增强教学有效性，提高学生自觉学习的学习兴趣。

目前法学院教学中，很多人都已经意识到“本科生科研训练不足，科研素质不高”[2]，需要进行科研训练，尤其是要开展以法学写作和案例分析为中心的教学。作为法学学生，搭建从课堂学习通往司法实践的桥梁，方法之一就是研读司法裁判文书。最高人民法院已经建立了所有人都可以公开查询到的中国司法裁判文书网，截止到 2018 年 11 月，已经上传了 56 024 937 份我国各地人民法院的司法裁判文书。这么海量的司法裁判文书，给法学院学生学习法律实践提供了便利的优质资源，如果不加以利用，简直就是法律文化资源浪费。一份优秀的司法裁判文书，首先，反映了社会实际运转中存在的纠纷问题，具有真实性和现实性，

---

〔1〕 潘金林、龚放：《教学方法改革：美国研究型大学本科教育改革新动向》，载《高等教育研究》2008 年第 10 期。

〔2〕 卢海君、龙立志：《法学专业研究性人才培养模式研究》，载《中国大学教学》2018 年第 6 期。

这个不是教师自己拟制的案例可以比拟的；其次，一份司法裁判文书展示了从原告主张立案到起诉、对方答辩、庭审、宣判的完整过程，原告的起诉资格与诉讼时效、原告诉讼主张与事实理由、被告的答辩意见与思辨逻辑、庭审质证与证据的真实性合法性关联性、法官对于证据的认定与事实的查明，法院的宣判结论与法律条文适用；最后，一份司法裁判文书，也是原告理性诉求、被告答辩技巧的较量，还是法官的法律适用水平和法学功底的体现、法官庭审全局把握、纠纷事件法律属性判断与法律条文适用能力的体现。

通过科研训练带动学生深入专业学习，将有利于学生的学习思考能力得以渐进形成和提升。首先是理解性的思考能力，对于课堂上教师教授知识、原理和方法的理解。有了问题导向的研究训练，学生学习的知识不能等同于为了应试的死记硬背，需要学习者通过参与老师组织的问题讨论等形式，结合自身已有知识和阅历进行类推比较，以理解促进记忆，并在相应的原理解析和事件分析中能够运用。其次是质疑性的思考能力，对于已有的认识和知识进行反思。对于已有知识和理论的质疑，是推动人类认识提高、思想深化和科技进步的精神动力源泉，是一再为各国发展所证明了的一个基本观念。由于传统教育的影响和应试教育的缘故，很多学生喜欢背诵固定的知识特别是考试答案，不喜欢进行分析探讨以免把握不准考试得分不高，这样的功利思维影响了学生的质疑思维培养，而没有质疑精神的学习终将使学习者在专业学术上无法前进。教师要指导学生开展科研训练，就是要通过学术争议问题、社会热点问题、纠纷案件司法裁判的分析研讨，使学生形成对于表面社会纠纷现象和已有知识认识的质疑，包括对自己原先形成认识的质疑，然后是相互讨论，逐步增强学术质疑意识。最后是问题性的思考能力，对于社会现象的法学分析和对现成知识的实践再认识。问题的发现，是学生探求未知世界奥秘的兴趣所在，也是新认识、新发现的基础。教师开展科研训练教学的实质和关键，在于发现问题，提炼问题，在问题的分析、辩论、质证过程中提高学习兴趣和学习效果。教师主导、学生参与的读书会、学术争议问题对话会、社会热点问题分析会等，都是诱导学生形成学习中问题意识的很好方式。在这个过程中，学生学习会体会到深入探析问题的乐趣，还会体验到不同分析方法运用的作用，每个人都会逐渐形成某个自己擅长的分析方法，反过来又会推进主动学习。

通过科研训练的教学活动，还要求教师善于营造宽松的学术氛围，这个是与应试教育要求教师严格管理、严格遵循计划稳步推进不同。学生在参与各种科研训练活动中，讲求的是学术自由，核心是学生人格平等、学术探索自由。如果学生事事都畏手畏脚、唯唯诺诺，见到老师就像老鼠见到猫一样，那怎么会有学术创新。当然，学术自由不等于说是无所顾忌，学术规范是要遵守的，不能窃取他人的学术成果。

四、南昌大学法学课堂教学的实践尝试

南昌大学法学院在本科教学中，为了提高本科生教学质量，在部分课堂实施了激励教学方法，成效明显，得到了学生及学校的肯定。在法学本科生课程教学中，教师和学生通过“教师讲学、师生互动、学生问学、实践研习、成果形成”五个环节有序推进、有机契合，达到激发学生主动学习的兴趣和动力、提高专

业理论水平和实践应用能力的目的。这种激励教学，具体来说分别是：第一环节是教师引导式讲课（不是简单的认真备课讲课），要求教师自身必须研究学科疑难问题、关注社会经济实际问题，这样才能在课堂中用学术引领学生，提出实践中的真实问题启发学生的实践兴趣；第二环节是课上课下师生互动（不是简单的课后辅导答疑），要求将专业课的基本知识和理论原理充分的理解消化，掌握专业知识在实际生活中的运用；第三环节是学生在教师引导下，主动运用学科知识提出社会实际中存在的法律问题，强调找到真问题是教学有效的关键一环；第四环节是让学生带着问题，有针对性地利用节假日和寒暑假作社会调查，在教师指导下写出调研报告，提高实践应用能力和养成求真务实、严谨科学的学术精神；第五环节是以参加竞赛、发表小论文为载体，产出社会认可、学生看得见的成果，从而有效激发学生专业学习的兴趣和动力。

促进教师实施激励教学的原因，是考虑到地方大学在法学学生专业培养中，客观上存在着两个难题：一是学生学习兴趣的短暂性。由于法学学科的知识丰富体系严谨，差不多所有的学生在大一学年时有着很强的学习兴趣，随着时间的推移，有的学生在接触专业核心课后，出现了畏难情绪，到了高年级有的学生已经只是为了应付毕业。二是学生毕业后就业难。有很多学生并不能完全消化吸收专业知识，进行创新实力不足，也有的法学专业学习成绩很好但实践能力不强，出现一方面是用人单位找不到合适的法学专业人才、另一方面是法学本科学生找不到工作的现象。有鉴于此，法学激励教学力求解决的问题，一是如何使学生通过法学课程的学习，对于枯燥的法学文本知识产生学习兴趣。在大学四年中，要通过经济法、民法、国际法、商法等核心课及其金融法等专业课，发现这些课程内容直接触及社会经济实际问题、热点问题的特征，引导学生提高专业理论水平和实践应用能力，提升学生的专业学习兴趣。二是如何使学生的专业知识学习与专业实践应用能力同步提高。由于法学专业的学科知识特点，出现一些学生在专业知识学习后并不能实践应用的问题，致使有很多学生毕业后就业难，这就需要改进教学工作。

经过近几年的实践，实施法学激励教学的具体做法，比较成功的有以下三个着力点：一是以教师为主导，实施激励教学解决学生不能及时适应社会需要的问题。课堂教学始终是教学的主渠道，教师宏观上把控激励教学节奏，循序渐进，做到每一个环节都很重要，环环相扣、节节递进。教师在课堂上善于引导，在课后与学生经常沟通、座谈，帮助写调查报告、学术论文。教师自身要对法学学科的重要原理、社会经济发展重大疑难问题开展研究，通过深入浅出的课堂教学引领学生走向法学学科的奥秘，提升学生钻研学术问题、解决实际问题的兴趣，在这个过程中也提高了教师自身的教学水平和学术成就，形成教学相长的多赢结果。客观结果是，在实施激励教学的要求下，法学教师自身要对相关的法学重要原理和重大社会实践问题进行研究，有利于产出科研成果。教师要将自己的学术研究成果和社会调查收获、专家建议，通过课后兴趣小组的方式研讨，引导学生掌握提炼学术问题和实务问题的能力、分析问题解决问题的论证进路与逻辑思维，这个过程还极大的激发了学生将知识运用于实务的兴趣。二是以学生为主体，重在激发学生学习兴趣和动力，有效解决学生不能持续保持学习兴趣的问题。教师单方面的热情和一厢情愿，都将抑制学生学习的主动性和兴趣。实施激励教学，始终强调学生的兴趣和自主学习作用，在课堂讨论、课后座谈、研究问题提出、社会调研、论文写作等每一个环节，都引导学生自己提出。具体做法有：①组成课后开放式的学习小组，围绕学术原理开展读书会，学生发言、老师点评，有利于专业课程原理的理解、消化吸收；②学习老师做出的科研成果，进行研习讨论，从学术问题的形成到分析方法采用、从学术观点凝练到论证逻辑运用，在这个过程中，能很快提高学生的分析问题能力；③强调动手能力，引导学生形成勤于写作、善于写作的习惯，写读书笔记、讨论发言稿、社会调查报告，直至写成小论文发表。三是以小论文为载体，强调成果导向引领课后教学活动，解决学生学习动力不足、专业知识学习与专业实践应用能力同步的问题。成果是激励的最好办法。在各种课后研讨活动中，我们明显可以感觉到，当学生看到经过自己努力写成的文章，得到了老师同学的称赞，那种喜悦洋溢在脸上。在实施法学激励教学中，每个环节都有对写作的要求。为了尽量节省学生的实践投入，还与学校的规定和提供的各种科研训练、创新创业、暑期社会调查、挑战杯等活动结合起来，在指导课程讨论论文、课程结业论文、学年论文、学生科研训练项目论文、毕业论文以及挑战杯竞赛等方面下功夫，结果是很多同学的研习论文或调研报告公开发表了，少数的还发表在核心期刊上，还有同学挑战杯获得了国家比赛奖。这是同学们努力学习的成就，也是我们努力工作希望看到的结果。

在南昌大学法学院实施激励教学的课堂，出现了学生勤于学习、善于学习、勇于实践的良好势头，促进了学生学习兴趣和实践应用能力明显提升。在参与活动的学生中，均有学术论文或调研报告正式发表，有的在核心期刊发表论文，还有学生获得了挑战杯竞赛国家奖，毕业后找到理想工作或到其他高水平学校进一步深造。相应的，也起到了教学相长的结果。

学习，从本质上说，是人自主适应客观环境的本能体现。人的成长过程，本身便是一个人不断学习的过程，也是人对自己身外的客观世界从认知到逐渐适应的过程。认知客观世界以及适应客观世界以实现自我生存与发展，是人的求生本能，学习则是这种求生本能的体现。教师尤其是大学教师，所起的主要作用应该就是激发学生学习的兴趣，引导学生融会贯通掌握学科原理和向学术研究可能创新的方向前进。

法律职业

Legal Profession

“建设律师队伍”：1950年代的律师重塑

◎邓建新*

摘　要：1950年代的律师制度设计是推倒民国时期律师后的重建。新政权对律师的认知和塑造与民国时期具有较大的差异。尽管1950年代的律师制度重构历时短暂，但其作为今天律师制度的开端，其影响并未消失。当今的律师制度安排中依然保留60年前的某些认知和设计，导致了与建设法治社会目标不相兼容的问题。

关键词：1950年代　对律师的认知　建设律师队伍　律师制度　法治建设

*　邓建新，中国政法大学法学院副教授。

一、1950年代：中国大陆形塑律师的原点

关心中国法治建设的学者面对中国律师职业现状时，偏好正本清源、建构律师职业的一种应然状态，以为中国律师职业的发展规划前景。但是这种建构的坐标是西方国家的律师职业状态。[1] 学者在谈论“中国法律职业阶层”或者“法律职业共同体”时，也多是围绕与西方的差异展开描述和建构。[2] 虽然中国的现代法律主要从西方借鉴而来，这种以西方为坐标的偏差描述和目标建构是正常现象，但是官方对这套“西学东渐”的说辞并不认同。[3]

以往的研究并非没有考虑中国律师现状的成因。首先，由于律师职业是舶来品，学者们一般认为中国文化传统是阻碍律师发展的因素。[4] 其次，有关对律师的误读，尤其是将现代律师与被建构起来的中国古代讼师的恶劣形象连接起来的想象，至今余

---

[1] 参见江平：《为权利而斗争的中国律师——漫谈律师形象和使命》，载《中国律师》1998年第9、10、11期；郑琼现：《本性、习惯和追求——律师职业形象与社会管理法治化的图景》，载《广东社会科学》2013年第3期；黄文艺：《法律职业话语的解析》，载《法律科学》2005年第4期；宋健强：《对律师形象社会定位的探究》，载《哈尔滨工业大学学报（社会科学版）》2003年第2期等。

[2] 参见贺卫方、魏甫华：《改造权力——法律职业阶层在中国的兴起》，载《法制与社会发展》2002年第6期；张文显、卢学英：《法律职业共同体引论》，载《法制与社会发展》2002年第6期；林喆：《重述法治社会的形成及其特点——兼论法律职业共同体的形成如何可能》，载《金陵法律评论》2002年第2期。

[3] 例如，2014年10月23日，中国共产党第十八届中央委员会第四次全体会议通过的《中共中央关于全面推进依法治国若干重大问题的决定》中以“法治工作队伍”来指代法官、检察官、律师等职业群体。作为律师职业官方代表的北京市律师协会会长近期在谈到法律职业共同体建设时，基本上回避了中国律师发展与借鉴西方经验的联系。参见高子程：《构建法律共同体 共筑法治中国梦》，载《中国司法》2018年第4期。

[4] 参见汤火箭：《中国律师的地位：现状、反思与前瞻》，载《社会科学研究》2002年第1期；陈文华、孙日华：《中西律师制度的历史沿革与法哲学思考》，载《河南科技大学学报（社会科学版）》2010年第4期等。

音末了，阴魂不散。[1] 最后，从西方“国家-社会”的二分架构出发，有的学者认为中国的一元化政治体制压抑了律师发挥更大的建设性作用。[2] 无疑，传统文化是造就中国律师职业特性的无法躲避的先天因素，这种因素会直接影响人们对律师职业的认知和制度设计。但是，在学者描述这种文化-认知的过程中，大多数忽略了意识形态-认知的演进与律师职业建构的关系。官方有关律师的认知在形成当代中国律师现状的过程中具有不言而喻的基础作用。另外一个重大缺陷是，对中国律师现状的成因描述一般聚焦于国家与社会、政治与法律这种宏大叙事，而没有在比较细微的层面上去探究是哪些东西如何具体地引导或者限制了律师的行为和表现。[3] 这两处就为名为“形塑律师”的研究提供了留白。

这里的“形塑”是塑造某种主体的涵义。这种塑造有两个方面，一是建构（construct），即某一主体对另一主体的认知；二是使之成形（shape），即某一（权力）主体依据这种认知去锻造另一主体并使之与认知相符合。有关“中国律师形塑”的考察，其对象无疑是在中国范围内某种对律师的认知，以及某一主体依据这种认知在实践中是如何锻造律师职业主体的。

尽管有关中国（大陆）律师职业及其历史的研究文献连篇累

---

〔1〕 参见尤陈俊：《阴影下的正当性——清末民初的律师职业与律师制度》，载《法学》2012年第12期；陈同：《律师制度的建立与近代中国社会变迁》，载《社会科学》2014年第7期；李严成：《“上海律师甚多败类”：从一起名誉纠纷看民国律师形象》，载《近代史研究》2018年第1期。

〔2〕 参见张志铭：《回眸和展望：百年中国律师的发展轨迹》，载《国家检察官学院学报》2013年第1期；刘忠权：《中国律师制度发育的社会生态考察》，载《湛江师范学院学报》2001年第5期。

〔3〕 例如张永进：《文本与实践：建国初期律师制度初探》，载《重庆师范大学学报（哲学社会科学版）》2015年第1期。

牍，但是以“形塑”律师为名的研究将开辟一个新的论域。这种新论域的开辟无疑应当追溯到福柯（Michel Foucault，1926—1984）。在福柯的眼中，“权力/知识是一个密不可分的对子：知识被权力生产出来，随即它又产生权力功能，从而进一步巩固了权力。知识和权力构成管理和控制的两位一体，对主体进行塑造成形”。[1] 因此，在律师职业作为一个整体被接受的层次上，不存在一边是认识，另一边是社会，或者，一边是法学，另一边是国家的分裂。这个新论域的任务是描述并分析某种权力-知识的连接网（或者相互连带关系），此连接网络或连带关系是律师职业体系存在或者被接受的基础。

在我国，律师职业群体呈现出不同样态，其形塑历程亦各有差异。如果让笔者来确定当今中国大陆开始形塑律师的时间，笔者不会选择1866年，[2] 那是洋律师在中国大陆开始活动的标志；[3] 也不会选择民国北洋政府公布《律师暂行章程》的1912年，因为由其肇始的中国律师职业制度在1949年后的大陆荡然

[1] 汪民安：《如何塑造主体》，载［法］米歇尔·福柯著、汪民安编：《声名狼藉者的生活：福柯文选Ⅰ》，北京大学出版社2015年版，第Ⅳ页。

[2] “根据会审公解档案资料记录，外籍律师1866年就有在洋径洪北首理事衙门出庭的记载。”（载中国人民政治协商会上海市委员会编印：《文史资料选辑》第9期，第5页）1864年5月1日，英国在上海最早成立了一个称为“洋径洪北首理事衙门”（即会审公廨的前身），会审公廨是租界内由中外双方共同管理的领事法庭（实际完全由租界国管理）。1869年4月生效的《洋泾浜设官会审章程》规定对于会审案件的审理，要逐渐引进律师辩护制度。参见王申：《近代中国外籍律师问题述评》，载《上海社会科学院学术季刊》1991年第1期。

[3] 早在1844年，港英当局便设立了最高法院，同时并引入了英国的法律及准许英国和爱尔兰认许的律师在香港执业。因此，从整个中国区域来说，最早建立律师制度的是香港地区。参见顾增海：《香港律师与大律师制度》，载《中国法律》2015年第1期。

无存，[1] 而由败退台湾地区的国民党政府延续香火。[2] 1950 年代，中国大陆重新建构律师制度又突然中断。[3] 1980 年 8 月 26 日，第五届全国人大常委会第十五次会议通过和颁布了《中华人民共和国律师暂行条例》，意味着中国大陆正式恢复律师制度。很明显，中国律师职业史存在一个明显的考古学断层，这个断层就发生于 1950 年代共产党政权在大陆对国民党政权的全面取代。

1949 年不仅是历史的辞旧迎新，同时也是政治换代和知识重构。具体到律师职业，1950 年代不仅意味着决裂，还意味着一种新的律师职业体制的开端。即使 1960 年代和 1970 年代，律师职业体制一度中断甚至消失，但是其在 1980 年代初恢复之时，依然延续了其在开端时的认知和制度的特点。[4] 在随后的改革开放进程中，律师职业体制也随之发生变化，然而在许多方面，中国当代律师制度的 1950 年代底蕴并未褪色。面对有关律师制度改革的各种争议，我们应当首先明了当今律师从哪里来，而后才能设想往哪里去以及如何去的问题。考察 1950 年代律师史的意

---

〔1〕 1949 年 2 月 22 日，中共中央发出《关于废除国民党（六法全书）与确定解放区司法原则的指示》；9 月 29 日，中国人民政治协商会议第一届全体会议通过《共同纲领》，第 17 条规定："废除国民党反动政府一切压迫人民的法律、法令和司法制度，制定保护人民的法律、法令，建立人民司法制度"。1950 年 12 月，中央人民政府发出了《关于取缔黑律师及讼棍事件的通报》。至此，民国政府时期形成的律师制度在大陆不复存在。

〔2〕 参见赵晓耕：《台湾地区四十年律师制度的发展演变》，载《法律学习与研究》1990 年第 6 期。

〔3〕 参见陈同：《20 世纪 50 年代我国实行律师制度的短暂过程及其历史思考》，载《史林》2009 年第 4 期。

〔4〕 参见李云昌：《关于〈中华人民共和国律师暂行条例〉的几点说明》，载茅彭年、李必达主编：《中国律师制度研究资料汇编》，法律出版社 1992 年版，第 5~10 页；张耕主编：《中国律师制度发展的里程碑：〈中华人民共和国律师法〉立法过程回顾》，法律出版社 1997 年版，第 1~14 页；张志铭：《回眸和展望：百年中国律师的发展轨迹》，载《国家检察官学院学报》2013 年第 1 期。

义就在于此。

从“权力/知识”的视角来看，1950年代的中国大陆律师职业史构成一个具有独特性的事件。其中，“人民律师”代表了新政权对律师的认知，“队伍建设”是锻造律师的技术，而连接“人民律师”和“队伍建设”的是中共治理国家的途径和方式。

二、“人民律师”：新政权对律师的认知

（一）“人民律师”的由来

中国人对现代律师的认识来源于近代中西互译的过程。中国古代文献中的“律师”一词主要用来表示一种佛家用语或是道家修行的品号，如佛家称熟知戒律并能向人解说者为律师。19世纪40年代，一批东来的传教士就已经在其编纂的英汉-汉英字典中，使用“状师”“讼师”“壮士”等汉语词汇对译西文中涵义相近的“lawyer”“advocate”“barrister”“solicitor”等词汇。中国人第一次使用汉语“律师”来描述西方国家的律师职业者，可能是19世纪70年代出使英国的清廷官员在日记中的记载。在此之后，直到戊戌期间，“律师”“状师”“讼师”等词汇一直混用。“这说明甲午前后，近代中国人对‘律师’的认知与理解莫衷一是，尚未达成一致，也未赋予比较成熟的定义或解释，但‘律师’一词频繁出现和使用则属事实，而且已经具有接近现代意义的新涵义。”1906年，沈家本、伍廷芳奉旨制定《刑事民事诉讼法草案》，正式向清廷提出建立中国律师制度的初步构想：“律师，一名代言人，日本谓之辩护士。盖人因讼对簿公庭，惶悚之下，言词每多失措，故用律师代理一切质问、对诘、覆问各事宜。”这可能是中国官方第一次比较详细地解释“律师”的现代意义。

1915年商务印书馆出版《辞源》，其中对“律师”的解释为：①受诉讼者之委任及裁判所之命令，在裁判所行法律所定之业务者。日本名辩护士。②和尚之尊称。《宝云经》具足十法名律师。至此，西语lawyer等词汇与汉语“律师”之间的对译完成，一个新的职业群体形象在中国社会开始确立。[1]

中共在1949年之前的根据地和解放区时期，并没有建立律师制度。[2] 1950年7月下旬至8月上旬召开的第一次全国司法工作会议，中央人民政府司法部草拟了《京、津、沪三市辩护人制度试行办法（草案）》提交会议讨论，并要求各地酌情试办；同年12月21日发出《关于取缔黑律师及讼棍事件的通报》，重申旧律师制度已经依《共同纲领》第17条规定废除，私自从事律师业务的非法活动应予以取缔。[3] 1952年，中央政府开展司法改革运动，进一步取缔遗留在社会上的挑词架讼、敲诈勒索的黑

---

〔1〕 参见邱志红：《从“讼师”到“律师”——从翻译看近代中国社会对律师的认知》，载《近代史研究》2011年第3期。

〔2〕 “律师工作是一件新的工作，这与审判、司法行政工作不同。审判、司法行政工作在解放区就有，有较长的历史，不论办案、司法建设、干部管理等工作，我们都有一套经验，虽然这些经验还不很成熟。而律师工作在解放区却是没有的，虽然也有个别案子有过辩护，但还没有形成一项制度。这当然不是说律师制度不重要，而是过去的环境不许可，当时是战争环境，同时群众也不需要我们这样做。现在情况不同了，不仅客观上许可，群众也需要，如果我们再不建立律师组织，群众就不满意了。但律师工作是新的工作，有它的困难。旧的律师制度不能用，苏联和人民民主国家的那一套也不能照搬。我们要建立一套完备的符合于中国实际情况的律师制度，是要靠我们自己在工作中摸索前进的。”见《最高人民法院马锡五副院长在第二次全国律师工作座谈会上的讲话（1957年7月2日）》，载华东政法学院图书馆编：《律师资料选辑（内部资料）》，第47~48页。

〔3〕 中共在1949年接收大中城市后，就已经禁止私人从事律师业务。“1949年8月11日，代表人民利益的上海市人民法院在市区浙江北路191号挂牌。上海市人民法院为体现为人民服务的宗旨，专门设置了‘问事代书处’，其主要职责是为民众代写诉状，且是免费服务不收分文。同时公告社会周知：禁止私人干涉诉讼，不得为人代写状子收取钱财。”见陆茂清：《陈毅、粟裕纠正讼棍事件》，载《档案春秋》2007年第4期。

律师。[1] 中共在成立中央人民政府后，一边扫荡旧律师制度，一边着手建立新的律师制度。

在这个过程中，刘少奇提出了“人民律师”的概念。1950年11月15日，“中央人民政府副主席刘少奇接见中央政法机关几位负责人，在谈到律师制度问题时指出，就中国的情况来说，旧的律师制度，主要是为资产阶级服务的，旧律师是自由职业，专以个人的金钱收入为主要目的，劳动人民无钱，就请不到律师，得不到律师的帮助；现在我们如果要建设律师制度，必须要改革旧的，建设新的、为大多数人民服务的人民律师制度”。[2]

1957年，时任最高人民法院副院长的马锡五也基本上沿袭了刘少奇的说法：“在这里，我只讲一个问题，也就是新旧律师的界限问题。我国律师制度与资本主义国家的律师制度有原则的区别，我们的律师是社会主义国家的为人民服务的律师，是真正为群众办事、维护当事人合法权益、宣传国家的法制、还要和违法犯罪行为作斗争的。要反对旧时代的看钱说话和讼棍作风。……旧律师是看钱说话、颠倒黑白的，我们今天的人民律师必须根据事实和法律来进行活动。”[3]

以领导人的定性为基调，1950年代中期的报刊文章在谈及律师和律师制度时，一般在律师之前加上“人民”“人民的”或者

---

〔1〕 参见张耕主编：《中国律师制度发展的里程碑：〈中华人民共和国律师法〉立法过程回顾》，法律出版社1997年版，第1~2页。

〔2〕 参见张耕主编：《中国律师制度发展的里程碑：〈中华人民共和国律师法〉立法过程回顾》，法律出版社1997年版，第2页。当然，刘少奇是否为提出“人民律师”概念的第一人，还有待更详细的考证。

〔3〕 见《最高人民法院马锡五副院长在第二次全国律师工作座谈会上的讲话（1957年7月2日）》，载华东政法学院图书馆编：《律师资料选辑（内部资料）》，第51页。

“为人民服务的”的限定语。[1] 自1950年代开始，政治话语在职业名称之前冠之以“人民”的现象非常普遍，在法律职业中相对应的是“人民审判员”“人民陪审员”“人民检察员”“人民警察（简称民警）”[2]，在其他职业中有“人民教师”[3] “人民医生”[4] 等。在机构名称中，有“人民政府”“人民法院”“人民检察院”“人民医院”“人民商场”等。因此，民国时期的律师职业称谓，在1950年代变身为“人民律师”并非突兀之举。

“人民”作为限定语的广泛运用，意味着中国人观念史上的一种重大变化。“人民”在中国古代与官、贵族相对应，大致指

---

〔1〕 如魏毓久：《全国许多地区开展律师工作》，载《光明日报》1956年7月6日，其中谈到“新的人民的律师制度”“人民律师通过接待来访……”；李喜光：《我国人民律师制度的优越性能》，载《辽宁日报》1957年4月6日；刘文涛：《推行人民律师制度》，载《江西日报》1956年10月11日；冯彩金：《正确地认识为人民服务的律师制度》，载《江西日报》1956年7月15日；刘岳清：《人民律师——革命法制的维护者》，载《人民日报》1957年2月22日；王盛林：《人民的律师》，载《大众日报》1956年6月9日；《替人民律师说几句话》，载《光明日报》1957年1月27日；柯受桃口述、鲁忠瑛整理：《真是人民的喉舌》，载《光明日报》1956年7月24日，其中主要以“人民律师”来指称律师，以上文献见《律师资料选辑（内部资料）》，第207~229页。又如司法部普通法院司：《河北省昌黎县人民律师深入农村为群众服务》，载《人民司法》1958年第Z1期；李星桥：《辩护人发现被告人隐瞒的犯罪事实必须揭露》，载《法学》1958年第3期；林自强：《彻底批判人民律师工作中的资产阶级思想》，载《法学》1958年第2期。

〔2〕 罗瑞卿：《公安工作必须进一步地贯彻群众路线》，载《法学研究》1958年第3期。罗瑞卿时任国务院第一办公室主任兼公安部部长。文中有段落：“所有上述这些缺点和错改，当然不只是人民警察中才有，在其他公安人员中也是有的。因此，在公安人员中，如果不撤底克服骄傲思想和特权思想，如果不全部扫掉国民党警察作风的影响……”由文可知，“公安人员”的外延大于“人民警察”，“人民警察”与“国民党警察”是相对立的。

〔3〕 无需枚举，中国知网（cnki. net）收录的含“人民教师”字样标题的文献，从1951年至2018年每一年并无空缺。

〔4〕 如君谦：《治黄斗争中的两位人民医生》，载《新黄河》1951年第3期；吴社景：《学习毛主席著作 当好人民医生》，载《广东医学（现代医学版）》1965年第S6期。“人民医生”的称谓在1980年代和1990年代还继续时不时出现在报刊文章中，笔者认为中国知网（cnki. net）对1950年代的相关文献收录甚少。

“平民百姓”，其中“民”字稍含未开化之意。从19世纪开始，随着西方政治观念的输入，“人民”一词在实际的语言运用中逐渐浸染新鲜涵义。在政治历史实践过程中，“人民”一词在中国人的观念中与两个相近词汇“公民”“国民”逐渐分道扬镳，成为一个具有独特政治意蕴的词汇。[1] 中共使用“人民”一词主要在于宣示政治权力的归属及其正当性，同时，在革命的语境中进行阶级（敌我）阵营的划分。在1949年后，这种政治意蕴以法律话语的形式确定下来，[2] 然后向社会扩散，逐渐变为一般人的认知。[3]

---

〔1〕 参见万齐洲、冯天瑜:《“人民”词义的变迁——政治术语“人民”之历史文化考察》，载《武汉理工大学学报（社会科学版）》2007年第3期；万齐洲:《“公民”观念的输入及其在近代中国的传播——从“citizen”的汉语对译词谈起》，载《湖北大学学报（哲学社会科学版）》2011年第6期。

〔2〕 1949年9月22日，董必武在人民政协第一届全体会议上报告中央人民政府组织法起草经过时说：“国家名称的问题，本来过去写文章或演讲，许多人都用中华人民民主主义共和国；黄炎培、张志让两先生曾写过一个节略，主张用中华人民民主共和国。在第四小组第二次全体会议讨论中，张先生以为用中华人民民主共和国，不如用中华人民共和国。我们采用了最后这个名称，因为共和国说明了我们的国体，‘人民’二字在我们今天新民主主义的中国是指工、农、小资产阶级和民族资产阶级四个阶级的人，它有确定的解释，这已经把人民民主专政的意思表达出来，不必再把‘民主’二字重复一次了”。见董必武:《中央人民政府组织法起草经过报告》，载《人民日报》1949年9月23日，第1版。同日，周恩来在人民政协第一届全体会议上所做的题为《关于〈中国人民政治协商会议共同纲领〉草案的起草经过和特点》的报告指出:“总纲中关于人民对国家的权利与义务有很明显的规定。有一个定义须要说明，就是‘人民’与‘国民’是有分别的。‘人民’是指工人阶级、农民阶级、小资产阶级、民族资产阶级，以及从反动阶级觉悟过来的某些爱国民主分子。而对官僚资产阶级在其财产被没收和地主阶级在其土地被分配以后，消极的是要严厉镇压他们中间的反动活动，积极的是更多地要强迫他们劳动，使他们改造成为新人。在改变以前，他们不属人民范围，但仍然是中国的一个国民，暂时不给他们享受人民的权利，却需要使他们遵守国民的义务。这就是人民民主专政。”中共中央文献编辑委员会编:《周恩来选集》（上卷），人民出版社1984年版，第369页。

〔3〕 参见付子堂、何青洲:《当代中国政法语境中“人民”的意蕴》，载《甘肃政法学院学报》2011年第2期。

（二）重构律师制度

1950年代的"人民律师"话语并未否定律师提供法律服务的职业属性。1956年9月，中共第八次全国代表大会召开。19日，时任最高人民法院院长的董必武在大会上作了《进一步加强人民民主法制，保障社会主义建设事业》的发言，其中谈到："律师制度是审判工作中保护当事人诉讼权利不可缺少的，律师制度应该逐步建立起来。"在1957年7月的第二次全国律师工作座谈会上，马锡五对董必武的观点进行了具体阐释。[1] 在该会议上，时任司法部副部长的陈养山在讲话中亦从法律咨询、代书、法制宣传、在诉讼中的作用等方面阐述并肯定了过去一年多的律师工作。[2] 另外，从1950年代中期司法部拟定的《律师暂行条例》来看，[3] 1950年代中共对律师职业功能的认识与民国时期的有

---

〔1〕"我们的辩护制度，就是为了把案件的真实情况弄清楚，法院根据事实和法律来作判决，这样来防止错判案件，减少办案中的主观片面，这点是很重要的。另外，有了律师可以减少缠讼，也可以减少积案。有检察员出庭支持公诉的案件，在可能条件下最好请律师出庭辩护，对法院判案有很大便利，如说一般公民不重视律师工作，还情有可原，而法院不重视律师工作是很不对的。应该改变这种不良现象。……同志们要求最高人民法院把发给各级法院有关政策性的文件，也发给各地律师协会和法律顾问处，我完全同意和支持你们的意见，今后向法院发文件时，也同时发给你们。"见《最高人民法院马锡五副院长在第二次全国律师工作座谈会上的讲话（1957年7月2日）》，载华东政法学院图书馆编：《律师资料选辑（内部资料）》，第50页。

〔2〕参见《一年多来律师工作开展的情况和对于当前律师工作中几个主要问题的意见——陈养山副部长在第二次全国律师工作座谈会上的讲话（1957年6月24日）》，载华东政法学院图书馆编：《律师资料选辑（内部资料）》，第29~31页。

〔3〕"本报讯　司法部律师公证司草拟的'律师暂行条例'（草稿）经过多次讨论，修改以后，已基本脱稿。……第一章总纲，规定了律师的任务是以辩护人或代理人身份参加诉讼；提供法律上的意见；代写法律文件，从而给公民、机关、企业、团体、学校、合作社以法律上的帮助，维护他们的合法权益，巩固国家法制。它不同于过去规定的律师应着重为群众解答法律问题、代写法律文书，而把参加诉讼列为首项任务。"见《律师暂行条例（草稿）基本脱稿》，载《光明日报》1957年6月17日。转引自华东政法学院图书馆编：《律师资料选辑（内部资料）》，第76~77页。

关法律规定并无明显区别。[1] 但是，对律师业务具体活动的描述并没有遮蔽两者在律师制度安排上的重大差异。这种重大差异主要表现在律师的组织机构和律师的主体定位。

1. 作为“社会团体”的律师组织

1950年代的法律服务并非由社会提供，而是国家的一种公共供给。当时，司法部定义律师协会是“律师组成的执行律师业务的社会团体，是领导律师业务的一个组织”。在律师协会与政府的关系上，“司法厅、局主要是检查和指导律师协会贯彻律师工作的方针、准确地执行国家的政策，帮助总结经验，监督收费，解决经费的补助、供应业务资料、审批律师资格、处理律师的申诉以及帮助组织建设等”。[2] 1956年3月底，司法部召开了第一次全国律师工作座谈会，会议决定律师制度采取“根据需要与可能逐步建立”的方针，凡30万人口以上的市和高中级人民法院所在地的市、县在本年内都要建立“法律顾问处”，作为律师开展工作的机构。[3] 一年多后，针对法律顾问处的管理归属，司

---

〔1〕 民国元年九月颁行的《律师暂行章程》第14条规定：“律师受当事人之委托或审判衙门之命令在审判衙门执行法定职务并得依特别法之规定在特别审判衙门行其职务。”民国十六年七月颁行的《律师章程》第1条规定：“律师受当事人之委托或法院之命令得在通常法院执行法定职务，并得依特别之规定在特别审判机关行其职务，律师得受当呈人之委托为契约医嘱之证明或代订契约等法律文件。”民国二十九年十二月颁行的《律师法》第20条规定：“律师受当事人之委托或法院之命令，得在法院执行法定职务，并办理其他法律文件。”民国三十四年四月颁行的《律师法》第19条规定：“律师受当事人之委托或法院之命令得在法院执行法院职务并办理其他审判文件。”以上法律规范全文见徐家力、吴运浩编著：《中国律师制度史》，中国政法大学出版社2000年版，第267~287页“附录”部分。

〔2〕 《一年多来律师工作开展的情况和对于当前律师工作中几个主要问题的意见——陈养山副部长在第二次全国律师工作座谈会上的讲话（1957年6月24日）》，载华东政法学院图书馆编：《律师资料选辑（内部资料）》，第46页。

〔3〕 参见张耕主编：《中国律师制度发展的里程碑：〈中华人民共和国律师法〉立法过程回顾》，法律出版社1997年版，第3页。

法部副部长陈养山提出：“县、市法律顾问处应该由律师协会理事会领导，由司法厅、局指导和监督。”[1]

以上显示，律师协会和法律顾问处这两个律师的机构显然是国家主导和统一推动之下建立起来的，社会或民间的力量基本没有参与。在1950年代，中共执掌政权后的一个基本思路是尽可能将各种社会群体纳入国家统一管理的体制范畴之内。这一思路的后果就是组建了各种社会团体，如共产主义青年团、妇女联合会、残疾人联合会等机构，以便于重新安排并掌握各种社会力量。这些社会团体成立之后，基本上脱离了社会自治的属性，成为官方或半官方的机构。“有些同志还要求中央明确规定律师协会和法律服务处各相当于哪一级的机构。一般说来，律师协会属于省、市级的社会团体；法律顾问处也应与县、市或直辖市的区级社会团体相当。至于律师协会和法律顾问处的领导骨干，则应根据当地干部的具体条件处理。”[2] 因此，1950年代的律师组织和机构，其性质乃是官方机构。而民国时期的律师公会，虽然受到国民党政权的多重监控和掣肘，但仍然不失为一个行业自治组织。[3] 这是中国律师断层史上的第一个分野之处。

2. 作为“干部”的律师

1912年9月16日民国政府公布实施《律师暂行章程》，奠定

---

〔1〕《陈养山副部长在第二次全国律师工作座谈会结束会上的发言（1957年7月3日）》，载华东政法学院图书馆编：《律师资料选辑（内部资料）》，第63页。

〔2〕《陈养山副部长在第二次全国律师工作座谈会结束会上的发言（1957年7月3日）》，载华东政法学院图书馆编：《律师资料选辑（内部资料）》，第56~57页。

〔3〕参见徐家力、吴运治编著：《中国律师制度史》，中国政法大学出版社2000年版，第119~123页、第135~138页。

了律师的自由职业者身份。[1] 一般认为，民国时期的律师与医师、会计师、技师、教师、新闻记者、领航者等都属于国民政府定义的“自由职业者”。目前学界对中国近代自由职业群体特点的概括主要有以下几点：①近代新式知识分子，并以此身份投身某一职业。②经过系统学习，具有某一专业的相当知识，并在这一行业内不论是对知识还是对市场都具有垄断性。③职业生涯相对独立，可以自我聘雇（self-employed）（这可能是最体现“自由”的地方）。④经济地位和社会地位远较一般劳动者为高。对于近代自由职业群体的范围，学者们基本没有分歧，主要包括律师、会计师、医生、新闻记者、工程师、教师等，与西方社会的professional的范围基本一致。[2]

1950年代的律师制度重构，以“干部”取代了律师作为自由职业者的身份。司法部副部长的讲话应该代表了中共官方对律师“干部”身份的确认：“③律师干部的来源和培养问题：许多同志反映了下面配备律师干部所存在的缺点和困难情况，这是值得引起重视的。有的同志要求司法部统一解决，这作不到，因为在全国体制会议后，干部管理已下放到地方，中央不能直接调配。”[3]

“干部”一词至今在中国大陆的官方话语中广泛使用，但目前并未见到对之有专门的研究。据说，“干部”一词最初来源于

---

〔1〕《律师暂行章程》第14条规定：“律师受当事人之委托或审判衙门之命令在审判衙门执行法定职务并得依特别法之规定在特别审判衙门行其职务。”参见徐家力、吴运治编著：《中国律师制度史》，中国政法大学出版社2000年版，第54~56页。

〔2〕参见朱英：《近代中国自由职业者群体研究的几个问题——侧重于律师、医师、会计师的论述》，载《华中师范大学学报（人文社会科学版）》2007年第4期；尹倩：《中国近代自由职业群体研究述评》，载《近代史研究》2007年第6期。

〔3〕《陈养山副部长在第二次全国律师工作座谈会结束会上的发言（1957年7月3日）》，载华东政法学院图书馆编：《律师资料选辑（内部资料）》，第57页。

法语 cadred 日文翻译，原意是在组织中居于要位的中心人物，后来常指国家机关的行政官员。有的研究将“干部”界定为“各级党政机关、军队、人民团体和国有企事业担任一定公职的工作人员”，包括领导干部和一般干部。[1] 但是该界定的外延显然小于实际情况，例如，农村中的农民干部（如村长、村支书等）和司法机关的干部（审判员和检察员等）没有包括进去。从“干部-群众”的语境来说，干部是领导者，是管理者，是专业技术人员，是一个机构或群体的骨干力量。[2] 可以说，新政权主要通过干部实施国家治理，掌握普通大众。

1950 年代对律师干部的管理类似于今天的公务员管理。[3] 第一，政府对律师组织和机构设置人事编制：“②律师组织的编制方案问题：有些代表要求司法部为律师协会和法律顾问处的编制提出具体方案，我认为这方案可待以后再提出，希望各地供给材料。我们现在只能提出轮廓意见……法律顾问处的编制应按直辖和不同类型的县、市分别规定，人数较多的法律顾问处可以设……”[4] 第二，当时的干部是分级别进行管理的，律师干部也不例外。[5] 第三，律师尽管不是国家机关的干部（是社会团体

---

〔1〕 参见蒋天策：《1949—1956：建国初期干部队伍建设转型的历史考察——以北京市为例》，中共中央党校 2012 年博士学位论文，第 9 页。

〔2〕 参见丛日云：《当代中国政治语境中的“群众”概念分析》，载《政法论坛》2005 年第 2 期。

〔3〕 需要明确的是，人民律师是新政权的“干部”，但不是“国家机关工作人员”。参见刘夕海：《试论建国初期律师职业的性质》，载《新乡师范高等专科学校学报》2006 年第 4 期。

〔4〕 《陈养山副部长在第二次全国律师工作座谈会结束会上的发言（1957 年 7 月 3 日）》，载华东政法学院图书馆编：《律师资料选辑（内部资料）》，第 56 页。

〔5〕 “另外，也有些县、市行政领导为了减少地方财政补助的差额，把级别最低的（例如 26、7 级）干部调作律师工作，这虽然不是律师方面的问题，同样也值得注意的。”《陈养山副部长在第二次全国律师工作座谈会结束会上的发言（1957 年 7 月 3 日）》，载华东政法学院图书馆编：《律师资料选辑（内部资料）》，第 60 页。

的干部），[1] 但是比照国家机关干部的标准发放工资和福利待遇。[2] 第四，对律师也实施正式的干部档案管理。“各县、市的法律顾问处的政治思想工作和干部管理，可以争取当地党委直接负责，律师的档案材料也可以交由当地党委保管……如果不能按照上述办法解决，对干部管理，可由县、市人民委员会的人事部门负责；政治思想工作和物质生活上的问题可由县、市人民法院院长负责。”[3] 第五，律师采取集体工作的组织形式，不得以个人或私人名义开展业务。[4] 至此，作为自由职业者的律师消失，

---

〔1〕“在我们的律师队伍中，绝大部分都是安心作律师工作的，但是还有少数律师认为自己不是国家机关干部，低人一等，因而不安心工作…因此，我们要求各地律师组织必须紧紧依靠当地党、政领导；各级司法行政机关应争取当地党、政领导尽早给律师组织配备补充骨干干部，对于律师政治上和物质上的待遇则应比照国家机关干部待遇的规定处理，同时应加强对律师的政治思想领导和业务监督。”见《一年多来律师工作开展的情况和对于当前律师工作中几个主要问题的意见——陈养山副部长在第二次全国律师工作座谈会上的讲话（1957年6月24日）》，载华东政法学院图书馆编：《律师资料选辑（内部资料）》，第32页。这里也反映出在当时的观念中，一方面国家机关干部的地位要高于社会团体干部，另一方面许多地方党政领导对建设律师制度并不重视。

〔2〕“我的意见是：司法部有责任来考虑制定适合于律师工作特点的工资标准，但是在这个标准未制定前，对律师生活待遇仍应以比照国家机关干部的待遇为原则……例如对律师的提级、医疗、福利补助和公杂费等问题，都还要争取得到具体解决。”“各地律师虽然工作情况比较特殊，加班的时候比较多，但是限于制度，也只能按机关干部加班的情况对待。”见《陈养山副部长在第二次全国律师工作座谈会结束会上的发言（1957年7月3日）》，载华东政法学院图书馆编：《律师资料选辑（内部资料）》，第61~62页。

〔3〕《陈养山副部长在第二次全国律师工作座谈会结束会上的发言（1957年7月3日）》，载华东政法学院图书馆编：《律师资料选辑（内部资料）》，第63页。

〔4〕“会议中有些代表反映，有的律师要求私人挂牌，在法律顾问处以外单独执行律师职务；有的律师建议私人挂牌，只搞代书、解答工作，不办诉讼案件。我认为某些律师的这种要求，涉及到对社会主义国家律师制度的认识问题，王汝琪同志在‘关于律师暂行条例草稿的说明’中，已谈到我国律师为什么要采取集体工作的组织形式的理由，同志们回去可以组织大家讨论。我的意见是：对这问题、大家可以研究，但在未作出新的规定之前，不能容许私人挂牌或采取其他变相单独开业的形式。”《陈养山副部长在第二次全国律师工作座谈会结束会上的发言（1957年7月3日）》，载华东政法学院图书馆编：《律师资料选辑（内部资料）》，第57~58页。

归属于干部队伍的人民律师登场。这是中国律师职业断层史上的第二个分野之处。

三、"建设队伍"：一种形塑律师的技术

"个人无疑是一种社会的'意识形态'表象中的虚拟原子。但是他也是我称之为'规训'的特殊权力技术所制作的一种实体。"[1] 在 1950 年代，如果说"人民律师"代表了一种对律师认知的观念重构，那么"队伍建设"则概括了相对应的律师塑造技术。

（一）组建"律师队伍"

从最早的《律师暂行章程》（1912 年）到 1945 年修订的《律师法》《律师检核办法》来看，民国时期的律师制度伊始即注重从业人员的法律专业教育的学历。在律师从业资格取得的设置上实施以考试取得为主、检查为辅（对具备法律专业素养和法律职业经历的大学教师、推事和检察官等）的体制。民国时期，对律师的职业资格限制的规定有一个从宽趋严的过程，对从业人员的专业素养要求逐渐提高。[2] 民国时期对律师职业资格的规定明显是向西方国家律师制度的借鉴，是中国法律近代化（现代化）的结果。

1950 年代的律师来源最初主要是从司法机关调配过来的干部。[3] 1954 年 7 月 31 日，司法部发出《关于试验法院组织制度

---

〔1〕［法］福柯：《规训与惩罚：监狱的诞生》，刘北成、杨远婴译，生活·读书·新知三联书店 2003 年版，第 218 页。

〔2〕参见徐家力、吴运沿编著：《中国律师制度史》，中国政法大学出版社 2000 年版，第 56~60 页、第 72~75 页、第 128~131 页。

〔3〕当时司法部曾经提出了拟对原律师（民国时期任过律师）中适合做律师工作而尚未就业的，加以适当安排，但实际录用寥寥无几。参见陈同：《20 世纪 50 年代我国实行律师制度的短暂过程及其历史思考》，载《史林》2009 年第 4 期。

中几个问题的通知》，其中指定北京、上海、天津、重庆、武汉、沈阳等大城市试办人民律师工作。至1955年，北京、上海、南京、武汉、沈阳、哈尔滨等26个城市开始试行律师制度，共有律师81人。1956年1月10日，司法部向国务院呈报了《关于建立律师工作的请示报告》。1956年3月底，司法部召开了全国律师工作座谈会，明确提出“预定从法院系统中分期分批抽调3000名审判员、助审员及有培养前途的书记员任律师，并从其他部门选调部分适合做律师工作的人员充实律师队伍”，“拟定发展规划，要求1957年全国配齐4800名律师；在第一个五年计划内各省都要成立律师协会；第二个五年计划内全国配备14 400名律师；第三个五年计划内全国配备24 400名律师。”[1]

1957年7月，在第二次全国律师工作座谈会上，司法部副部长是这样谈律师来源的：“关于律师干部的来源，我想可以从以下三个方面来解决：一是从司法干部中抽调；再是从其他部门适合作律师工作的干部中抽调；三是依靠政法院校和中等法律学校来培养……今年司法部曾向国务院争取一批高等学校法律系的毕业生充当律师……有的代表建议在少数民族地区配备一些少数民族干部作律师，以满足少数民族的需要。这个意见很好，我们准备同民族事务委员会研究后再作建议。”[2]

司法部重启炉灶建设律师制度，首先考虑的还是从事律师职业人员对政权的忠诚度问题。“干部”一词本身意味着个人的忠诚度已经获得组织的认可，并被列入从事管理或者技术工作的人

〔1〕 参见张耕主编：《中国律师制度发展的里程碑：〈中华人民共和国律师法〉立法过程回顾》，法律出版社1997年版，第3~4页。

〔2〕 《陈养山副部长在第二次全国律师工作座谈会结束会上的发言（1957年7月3日）》，载华东政法学院图书馆编：《律师资料选辑（内部资料）》，第57页。

员序列。同时，“配备”一词表达了类似于军队战略战术管理的动作，是一种从上到下的安排和部署。在新政权废除旧的法律体系并对原有的司法人员进行大规模清理的情况下，[1] 就如战争中军队攻克地方后就会迅速派遣忠诚的士兵进行占领，是通常的作法。1950年代的律师重构是新政权整体取代旧政权的一个部分，也是用新造的国家肢体来更换旧的社会病体。

但1950年代并没有忽视律师从业人员的专业素养。1956年的设想首先是从司法部门调配人员，或者“其他部门选调部分适合做律师工作的人员充实律师队伍”。到1957年，为解决律师短缺问题，司法部的设想是“争取一批高等学校法律系的毕业生充当律师”，将律师的来源扩大至大学法学专业的学生。同时，司法部也注意到了需要对律师进行专业培训的问题。[2] 在1957年7月第二次全国律师工作座谈会上被讨论但最终并未颁行的“律师暂行条例（草稿）”也在律师的资格方面作了规定，但似乎并

---

〔1〕 参见《中共中央关于进行司法改革工作应注意的几个问题的指示（1952年8月30日）》，载中共中央文献研究室编：《建国以来重要文献选编》（第3册），第316~317页；赵晓耕、段瑞群：《1952年司法改革运动与法学界的反思——以北京市旧司法人员清理与改造为视角》，载《北方法学》2017年第2期。

〔2〕 “许多同志要求给律师以轮训的机会，以培养和提高律师的业务能力。这个问题我们早就注意到了，并且正在拟定培养律师的远景计划。今年9月间，就准备抽调50名律师到中央政法干部学习。……对于律师的培养。主要还要靠各地善于组织律师在工作岗位上进行学习。”《陈养山副部长在第二次全国律师工作座谈会结束会上的发言（1957年7月3日）》，载华东政法学院图书馆编：《律师资料选辑（内部资料）》，第57页。

没有如民国时期对通过考试取得律师资格的规定。[1] 在新制度的初创时期，这种降低职业知识的门槛也属无奈之举——在没有建立中央政权之前，中共无从系统建设自身的法律知识系统并培养法律人才。

（二）建设“律师队伍”

在入职门槛处保证律师从业人员是“自己人”之后，律师机构在平时的管理中借鉴了中共在党建方面的一个传统制度。《上海市法律顾问处工作细则（初稿）》第20条规定：“每月中举行一次生活检讨会，运用批评与自我批评的武器开展批评，以达到加强团结，相互学习的目的。”[2] 《沈阳市法律顾问处工作细则（草稿）》第18条规定：“生活检讨会每月召开二次，在每月第二、四两周的周末日午前举行。”[3] 这里的“生活检讨会”其实就是中共党内民主生活和民主生活会的翻版。民主生活会及其“批评与自我批评”的会议方式，意在党内实行一种民主，通过党内同志互相批评，落实民主集中制，促进党内团结，增强党的

---

〔1〕“第二章规定了律师和学习律师的资格。律师的资格规定为：有选举权和被选举权的公民具备下列条件之一者：①曾在中华人民共和国法律专门学校毕业，并作过一年以上的司法工作或法律教研工作；②曾在人民法院，人民检察院担任过审判员或检察员职务；③曾在机关、团体、企业学校工作三年以上，并且有相当于人民审判员，检察员的政策水平，适合作律师工作。学习律师的资格规定为：有选举权和被选举权的公民，曾在中华人民共和国法律专门学校毕业或具有同等法律知识而又适合作律师工作者。”见《律师暂行条例（草稿）基本脱稿》，载《光明日报》1957年6月17日。转引自《律师资料选辑（内部资料）》，第76页。

〔2〕《司法部公证律师司转发：上海市、沈阳市、法律顾问处工作细则（1956年3月）》，载华东政法学院图书馆编：《律师资料选辑（内部资料）》，第77~81页。

〔3〕《司法部公证律师司转发：上海市、沈阳市、法律顾问处工作细则（1956年3月）》，载华东政法学院图书馆编：《律师资料选辑（内部资料）》，第85页。

战斗力。[1] 律师机构将中共党建的方式移用到律师的群体生活之中，不仅是将律师群体纳入“自己人”（干部）的范畴，也意味着新政权通过律师机构的日常管理对律师的观念和行为进行塑造，以防止与新政权的政策和方针的偏离。

前文已经谈到了对律师档案的管理。我们不能将这种档案管理等同于个人信用的社会储备，它依然是从中共党建方面借用的制度。“干部档案是干部个人经历和社会实践的记录，是干部思想品德、业务能力和工作表现的反映。干部档案工作的任务，不仅要经常地收集和整理干部档案，进行科学管理，维护机密，更重要的是积极地为考察了解和选拔使用干部提供依据。”[2] 福柯认为，“检查留下了一大批按人头、按时间汇集的详细档案”，“由各种文牍技术所包围的检查把每个人变成‘个案’……这种个案同时既成为一门知识的对象，又成为一种权力的支点”；文件汇集所形成的个案“就是那个可以描述、判断、度量及与他人比较的具有个性的人”，同时“也是那个必须加以训练、教养、分类、规范化、排斥等等的个人”，这种描述“是一种客体化和征服”。[3] 在任何时代，平淡无奇的人们往往缺乏记载和描述，精英和反常占据了档案的大部分库存。将律师作为干部纳入新政权的人事档案管理，就是对律师的一种甄别和掌握，以保证律师的行动符合国家的统治和治理意图。

---

〔1〕 参见王为衡：《民主生活会制度的历史沿革》，载《紫光阁》2013年第11期；李颖、齐雄：《民主生活会制度的产生、发展与完善》，载《人民政协报》2015年2月5日，第9版。

〔2〕 《中共中央组织部关于加强干部档案工作的意见》，载《档案学通讯》1980年第4期。

〔3〕 ［法］福柯：《规训与惩罚：监狱的诞生》，刘北成、杨远婴译，生活·读书·新知三联书店2003年版，第212~215页。

作为“干部队伍”中的一个分子，1950年代律师的工作基本上抹去了那种自由职业的个性特征。首先，在法律顾问处，律师处于一个被“领导”的位置。其次，律师不能以个人名义接受业务，而由法律顾问处主任指派任务。再次，法律意见或者辩护意见是集体讨论并由领导审核的结果。最后，强调集体会议的工作制度。[1] 在这种民主集中制的工作制度下，律师职业呈现的是

---

〔1〕《上海市法律顾问处工作细则（初稿）》中的相关规定有：辩护或代理，以及机关、团体、企业聘请法律顾问，先签订聘请合同，然后由主任指派律师办理或担任；法律顾问受法律顾问处与聘请单位的双重领导；“案件处理以前，须经过小组讨论，确定辩护内容，主办人员应根据小组意见拟定发言提纲，然后出庭辩护”；“案件判决后，如有意见，应提交小组讨论是否上诉。上诉理由书应送主任（或小组长）核发”；代写文件，“文件草稿应由主任（或小组长）核阅后签发”；人民群众口头询问，解答内容应详细记载在登记表上，登记表应当日送主任检查；每周二、四的下午举行业务讨论会。每周六下午按中央司法部的指示进行有关业务的学习。《沈阳市法律顾问处工作细则（草稿）》中的有关规定有：“沈阳市法律顾问处设咨询、出庭、事务等组织机构，暂均定名为组。各组在主任或秘书领导下进行工作”；对咨询中的疑难问题，由咨询组全体成员开会研究得出一致结论后向来访人解答，未能得出一致结论的，将分歧全部报交主任或秘书审核决定；“撰拟诉讼文件及其他文件之原稿应送交主任或秘书审核，经审核签署同意后，始得缮发与请求人”；“须由主任或秘书指定出庭，律师个人不得收案出庭”；“撰拟出庭发言稿（或提纲）后，应提交出庭组全体成员讨论，经一致同意后始能定稿。如出庭组不能一致同意时，应将各种分歧连同原稿一并报请主任审核”；“发现法庭审判人员审判作风不当时，应在出庭后向主任或秘书用书面将意见提出，禁止在法庭上与审判人员争执”；组长会每月末召开一次，与会人员是主任、秘书及各组负责人，以少数服从多数通过决定；全体例会在组长会后召开，由主任或秘书传达组长会的决议；业务研究会每月召开二次，有关人员均应参加；“严格执行机关保密和保卫制度”。参见《司法部公证律师司转发：上海市、沈阳市、法律顾问处工作细则》（1956年3月），载华东政法学院图书馆编：《律师资料选辑（内部资料）》，第77~81页。从上海和沈阳的两个规定来看，沈阳法律顾问处的工作机制更加接近于国家机关，猜测其原因应当在于两个城市与西方接触的深浅程度不同。

一个社会机构或者国家机关对法律事务的处理。[1] 从律师个人来说，民国时期成长起来的自由职业者已经被完全淹没在集体之中，基于法律专业知识的独立发声也基本丧失。

四、回归与分歧

（一）回归

将 1950 年代的律师重构归纳为形塑当今中国律师的原点，不仅在于其塑造了一种与民国时期大异其趣的人民律师，而且在于其于 20 年后的复生与延续。“直到 1959 年 4 月，司法部被撤销，从组织系统来说，律师执法已经没有了主管部门，他们在这时才无法存在下去。各地的律师协会也随之纷纷被撤销。”[2] 20 年后，“1979 年初，即司法部重建前，黑龙江省呼兰县就配备了律师，开始承办刑事辩护工作。继而北京市、上海市和黑龙江省

---

〔1〕 天津市法律顾问处的一位律师这样描述了他们的集体工作制度：“事实上在我们采取了下列措施后，使工作质量的问题也基本上得到解决：①加强司法局对该处工作的指导；加强该处主任对全盘工作的领导，特别是初建时，较大的事情都应由主任亲自动手。②加强集体研究。经常召开碰头会，以便汇报和研究问题，较大的问题如解答疑难问题和确定辩护论点等，都经过集体研究，一方面可抓集中群众智慧来解决问题，另一方面也可以教育干部。③及时核查和总结工作是改进工作和教育干部的好办法，该处每个辩护和和代理案件事后都作小结，还几次检查法律询问解答的卡片和代书文件等，发现有解答错误的则由主任指定律师向来访人更正。④密切联系实际地进行政策业务学习，如在资本主义工商业改造的高潮中，该处集中地组织学习了党和国家对工商业改造的具体政策和指示等。因此，该处的工作基本上做到了各方面都表示满意。”见王赣愚：《对建立新的律师制度的一些体会》，载《法学研究》1956 年第 2 期。

〔2〕 陈同：《20 世纪 50 年代我国实行律师制度的短暂过程及其历史思考》，载《史林》2009 年第 4 期。一般认为，1959 年之后到 1979 年之前，律师职业活动完全消失了。但是有文章显示，在 1959 年到 1966 年“文革”开始之前，可能还有零星的律师辩护活动。“我从一九五七年到一九六六年从事专职和兼职律师工作，经手过成百件刑事案件。”参见徐五林：《人民律师要敢于依法据理力争——律师生涯杂忆》，载《法学》1984 年第 8 期。

的大庆、哈尔滨及四川省的璧山等七八个市、县，也先后恢复了律师组织，开展起部分律师业务”。[1]

1980年8月第五届全国人民代表大会常务委员会第十五次会议通过的《中华人民共和国律师暂行条例》（以下简称《暂行条例》）第1条规定“律师是国家的法律工作者”，第13条规定“律师执行职务的工作机构是法律顾问处。法律顾问处是事业单位，受国家司法行政机关的组织领导和业务监督”，第15条规定“法律顾问处的主要任务，是领导律师开展业务工作，组织律师学习政治和法律业务知识，总结、交流律师的工作经验”，第19条规定“律师协会是社会团体”。从立法起草者所作的说明来看，这个《暂行条例》承继了1950年代官方对律师的认知和主要的制度设计。[2] 在1980年前后，报刊开始恢复使用“人民律师”的称谓，并在阐述律师的性质和作用时一般都刻意强调了社会主

〔1〕 张耕主编：《中国律师制度发展的里程碑：〈中华人民共和国律师法〉立法过程回顾》，法律出版社1997年版，第7页。

〔2〕 关于律师性质，“由于我国是无产阶级专政的社会主义国家，我国的经济基础是社会主义所有制，加以律师工作的政治性很强等原因，这就决定了我国的律师不适宜私人开业；他们不是、也不应当是资本主义国家那种自由职业者，而应当有组织有领导地进行工作。我国律师执行职务，也不能象资本主义国家那样，只是从雇佣关系出发，为委托人谋利益，而是要站在无产阶级的立场上，从维护法律的正确实施出发，来维护当事人的合法权益。”关于律师的工作机构，“由于律师工作的非营利性特点，法律顾问处应该是事业单位。即律师收费统一上交国库，律师经费列入国家事业预算”，“法律顾问处受国家司法行政机关的组织领导和业务监督”，“律师人员的调配、考核、奖惩、思想教育、专业培训，以及律师经费的管理、律师机构的设置和各项物质设施的筹措等一系列组织建设和行政管理工作，都要各级司法行政来抓，也只有各级司法行政机关才能办”。关于律师协会，“它虽然是社会团体，但也是我国人民律师制度的组成部分”。参见李云昌：《关于〈中华人民共和国律师暂行条例〉的几点说明》。

义的律师与资本主义的律师的区别。[1] 在领导高层，律师依然被视为具有专业知识和能力的“干部”。[2]

“文革”结束后的几年内，官方的主要工作可以被归纳为“拨乱反正”。“我们现在讲拨乱反正，就是拨林彪、‘四人帮’破坏之乱，批评毛泽东同志晚年的错误，回到毛泽东思想的正确轨道上来”；“建国头七年的成绩是大家一致公认的，我们的社会主义改造是搞得很成功的，很了不起”；“‘文化大革命’前的十年，应当肯定，总的是好的，基本上是在健康的道路上发展的”。[3] 因此，“拨乱反正”首先是认知向1950年代的回归。1980年的《暂行条例》实际上就是对1950年代官方设想的律师制度的落地成形，只不过因为历史机遇，这部关于中国律师的法律的出生推迟了20年。

此后，中国律师制度随着改革开放的进程不断变革。这种变革的总趋势是律师个体和律师机构逐渐与官方分离，律师行业的政治色彩逐渐褪色，自由职业的商业氛围愈来愈浓厚。在此过程

---

〔1〕 参见武延平：《要尽快恢复和健全人民律师制度》，载《北京政法学院学报》1979年第1期；任振铎：《关于我国的辩护制度》，载《吉林大学学报（社会科学版）》1979年第4期；乔伟：《律师制度的初步研究》，载《吉林大学社会科学学报》1980年第3期；张辉：《律师在刑事诉讼中的地位和作用》，载《北京政法学院学报》1980年第2期；霍震：《人民律师在刑事法庭上的诉讼地位和作用》，载《郑州大学学报（哲学社会科学版）》1981年第2期；梁瑞麟、辛德立：《略谈律师与辩护权》，原载《解放日报》1979年3月20日等，转引自《律师资料选辑（内部资料）》，第193~196页。

〔2〕 1980年1月，邓小平在中央召集的干部会议上就谈到：“比如现在我们能担任司法工作的干部，包括法官、律师、审判官、检察官、专业警察，起码缺一百万。可以当律师的、当法官的，学过法律、懂得法律，而且执法公正、品德合格的专业干部很少。”参见《目前的形势和任务（1980年1月16日）》，载《邓小平文选（1975—1982）》，人民出版社1983年版，第227页。

〔3〕 见《对起草〈关于建国以来党的若干历史问题的决议〉的意见》，载《邓小平文选（1975—1982）》，人民出版社1983年版，第264页、第266页。

中，律师失去了“干部”身份，而成为“当事人提供法律服务的执业人员”；法律顾问处变为以合伙制为主的“律师事务所”；律师协会最新的法律定位是“社会团体法人，是律师的自律性组织”;〔1〕可以说，中国律师制度改革直接受到市场经济改革不断深入和逐渐对外开放与国际接轨的双重影响，也是这两个方面进程的重要成果。

尽管律师不再是“干部”，但依然是一支“队伍”。官方对中国律师和制度的最新表述是：“律师制度是中国特色社会主义司法制度的重要组成部分，是国家法治文明进步的重要标志。律师队伍是落实依法治国基本方略、建设社会主义法治国家的重要力量，是社会主义法治工作队伍的重要组成部分。党的十八大以来，我国律师事业不断发展，律师工作取得显著成绩，为服务经济社会发展、保障人民群众合法权益、维护社会公平正义、推进社会主义民主法治建设发挥了重要作用。”〔2〕官方的纲领性表述是向1950年代律师认知的某种回归。律师行业的代表人物也撰文呼应了官方的这种回归。〔3〕

截至2018年底，全国共有律师事务所3万多家，执业律师超过42万人。〔4〕对这支没有列入干部名册的精英化大军，官方依然从建设干部队伍的视角出发，从党建方面着手，掌握律师行业

〔1〕 根据现行《中华人民共和国律师法》。

〔2〕 《中办国办印发〈关于深化律师制度改革的意见〉》，载《中国律师》2016年第6期。

〔3〕 参见吕红兵:《我的名字叫“人民律师”》，载《检察日报》2015年8月24日；王日保:《律师队伍是建设社会主义法治国家的重要力量》，载《人民政协报》2017年4月18日。

〔4〕 参见《2018年度律师、基层法律服务工作统计分析》，载中华人民共和国司法部网站，(http://www.chinalaw.gov.cn/government_public/content/2019-03/07/634_229827.html，最后访问时间：2019年6月18日。

的发展方向。《中共中央关于全面推进依法治国若干重大问题的决定》中谈到：“加强律师队伍思想政治建设，把拥护中国共产党领导、拥护社会主义法治作为律师从业的基本要求，增强广大律师走中国特色社会主义法治道路的自觉性和坚定性……加强律师行业党的建设，扩大党的工作覆盖面，切实发挥律师事务所党组织的政治核心作用。”2018 年 12 月 5 日，司法部发布了“关于修改《律师事务所管理办法》的决定”，对律师行业的党建工作进行了重新规范，要求在律师事务所普遍设立党支部。〔1〕在律师行业已经市场化的 21 世纪，律师在社会中已经完成了向自由职业者的回归。但是官方仍然希望通过在律师行业普遍开展党建工作，把律师队伍纳入具有统一要求和目标的“法治工作队伍”，以增强律师群体在推进“依法治国”的过程中与法官和检察官等群体的一致性。〔2〕

（二）分歧

自 1979 年恢复律师制度以来，律师作为一种社会职业主体并未呈现出清晰的面貌。“人们羡慕律师，又排斥律师，需要律师，又防范律师；政府发展律师，又不信任律师，企业需要律师的帮助，同时又怕律师帮倒忙；外国人说中国律师只是政府的摆

---

〔1〕 例如第 4 条修改为：“律师事务所应当加强党的建设，充分发挥党组织的战斗堡垒作用和党员律师的先锋模范作用。律师事务所有三名以上正式党员的，应当根据《中国共产党章程》的规定，经上级党组织批准，成立党的基层组织，并按期进行换届。律师事务所正式党员不足三人的，应当通过联合成立党组织、上级党组织选派党建工作指导员等方式开展党的工作，并在条件具备时及时成立党的基层组织。律师事务所应当建立完善党组织参与律师事务所决策、管理的工作机制，为党组织开展活动、做好工作提供场地、人员和经费等支持。”

〔2〕 “全面推进依法治国，必须大力提高法治工作队伍思想政治素质、业务工作能力、职业道德水准，着力建设一支忠于党、忠于国家、忠于人民、忠于法律的社会主义法治工作队伍，为加快建设社会主义法治国家提供强有力的组织和人才保障。”参见《中共中央关于全面推进依法治国若干重大问题的决定》。

设，而律师在政府中却并无摆放的位置；法院开庭需要律师出庭，而出庭律师却得不到起码的重视，律师在法官、检察官眼中地位低下，而许多法官、检察官却纷纷加入律师行列……这种种令人费解的现象，使律师成了一种难以捉摸的‘怪物’。”〔1〕这是一位著名的刑事辩护律师在2002年对中国律师形象的描述。十几年过去，其描述的状况并未有大的改变。〔2〕面对律师职业状态遭遇各方面议论的情况下，官方有意实施某种改革。中办、国办于2016年专门印发了《关于深化律师制度改革的意见》，强调“一要高度重视，各级党委和政府要高度重视深化律师制度改革，将律师制度改革工作列入重要议事日程，作出专门部署，并抓好落实。二要落实责任，各有关部门要按照本《意见》要求，抓好各项工作的贯彻落实。三要加强宣传，积极引导对律师制度和律师队伍进行正面宣传，为推进律师制度改革营造良好的舆论氛围”。

在官方认知中，律师参与建设法治社会的重要性被严重低估。在《中共中央关于全面推进依法治国若干重大问题的决定》中，律师虽然同立法队伍、行政执法队伍、司法队伍一同入列“法治工作队伍”，但后三者是“法治专门队伍”；在表达官方期望的措辞方面，前者是“加强法律服务队伍建设”，后者是“建设高素质法治专门队伍”。很显然，官方认为，在推进依法治国的进程中，律师仅仅是配角，立法队伍、行政执法队伍、司法队

〔1〕 田文昌：《关于律师职责定位的深层思考》，载田文昌著、杨大民编：《田文昌谈律师》，法律出版社2017年版，第12~13页。该文最初载于2002年10月的《法制日报》。

〔2〕 近年此方面引发的舆论热点参见何志辉：《期待李庄案成为重塑律师形象的契机》，载《检察日报》2010年1月13日；本报评论员：《律师要像爱护眼睛一样爱护自身形象》，载《法制日报》2017年12月28日等。

伍才是主力军。然而，近年来律师在体现中国法治进步的标志性事件中所起的关键性作用表明，律师以一种批评者的姿态在推动法治进程中发挥了重大作用。纵观世界，法治国家成长史，也是律师职业的发达史。可以说，无律师，不法治。低估律师的作用导致了法治工作队伍中内-外、上-下的位置区分，即法官、检察官在内、在上，律师在外、在下。律师在法治实践的舞台上出演配角，其在法治戏剧中的出彩程度取决于导演的安排与主角的隐忍。[1] 如果继续将律师当作法官和检察官的小跟班，不仅律师的职业功能实现会大打折扣，推进依法治国的进程亦将步履蹒跚。

在塑造律师主体的制度安排上，律师与法官、检察官等群体不相兼容的问题将持续存在。无论官方是否承认，律师事实上已经成为社会中的自由职业群体，不再具有“干部”身份，而是民。而在现行制度下，法官、检察官不仅是“干部”，也是“官”。这种官—民的区分，使得一些学者倡导的“法律职业阶层”或者“法律职业共同体”成为冥想的乌托邦。在国家主导下，“建设法官队伍”“建设检察官队伍”乃是“建设干部队伍”的自然延伸；而在市场规则的支配下，“建设律师队伍”就如同要“建设医生队伍”“建设会计师队伍”乃至“建设厨师队伍”一样并非顺理成章。因此，“建设队伍”并非现代社会塑造律师的恰当方式。如果承认律师是由市场支配的职业主体，那么形塑

---

〔1〕 2015 年 9 月 16 日，最高人民法院、最高人民检察院、公安部、国家安全部、司法部印发了《关于依法保障律师执业权利的规定》。在《律师法》《刑事诉讼法》和《民事诉讼法》中有关保障律师执业权利的比较详细的条款之外，“两院三部”联手隆重再行制定发布规则要求保障律师执业权利，起码说明官方也感受到了近年来律师群体对执业环境的怨言。

律师的技术就应当是社会和市场所要求的职业规则。在一个具有尊官传统的社会中，如果不能消弭法官的“官”之地位，使其回归“中立裁判者”的属性，那么律师与法官等群体不相兼容的问题亦不能获得最终解决。

五、结语

回顾中国历史的1950年代，官方对律师认知和制度设计有其与时代兼容的合理性。但是在中国已经改革开放40年的条件下，官方对律师的认知和制度安排有重新复盘的必要。

1950年代的律师制度重构是中共重塑现代中国（国家）的一个部分。辛亥革命可以视为中国人抛弃王朝体制欲图建设现代国家的开始，由于多种因素，民国政府在大陆建设现代国家体系的努力以失败告终。为建设一个强大的工业化国家，中共基于革命成功的经验，在建立国家和社会制度的过程中大多沿用了保证战争胜利的资源汲取和分配策略。一种围绕强国目标的权力类型和知识阐述逐渐形成并覆盖在整个社会之上。围绕强国的目标，新政权尽可能的将资源和力量纳入国家统筹的分配体系之中。1950年代构想建设的律师干部队伍，也是围绕强国目标打造的一支类军队，与这种权力构建的审判员队伍没有本质的不同。如果说，在中国形塑统一的现代民族国家的过程中，这种权力类型和知识类型有其合理之处，那么，在中国俨然已经完全摆脱了四分五裂、一盘散沙的局面之后，权力类型和知识类型亦应当有转换的必要。

“文革”之后中国的权力和知识转型获得了较大成功，官方说法就是“改革开放”。但是这种改革开放自身呈现的问题就是，知识类型逐渐与权力类型相分离。在对律师的认识层面，官方在事实上认同了律师以法律知识牟利的正当性，承认律师是一个市场化的主体。而在制度层面，律师个人与“干部”缘分尽断，但是其附属的机构律师协会还是庞大的官僚体系的组成部分。一百多年来，中国人的强国目标始终没有改变，在官方认知中，律师作为强国力量（队伍）之构成的属性不会消失，形塑律师的市场化力量和技术从未占据舞台的中央。最后的悖论就是：市场化不以强国为目标，但是这个世界上最发达的国家都是市场化程度最高的国家；市场化的律师不以法治国家或法治社会为目标，但是这个世界上公认的法治国家和法治社会遍布散发着铜臭味的律师。

百花园

Spring Garden

公安院校青年教师实行导师制培养模式的实践思考

——以北京警察学院为例

◎曲京璞[*]　刘　希[**]

摘　要：青年教师的培养和发展是近年来高校师资队伍建设发展的关键环节，导师制被认为是教师在职培训的重要方式之一，也是优化师资队伍最有效的形式。本文聚焦公安院校新任教师成长，探讨如何用好导师制这种培养模式，从顶层设计、目标确立、过程管理等层面，为青年教师成长搭建平台，让导师制有效助推公安院校青年教师成长。

关键词：青年教师　导师制　培养模式

*　曲京璞，北京警察学院副研究员，研究方向教学管理。

**　刘希，北京警察学院助理研究员，研究方向教学管理。

一、引言

近十多年来，随着高等教育大众化进程的不断加快，大量青年教师充实到高校教师队伍中，逐步成为教学科研的重要主体和中坚力量，青年教师的培养和发展亦成为高校师资队伍建设和教学质量提升的关键环节。在青年教师的培养手段中，导师制被认为是教师在职培训的重要方式之一〔1〕，也是优化师资队伍最有效的形式〔2〕。起源于英国牛津大学的导师制是从本科教育层面就开展的导师制培育模式，学院为一组新学员确定一名导师，在导师和学生之间建立“师徒”关系〔3〕。导师制应用于在职培训首先收效于企业的员工培养，逐步形成了一套完整的理论基础和运行体系，实践效果良好。导师制应用于高校青年教师培养，就是通过为青年教师指定教学经验丰富、师德高尚的导师，由其对青年教师的教学、科研等进行专门指导，帮助青年教师迅速提升专业素质、促进其专业发展。

对于公安院校这类应用型本科院校而言，随着本科教育层次的提升加大了师资引进的比例，在有效缓解师资队伍数量不足状况的同时，也带来了教师队伍结构和素质的问题，“双师型”教师队伍需求更加迫切，青年教师特别是新任教师在教学、专业与实战研究方面均面临很大挑战，一些公安院校开始以导师制为抓手，发扬师徒结对的传统，取得经验的同时也提出了问题，本文

〔1〕 谢清理:《美国青年教师导师制及其启示》，载《中国成人教育》2016年第5期。

〔2〕 笪良国:《关于高校实行青年教师导师制的调查与思考》，载《阜阳师范学院学报（社会科学版）》2005年第3期。

〔3〕 叶常青:《导师制视域下高校青年教师培养模式创新》，载《中国成人教育》2018年第15期。

剖析北京警察学院实施导师制情况，总结成效、挖掘问题、研究对策，力求为公安院校如何积极稳妥创新推进青年教师导师制培养模式找到路径。

二、导师制运行现状

北京警察学院在2011年以来通过外选内调补充了179名师资，专任教师数量达到了人才培养的需求。但是，新教师的本科教育的理论基础不足，课堂教学的经验和能力有明显差距，公安工作实践经验与教学中的理论知识融合度不高。面对能力困境，北京警察学院出台了《新任教师实行导师制办法》，为新教师配备导师，由导师在规定时间内在师德、教学、科研等方面对其进行指导，培养新教师良好的师德教风、科学严谨的治学态度和教学科研工作能力，使其在教学科研等方面尽快达到学院要求。导师制的适时确立破解了批量引进新任教师的培养困境，5年间师徒结对114对。

（一）导师制的作用成效

为深入细致了解导师制实施状况，2019年北京警察学院组织了“导师制实施情况调查和新任教师成长状况分析”专项调研，通过86份新任教师答卷、44份导师答卷调查获取更为直观的教师体验数据和建议反馈，主要集中在以下三方面信息：导师制对新任教师个人成长支撑度和导师制实施效果满意度，导师制对新任教师和指导教师个人成长的具体作用，新任教师和指导教师对导师制后续开展的建议。新任教师成长状态分析，是在问卷调查的基础上查阅了新任教师成长档案，对其中的成长路径和教学科研成果进行了质性分析，获取了更为直接的成长体验和经验做法。综合调研结果，北京警察学院新任教师实行导师制培养的作用成效集中体现为四个方面：

1. 导师的示范引领作用明显

问卷调查中，96.51%的新任教师表示导师的言传身教有示范引领作用，反馈“导师无论是在授课方面还是在职业发展方面，都给予了很多指导，并传授了很多宝贵经验，收获很大”，76.74%的新任教师评价导师的言传身教对其在师德教风培养方面的引领帮助效果非常大。结果表明，导师的示范引领加快了新任教师的角色转变，提升了职业责任感，增强了从事教学的信心和决心。

2. 新任教师成长为教学骨干

问卷调查显示，75.58%的教师认为导师在教学工作中的指导帮助非常大，是其教学能力成长的重要支持力量。经过学院新任教师导师制的培养，新任教师陆续走上讲台，教学质量评价持续提升，一批新任教师在校内外教学竞赛中获奖，成长为中青年骨干教师，成为学院教育教学质量保障的中坚力量。

3. 新任教师科研能力提升

问卷调查显示，有91.86%的新任教师认为自身在科研能力成长上得到了导师的帮助，86.21%的新任教师更是在科研项目申报、教研科研论文撰写等方面得到了导师的具体指导和帮助。在导师制工作的推动下，新任教师在教研、科研工作中也取得了较为丰硕的成果，主持参与院级以上教科研项目266项，逐渐实现向研究型人才的转变。

4. 出现了师徒互助共进的局面

导师制对在助力新教师成长的同时，也推动了导师的自我完善。问卷调查显示，有 88.64%的导师认为他们在新任教师传帮带工作中，对其自身的教学、科研也有同样重要的促进作用。新任教师在新教育技术的熟练程度、新观念的活跃度和新知识的敏感性方面，对导师也有很好的触动，促进了导师在教学设计、教学手段的应用更新以及对新领域的研究尝试，实现教学相长、互助共进。

（二）导师制的运行模式

规范组织运行是导师制成效的保障。北京警察学院 7 年来的实践成效，正是规范运行的结果，从完善制度方案、政策执行和成效保障等方面着力推进，牵动效果明显。

1. 健全制度，规范组织

北京警察学院在确立导师制培养模式之初，建立了《新任教师实行导师制办法》，实施的两年中不断跟进执行，陆续补充制定了《新任教师导师制工作阶段验收方案》《新任教师导师制终期验收方案》，制度与方案相配合规范的管理过程，建立教师成长档案，规范制定培养计划书、指导工作登记表、阶段性工作验收表、终期考核登记表等，明晰了工作思路，做到了组织实施有章可循。

2. 建立标准，严格质量

标准是质量监控的重要依据，北京警察学院严把“导师遴选”和“出师”两个首尾重要的环节标准，加强了质量管理。一是明确导师遴选标准。按照专业对接、一对一指导的基本工作原则，从副高级以上技术职称的教师中优中选优，选拔出具有丰富教学经验、较高科研水平、责任心强的 53 人成为导师，每轮指导 1~2 名本专业青年教师，制定两年期的指导计划，明确了导师在思想引领、教学示范、撰写教案等教学材料、教研科研项目申报、论文撰写和学术交流等6个方面的指导职责任务。二是明确青年教师的“出师”标准。“出师”标准是贯穿阶段性验收和终期验收的全过程，是过程管理的警示线，是结果管理中的标杆。北京警察学院制定了新任教师在课程设计、教学讲义撰写、教学内容把握、课堂教学实施、学历和培训专题开设、论文撰写、教研科研项目、学术交流等方面具体的出师标准，通过自查总结、系部验收、学院抽查等环节严把结果验收质量关。实施5年来，有104对师徒通过了终期验收。

3. 两级联动，明确责任

新任教师导师制的意义就在于深入细致的结对传帮带，过程与结果管理紧密衔接方能取得实效。为此，北京警察学院确立了院系两级联动责任体系。一方面在实施框架、推进节奏上发挥教务处的宏观设计和日常监控的职能作用。教务处是导师制的顶层设计、统筹规划的主导职能部门，在过程监控和结果验收方面注重与日常教学管理特别是质量监控相融合，通过组织课前试讲、督导听评课、教学检查等环节重点加强对新任教师的成长监测，跟进导师制实施效果，每学年教务处依据追踪情况对全院导师制工作进行整体部署，推动执行。

另一方面在过程管理上发挥系部主责部门的主体作用。系部是实施新任教师导师制的主责部门，对导师制的师徒选配、执行与培养效果进行全过程管理，既要检查导师在师德、教学、科研等方面的履职情况，又要督促新教师在教学、科研方面的成长，切实把好培养质量关。实施过程中，教学系部结合专业建设的实际制定了各具特色的推进思路和工作机制，丰富了导师制的指导路径和培养手段。例如，将党建工作放在新任教师培养的首位，不断强化新任教师的政治理论学习和政治意识；建立“每月两个一”工作机制，即导师与被指导教师每月共同研究一次教学内容和教法，必须到堂听课一次；将实习锻炼、实战调研纳入到新任教师的培养规划；按学科特点、专业研究方向与专长，将新教师纳入导师的教学、科研团队，借助团队力量培养新教师。

（三）运行中存在的问题

目前，高校青年教师导师制培养模式运行过程中存在着一些较为普遍的问题，如实施缺乏实效性、指导方式单一、指导针对性不强、监管措施力度不足、配套政策不到位等[1][2]，致使导师制浮于表面，长期处于低水平循环状态或空载状态[3]。从公安院校师资队伍建设的视角去检视北京警察学院新任教师实行导师制的运行状态，导师制运行中依然存在三个问题。

1. 协同管理层面未形成联动机制

主管教学、科研、人事的职能部门在导师制实施过程中没有形成协同管理监督的机制，导师制的施行结果未能真正纳入到师资管理的绩效考核中去，在内在动力和活力的激发上未见显著的推动作用，依然处于任务管理、照章办事的层面。

2. 执行层面教学单位主体责任发挥不够

一些教学系部依然存在管理重形式、验收走过场、重使用轻

---

〔1〕 付八军、冯晓玲:《高校青年教师导师制的实践研究》，载《理工高教研究》2010 年第 6 期。

〔2〕 蔡向雄:《高校青年教师导师制的现实困境和解决之道》，载《广东技术师范学院学报》2008 年第 8 期。

〔3〕 王和强、张德江、顾晓琳:《健全规章制度 加强知识管理 改进青年教师培养导师制——基于教学能力培养和教学知识传承的视角》，载《现代教育科学》2018 年第 5 期。

培养的情况，存在导师对新任教师缺乏有效具体指导、新任教师与导师间缺乏有效沟通等个别现象。教学系部在过程管理上主动性不强，管理较为松散，停留在接收通知、完成规定动作的层面。

3. 顶层设计有待完善

导师制在顶层设计中，通常是一对一或一对多的配备模式，属于点状放射的单线联系[1]，具有明显的指向性和层级性，面对新任教师思维活跃、观念新、技术新的特点，单打独斗在一定程度上限制了新任教师的多元发展。

三、改进导师制的实践思考

青年教师培养工作作为基础性、阶段性、规范性的职业化训练，需要统一标准和明确规范[2]。如何挖掘导师制的最大作用，助力青年教师的成长呢？

（一）在顶层设计上要拓展导师制的关系模式

导师制实施中通常是一位导师在培养期内指导一名或多名新任教师，直到通过验收方可出徒。一名导师从始至终的指导模式较为单一，且有导师自身专业等方面的局限性。为此，要借鉴知识共享的大背景下去思考导师制关系模式，在导师制的顶层规划层面上，构建多元化的实施平台来促进知识共享，提高新任教师的培养质量。怎样就是多元化呢？基于北京警察学院的情况提出

---

〔1〕 蔡向雄：《高校青年教师导师制的现实困境和解决之道》，载《广东技术师范学院学报》2008年第8期。

〔2〕 王和强、张德江、顾晓琳：《健全规章制度 加强知识管理 改进青年教师培养导师制——基于教学能力培养和教学知识传承的视角》，载《现代教育科学》2018年第5期。

如下的思路：

1. 完善指导教师构成

充分考量应用型院校对“双师双能”素质的强烈需求，改变一名导师的做法，构建专任导师和实战导师相结合的多元化导师队伍。专任导师是指学院自身选拔出的导师，实战导师指的是系统内的专兼职教官、业务专家，专任导师和实战导师组成导师小组，共同制定新任教师培养规划，教学与实战双管齐下，能够更好地促进新任教师向双师双能型发展。

2. 改善师徒配备方式

改变单一的组织指定配备的方式，一方面师徒可采取互选确认的方式，给予青年教师更大的选择机会；另一方面导师选拔可以参考个人申报与组织推荐相结合的方式，吸引和遴选更加优秀的教师加入导师队伍，用更为自主、人性化的方式建立师徒关系，更利于师徒间建立沟通顺畅的良性互动关系。

3. 建立共享互助的平台

借鉴合作学习的理念，搭建共享互助平台，改善师徒间一对一各自为政的局面，围绕“共赢点”，师徒间建立双向、平等的交流，不同师徒间形成交叉交流，通过定期组织教学沙龙、教学观摩等活动，建立交流共享平台，讨论问题，交流思想，总结经验，最大限度地发挥导师制的整合作用，形成多视角、多声音互助的经验知识共享模式，有效改善导师制在低水平状态重复的局面，持续为导师与青年教师提供精神和专业的支持，逐渐凝聚形成一种共享互助的组织文化。

（二）从培养过程上要调整目标、找准发力点

研究青年教师导师制的文献发现，导师制设定的目标过于追

求全面，面面俱到，反而难以找准着力点，在实施过程中，一些导师重科研轻教学的指导方式，不能够满足青年教师特别是新任教师的“教学成长需求”，青年教师教育教学能力的提升这一目标被明显弱化〔1〕。根据英美等国推行青年教师导师制的实践经验看，导师的主要职责是在合作中促进青年教师课堂教育能力的提高和对学习环境的适应，是在教学上促进青年教师的成熟和成长〔2〕。结合国内高校的实际，青年教师导师制要立足于人才培养的根本需求，着力解决教育教学能力水平。为此，建议将培养期划分为初期、中期和后期三个阶段，将培养目标融入各个阶段，有重点地组织实施。

1. 初期培养

经验体悟层面，入职角色认知是重点，注重青年教师的情感和心理投入，导师多年的教学体会、职业经验就成为非常重要的角色引领，导师分享是初期的主要手段，带领青年教师“看中学”，尽可能在短时间内迅速适应教育教学工作。

2. 中期培养

熟知自觉层面，提升教学基本技能是重点，注意对教育教学理念的体悟和发展教学实践知识，教学观摩、导师言传身教是主要途径〔3〕，双方共同备课、听课、评课，做教学总结和反思，“做中学”，在教学观摩体验中切实获得成长，具备上讲台的基本功，这个过程可以适当观摩更多老师的课程教学，以期得到更多

---

〔1〕 王芳：《基于教育教学能力提升的地方高校青年教师导师制探讨》，载《中国成人教育》2017年第6期。

〔2〕 谢清理：《美国青年教师导师制及其启示》，载《中国成人教育》2016年第5期。

〔3〕 王清蕾：《青年教师导师制的现实、困境及解决路径研究——基于高职高专运行问题的思考》，载《湖北开放职业学院学报》2019年第2期。

元的体验和收获。

3. 后期培养

理性洞察层面，加强教学研究、教学反思的指导是重点，注意对教学实践的批评反思、整合优化，为青年教师未来的教学提供更为深层次的思考和改进指导，帮助新任教师不仅能上课，还要上好课，努力打造出“金课”，同时，制定出明确的发展规划，师徒间教学相长、互助成长。

（三）从管理层面上要实现激发传帮带动力

推行青年教师导师制培养模式，必须要在管理机制和管理过程中努力激发老教师传帮带、新教师成长发展的内在动力，让师徒结对成为更加主动、自觉的行动。

1. 完善动力机制

加强多部门的联动管理，完善动力机制，进一步调动导师和青年教师参与的积极性。就北京警察学院导师制实施现状而言，缺乏相应配套政策来激励和保障导师制的发展。为此，职能管理部门应围绕以下几个方面加强协商，一是研究导师制结果使用方式，对导师制工作量进行科学测算，计入教师教学工作量，将评价验收结果纳入教师绩效考评，并作为学院优秀教师选拔，岗位晋升、外出学习进修和教科研项目资助等工作的重要依据。二是建立导师制荣誉机制，各部门结合本部门日常工作选拔出导师制指导过程和指导效果优异的师徒进行宣传表彰，重点培养，增强榜样的示范性和引领性。三是建立专项经费保障，除了必要的工作补贴和课时补贴，为了导师制的各种学习交流、外出观摩、业务培训等提供专项经费支持，保证专款专用。

2. 建立导师培训机制

有学者提出，教师不等于导师，不能用教师标准选配导师，更不能用教师思维去做导师[1]。高校实践中多是从教学经验丰富、具有副高级职称等方面遴选导师，规定凡具备条件的教师都有指导青年教师的义务，忽视了指导教师的指导能力和水平，一些导师自知自会却不善表达和传授，导致出现导师指导不到位等问题，建立导师培训机制也是势在必行。美国青年教师入职指导教师的选择条件让我们对什么样的人能胜任导师工作有借鉴意义，如能够投入学习和发展人本身的实践能力；能够演示一种具有指导意义的教育；能够与具备多元文化背景的同事一起工作；能够明白指导者的责任，并承担执行责任；能够对道德行为作出实践；能够为青年教师提供专业化的情感支持；有一定的教育经验[2]。鉴于此，导师培训的重要目的是激发和唤醒导师的教学实践经验，补充培养理念和指导方法，提高指导能力，确保科学性有效性。新任导师实行准入制，以专项培训模式组织，完成基本规律性、知识性的学习，实现新角色的认知转变，通过培训考核后方能上岗。培训内容涵盖青年教师成长规律、指导策略、指导工作方法、示范教学的总结反思等。导师间开展定期培训交流，研究新问题，补充新理念，分享新经验，为导师做好指导工作持续提供营养。导师成长与青年教师成长一样，都是一个持续积累的过程，只有不断地实践整理、反思总结、提升改进，才能不断提升能力，更好地为青年教师提供强有力的支持和指导。

3. 完善目标评价机制

美国教育家斯塔费尔比姆把评价看做是一种工具，认为“评

---

〔1〕 王和强、张德江、顾晓琳：《健全规章制度 加强知识管理 改进青年教师培养导师制——基于教学能力培养和教学知识传承的视角》，载《现代教育科学》2018年第5期。

〔2〕 谢清理：《美国青年教师导师制及其启示》，载《中国成人教育》2016年第5期。

价最重要的意图不是为了证明，而是为了改进”。基于这一评价理念的 CIPP 评价模式得到高等教育者的广泛青睐。CIPP 评价模式由背景评价、输入评价、过程评价、成果评价四个部分组成，是以决策为导向，基于全过程的诊断，监督、检查、反馈、改进。借鉴 CIPP 评价模式可以逐步完善导师制的目标评价体系，满足过程性、全面性、动态性的评价要求。

一是调整导师制目标，健全出师标准。围绕教育教学能力这一重点，学院层面规划整体的导师制培养目标，师徒间结合自身特点确立个性化的分目标，普遍目标与个性化目标相结合，既有达标量化标准，又有独特性的加分标准。二是补充保障条件和投入资源的评价，注意系部主体责任落实情况、导师制管理组织规范程度、经费到位情况，关注导师与青年教师的思想交流和业务指导投入情况。三是追踪评价与持续反馈相结合确保及时性，关注导师制实施状况如何、青年教师的成长体验或收获如何，还需要哪些改进的方法或支持等，促使导师制实施过程不断完善，成效不断提升。四是树立导师成长与青年教师发展两个维度相结合的评价体系，导师制要努力实现师徒“共赢”目标，在完善青年教师成长档案的同时，尝试建立导师成长记录，鼓励导师总结梳理提炼形成指导理论经验，进而推广分享。

（四）出师后的培养紧密衔接，巩固成果提升能力

青年教师培养是长期性的，需要建立可持续发展的长效机制，出师后的 2—3 年是不可忽视的特殊时期。出师后的青年教师恰好是开始发力的关键时期，教学、科研能力持续性发展需要更加有效的平台，需要综合考虑和设计。以北京警察学院为例，可以在以下几个方面做尝试：第一，可以拓展教授工作室的人才

培养作用，青年教师可以竞争加入教授工作室，在团队中快速成长。第二，建立青年教师人才培养专项计划，选拔优秀青年教师，加入合作学习项目，形成青年教师成长互助平台，以团队模式组织开展重点培养，形成青年教师的优秀团体。第三，畅通校内外交流学习，借助北京高等教育资料，加强校际间的交流合作，重点为青年教师成长交流提供更广泛的渠道和平台。

五、结语

公安院校师资队伍建设是一个系统工程，要建立一支高素质的青年教师队伍，就要用好导师制这种培养模式，从顶层设计、目标确立、过程培养和管理实施等方面强化和完善，充分调动整合校内外资源，搭建一个让教师在教学科研理论研究与实践中相互学习协作，互相助力促进的平台，走出一条适应公安院校新任教师成长发展道路。

调研报告：西南科技大学法学院法律学徒社读书会情况*

◎蒋志如**

摘　要：通过分析和展示辅导学生读书、考研的详细过程，在5年有余的时间里，该活动从一个偶然的活动、松散的辅导转变为一个每年有20余学生参与读书团队（在2014年，该读书团队被正式命名为“法律学徒社”）。法律学徒社读书团队已经形成如下制度化的作业：读书内容、范围的确定，固定的读书流程，在每两周一次的读书活动中形成一个有意义的格局，即：大三主讲、大二点评、大一听的格局。通过该读书活动，学生①习得相当丰富的法律知识，②习得提出问题、分

* 本文系西南科技大学教改项目《卓越法律人才培养模式改革与创新研究——以法律学徒社为例》（项目编号：17xn0009）阶段性成果。

** 蒋志如，西南科技大学法学院副教授。

析问题和解决问题的能力，③并在阅读能力、表达能力上得到充分展示，有的同学的写作能力也得到锻炼；④团队的考研率比较高，可以达到60%以上。同时，读书团队也存在一些缺陷，要克服之，一方面笔者及其团队可以改进，另一方面更需要学校、学员提供经费等方面支持，以全面提升该读书活动的规模和质量。

关键词：法律学徒社　读书　专业课　法学教育　法律技能

一、缘起与问题

2011年6月，笔者从四川大学博士毕业，博士毕业论文与法学教育有关〔1〕，对培养学生的方式有一些感悟和思考。当到西南科技大学法学院任教，从事刑事诉讼法学、证据法学的教学，并作为本科生导师开始带5名大一法学院学生〔2〕时，欲将一些研究法学教育的感性想法和思考付诸实践。由此，笔者开启了本来是偶尔私下带领学生读书的活动，经过几年发展形成了制度性的读书活动，并于2014年成立法律学徒社〔3〕。笔者开启的带领团队读书历程，从该学徒社启动到现在已2年有余，可以简单描绘和总结如下：

〔1〕　笔者博士毕业论文为《法律职业与法学教育之张力问题研究》，已为法律出版社于2012年出版，该书获得第三届“中国法学教育研究成果奖“三等奖。

〔2〕　这是西南科技大学运行非常好的一种指导学生的制度：任何学院的学生，首先有辅导员（一般1名辅导员带领1个年级的学生），同时配备本科导师，由学院老师每人负责3~5名学生，4年则有12~20名学生（笔者2011年带5名学生，2012年带3名学生，2013年带4名学生，2014年带3名学生，2015年带12名学生，2016年带5名学生，共有32名，在校有24名学生，同时还包括自愿跟从的学生10余名）。另外，当时作为副导师，还带3名法硕研究生，此后每年带3名硕士研究生（包括每年1名学术性硕士）。

〔3〕　2015年笔者也申请了西南科技大学教学教改的重点课题“法科学生法律技能的培养——以读书、案例、研讨为中心的考察”（项目编号：15xnzd10），拟对笔者带领的读书活动进行分析和总结，以升华笔者对其的思考和认识。

2011 年，法学院分配 5 名法科学生到我名下，4 名女生、1 名男生。到 2015 年 6 月，5 名学生的基本情况如下：1 名学生因回家复读而退学，另 1 名转专业到经管学院（学习国际贸易），还有 1 名延期毕业（1 名男生）。剩下两名学生考研，1 名报考南京大学法学院的刑法专业，失败了；另 1 名报考四川大学法学院宪法与行政法专业，现在已经是研究生二年级学生。在此期间，在为二年级学生（即 2010 级法学本科学生）讲授《刑事诉讼法学》的授课中，有 3 名学生自愿跟从读书，到 2014 年毕业时，3 名学生均考上研究生，分别是西南政法大学、四川大学和西南民族大学。同样的指导，为什么出现如此巨大反差呢？进一步的问题是，1 名法科学生，在大学 4 年应当如何学习，应当学习哪些课程，方能达致对专业知识既有扎实的基础知识，又对某些课程有深入的思考和审视，而不仅仅是教材之复印，甚至连教材知识都没有掌握，或者更确切地说，如果说一名学生掌握教材 80%之知识方能达致合格，其却只达致 1%的知识，再外加熟悉（而非精熟）若干法律概念之水平[1]。

2015 年 6 月后，笔者开始对此审视和反思，当然这一审视和反思不仅仅是对这两级以同样的方式带领的学生的反思，还因为在 2011 年到 2015 年中，在带领其他学生时遇到了更多实际需要我思考和处理的情况，进而对其展开深层次思考和审视，因为：当第一届学生（包括自愿跟从读书的学生）毕业时（即到 2015 年 6 月），这 4 年，笔者带领学生的人数已达 13 名（名义上应当是 15 名，1 名转学，1 名退学），还有 10 名自愿跟从的学生，总

---

〔1〕 根据笔者的调研，有的学生大学毕业之时，虽然可以领到本科毕业证、学位证，但其法学基础知识非常差，一些常识、概念都不能掌握，法学毕业论文更是不堪卒读！然而，他们都毕业了，有的同学还考上研究生。

计达23名学生。而到了2016年12月，读书团队成员现有（不包括已毕业学生）总计30名（现有6名学生自愿跟从）[1]，形成了每两周一次的读书活动，每双周周日下午2时在东七508会议室。通过与30余名学生近距离接触，在为他们带来机会的同时，其也成为我审视和反思中国法学教育的机会，更有机会进一步思考和反思法学院学生在教学、学生活动、休闲时间关系的矛盾与冲突。

在下一部分，笔者则展开对读书活动的详细描绘，在这一描绘的基础上，分析这一读书活动的优点和缺陷，进而思考提升本读书活动、本读书团队之质量的一些因素和要点，并为团队下一步运作总结一些初步的规则，最后，将具体规则作为附录并请学生阅读，再斟酌其中部分规则，最终以此作为本读书团队的行为规则。然而，在作分析之前，我们首先得梳理读书团队对课程的选择问题，亦即根据现有的教学大纲、法学院课程的安排，团队可以选择哪些课程进行辅导，请看下面的具体分析。

二、法律学徒社辅导课程之选择

中国当下的法学教育发轫于高考恢复事件（1978年），第一届法科学生（1978—1982年）只有几所学校招生，即西南政法学院、中南政法学院、北京大学等学校招录的学生。这一届及其后来的几届学生，他们早已成为、现在也是中国法治的中坚力量。

但是他们接受的法学教育、学习的课程却是最初步的（与当下对照的话），因为当时法学院（法律系）应当开设的课程不多，

---

〔1〕 从2014年起，我的研究生开始进入团队，参与、引导团队读书，增添了一股新鲜的力量。

主要有法理、法史、宪法、刑法、刑诉、民法、民诉、婚姻、国际法和国际私法，到了20世纪90年代中期，则民商、经济类、行政法、行政诉讼法等课程大为增加[1]。再到21世纪初叶，法学院的课程体系得到确立，1名法科学生大约需要修习50余门课程、近40门专业课程。2007年教育确定了法学的16门课程：法理学、中国法制史、宪法、行政法与行政诉讼法、刑法、刑事诉讼法、民法、知识产权法、商法、经济法、民事诉讼法、环境法与资源保护法、劳动法与社会保障法、国际法、国际私法、国际经济法。

上述课程是展开辅导学生的前提条件。但这没有成为笔者一开始就需要考虑的问题，因为笔者在刚刚作为本科生导师时并无辅导学生课程的计划，也无系统辅导的计划。当辅导学生之事项陆续展开，笔者对学习的课程有了新认识，因而有了法律学徒社学习和辅导的基本课程，具体描绘如下：

（1）法学院新生第一学期，法学院通常只开设一门专业课，《法理学》。因而辅导学生，主要以《法理学》为中心，除了教材《法理学》外，逐渐增加博登海默的《法理学》、魏德士的《法理学》等法理学课程，后来增加法学入门的相关读物，如《近距离看美国》（四卷本），但从课程上看，只有一门课《法理学》。

（2）大一第二学期，法学院开设四门专业课，分别是《宪法学》《民法学》（通常是《民法总论》）、《刑法学》（通常是《刑法总论》）和《中国法制史》。在每两周一次的辅导（2011级是每月1次）中，没有时间、精力辅导所有课程，因而在第二

---

〔1〕 对此请参见苏力：《法学本科教育的研究和思考》，载《比较法研究》1996年第2期。

学期：最初3年，笔者只辅导《宪法学》。但民法、刑法是基础课程，在法律学徒社成立后，则以《宪法学》为主导，辅之《民法学》或者《刑法学》和《法理学》，因而三门课程得到兼顾，《中国法制史》从来没有进入辅导的视野。

（3）大二第三学期（亦为新大一第一学期）。法学院为大二开设的专业课通常有《民法学分论》《刑法学分论》《模拟审判》《法律逻辑学》《法社会学》《刑事诉讼法学》《犯罪学》《外国法制史》《中国法律思想史》9门专业课。笔者主要辅导《刑事诉讼法》，这是第一门程序法。由于笔者负责《刑事诉讼法》的讲课，学生可以在课堂上听，兼有新生，第三学期辅导的课程又回到《法理学》（引导新生学习《法理学》），并辅之《民法学》《刑法学》2门。简言之，在第三学期增加1门新课《刑事诉讼法学》。

（4）大二第四学期（亦为新大一第二学期）。法学院为大二开设的课程通常有《民事诉讼法学》《商法学》《合同法学》《婚姻家庭继承法学》《劳动与社会保障法学》《法学专业认识实践》《模拟审判》7门专业课。在这一学期则以《宪法学》为中心，辅之《法理学》《民事诉讼法学》等课程。因此，第四学期增加1门新课《民事诉讼法学》。

（5）大三第五、第六学期（又一级大一）。法学院为大三开设的课程通常有《行政法与行政诉讼法》《担保法学》《法律文书写作》《会计学原理与会计法》《国际法学》《经济法学》《法医学》《公证与律师实务》《知识产权法学》《国际私法学》《国际经济法》《法学专业英语》12门课程。当学生学习《行政法与行政诉讼法》时，笔者最初也打算辅导之，因为在笔者看来，大学生学习应当对8门课（即法理学、宪法、行政法、行政诉讼法、刑法、刑事诉讼法、民法、民事诉讼法）有相当之理解，方可说掌握法学基础课程[1]。刚要着手安排时，根据几年的辅导经验，立即清楚一点，即这一辅导已不可能顾及这门课，还不要说（法学院安排的）大三的其他课程。因而，笔者再次将辅导重心转回到大一的《法理学》《宪法学》学习，并辅之以《民法学》《刑法学》《民事诉讼法学》《刑事诉讼法学》4门课程。

（6）大四第七、第八学期，是学生准备考研期间，他们一般不参与。

综上所述，经过几年的实践，法律学徒社学习和辅导的基础课程有6门课，即《法理学》《宪法学》《民法学》《民事诉讼法学》《刑法学》和《刑事诉讼法学》。

三、基本运作情况：法律学徒社之萌芽、形成

（一）2011年之辅导

基本要求：

2011年，笔者始担任法学院《刑事诉讼法学》《证据法学》等课程的专任教师，同时接受学院指派，带领法学本科生5名，4名女生，1名男生，分别来自四川（2名）、贵州、安徽、海南。另外：2011年为2012级学生讲授《刑事诉讼法学》，在教学过程中偶然提及辅导本科生之事项，即有3名学生（均为四川籍学生，2名女生，1名男生）课后表示欲参加本人辅导的课程，因而在2011年第一学期有8名学生参与辅导，第二学期由于1名

[1] 国民党时期，除了法理学外，其他七门课多被制定成法典成为《六法全书》，可见其重要性，其他课程均是这些课程的直接或间接延伸。

学生转专业到其他学院，1名学生退学，最终有6名学生参与辅导。

（1）阅读四大名著，特别是《水浒传》，要求叙述其中与刑事案件有关的案例。

（2）观看中央电视台（CCTV-1）之王牌法治节目《今日说法》，一周3~5次。

（3）阅读诸如刘星的《西窗法语》、梁治平的《新波斯人信札》等普通法律读物。

（4）每个月，笔者主讲1次，主要围绕《水浒传》中的法律故事展开。

执行情况：

首先，总体来说。对学生提出的要求并未强制执行之措施，仅仅是笔者根据自己的法律、法理、法学之理解而提出学习的法律之基本方法，希望学生据此展开其法学学习之旅。因为大学生年龄已18周岁以上，为成年人，学习应当可以自主，不需要、也不应强制。最初，在我看来，学生应当完成了上述1~3项，但根据笔者在后来的抽查和交流中，8名学生（后来是6名学生）基本上没有进行该3项活动。就第4项而言，笔者每个月以《水浒传》为范本，为学生讲授案例、法理，但由于每个月讲授1次，间隔太长，每学期时间有限（一学期4次，一学年8次），无法讲授整部《水浒》法律故事，仅仅就一些经典案例，如武松杀嫂案例，武松杀张都监一家、鲁达杀郑关西等案件展开了详细分析。

其次，具体学生学习情况。2011级学生从整体上看，他们的学习未达预期。但有些同学比较努力，学习效果超过预期，申言之：

（1）2010 级学生，1 名男生（四川三台人），在笔者讲授《刑事诉讼法学》中自愿跟随。在前述事项中，阅读四大名著、观看《今日说法》完成了近 50%，法律课外读物基本完成（一年大约有 10 本，除了前述几本外，还有林达的《近距离看美国》书系 4 本），每次在讲授《水浒传》法律故事时，均能到场，并积极发言；除此之外，根据其想考研究生（打算报考西南政法大学）和职业规划，笔者建议其集中阅读《行政法与行政诉讼法学》领域的专著，并阅读每门基础课程一本专著（如宪法，让其精读张千帆教授的《宪法学导论》，法理学阅读博登海默的《法理学》），每两周向笔者汇报其读书情况（并根据其读书进度，进一步建议应当继续阅读的书目），经过 3 年努力，其在行政法领域阅读了 20 余本专著和教材，涉及西南政法大学研究生考试（宪法与行政法方向）的基础课程均精读 1 册。相较于其同班同学，他的专业知识、法律思维有非常大的提升。在 2014 年考研中，他以高分考取西南政法大学硕士研究生（宪法与行政法方向）。

（2）2010 级学生，1 名女生（四川邻水人），自愿跟随读书。在前述 4 项要求中，除了每月听笔者讲授 1 次《水浒传》法律故事外，其他 3 项均没有启动。不过，她每周均利用笔者上课课前或者课后时间，主动谈及专业学习情况，笔者根据其学习法律的偏好，建议阅读王泽鉴之著作（但限于《民法总则》《债法原理》《民法物权》《民法概要》4 本），其他课程著作（如博登海默《法理学》、张千帆《宪法学导论》）1 本，以精读方式完成。通过 3 年努力，虽然该学生专业知识并不深厚，特别是相对于法学教育之培养规格而言更是不足，却也在民法、商法方面积累了不少知识，与同级其他同学比较的话，其仍然超出许多。在2014年考研中，考取了西南民族大学硕士研究生（民商法方向）[1]。

（3）2010级学生，另1名女生（四川雅安人）。与第二位学生类似，基本上没有启动前3项活动，第4项活动，即笔者之授课（每月1次《水浒传》法律故事）也缺席不少。该学生之学习可以大致描绘如下：教材之外的专著并无涉猎，指定之书目（如魏德士的《法理学》、张千帆的《西方宪政体系》、王泽鉴的《民法总则》）也浅尝辄止，亦即这些书均已购买，且阅读了几十页，却没有读完一本，更无精读一本；但对教材之阅读很感兴趣，阅读了（其欲以）考研涉及的课程教材[2]，对笔者指定的一门课一本教材（如张千帆的《宪法学导论》、易延友的《刑事诉讼法》）进行精读。进而言之，该生学习专业之范围限于教材框架，而且主要以考研为中心，其掌握的基础知识扎实，但限于6~7门基础课程；在2014年考研中，以高分考取四川大学法学院（宪法与行政法方向）。

（4）2011级学生，1名学生（四川眉山人）。笔者提出的3项要求没有展开任何活动，不过笔者的授课，其经常参加。她的大学生生活，大一时热衷于校园社团活动，大二仅仅热情稍减而已，却也只停留在阅读教材层次，笔者指定阅读书目（主要是前面提及的一些书目）没有阅读一本。在大三下学期、决定考研

---

〔1〕 2014年该学生，报考中山大学民商法方向，以369分的成绩通过初试，但在复试中落榜，进而转到西南民族大学法学院，攻读民商法硕士研究生。

〔2〕 笔者在授课（包括辅导自己本科生的授课）之时，常常将中国大学各法学院之情况作为一种知识顺便提及，以有利于打算考研的学生获取信息、并根据自己的情况（英语水平和专业学习情况）作出判断和选择；当然，笔者收集这些信息也有利于笔者从事的法学教育研究。

时，则集中阅读考研教材（共 6 门课程）。2015 年考研中，以低分考上四川大学法学院研究生（民商法方向）。因此，就其读书而言，读书（主要指涉专著）不多，教材略熟而已。

一些总结：

通过对 2010 级和 2011 级学生的辅导和学习情况的描绘，可以对其作出一些总结。总的来说，虽然学习效果一般，但也有个别突出之处，申言之：

（1）当下学生的学习态度：学生学习的自觉性差、学习积极性不高。我们学校法学专业通常在一本招生，这些大学生的高中知识水平很不错，学习之自觉性也高，但到了大学（法学院）学习法学后，其对专业学习的积极性不高，学习自觉性也差，学习法学的兴趣也弱，基本上不主动联系老师，对法学专业、法律职业的理解和打算也缺乏兴趣[1]，学生安于教师、辅导员对其的安排。而现实却是很少有专业教师对其提供专业咨询和指导，这对于大学专业学习而言是致命的伤害。

（2）笔者 2011 年刚刚博士毕业，对辅导本科生没有经验，对学生的学习状态、四年历程和职业规划缺少关注，对学生之学习自觉性过于自信，进而导致对学生关注不够、引导和强制不够。通过辅导 2011 级学生（包括 2010 级学生），笔者形成一个判断：大学生，特别是大一学生需要一名教师对其作出强有力的引导，令其对专业感兴趣，对专业学习有规划。

（3）学院分配的学生，其主动学习、主动联系笔者的学生少，而自愿跟随笔者学习的学生，其主动学习，主动联系笔者的表现则截然不同，经常主动向笔者报告其学习情况、学习进度，

〔1〕 对其中的问题及其解决方案，笔者拟以专文讨论，在此不叙。

请求指导。通过这一（无意识）对照，笔者认为有如下几点值得观察：

其一，主动学习之学生，通过辅导，特别是高强度的辅导，学生学习专业知识的效果和对专业思维方式的训练有非常好的帮助，没有主动性学习的学生，其往往局限于教材，甚至连教材都不熟悉，法学知识非常匮乏。

其二，虽然在考研（初试）问题上，两者的区别并不明显，但两者在打算考研、考研复习、考研复试等问题上的区别非常明显，后者的优势得到充分体现，根据学生的反馈[1]，这些考上研究生的西南科技大学法学院本科生在其专业、学院的基础知识、专业知识、专业素养非常优秀，得到其老师的认同。

其三，辅导学生学习，需要将真正的专业学习、专业素养的培养等事项（即将其作为法律人培养）与考研究生这一事项做一个仔细权衡，让学生可以更好地安排学习时间、上课时间和闲暇时间等关系，这样既可以让学生深入学习专业、热爱专业，又没有深层次的学习、娱乐冲突之困惑。

（二）2012年之辅导

基本要求：

2012年，接受学院指派，带法学本科生3名，2名女生，1名男性，分别来自四川（2名）、贵州（1名）。另外：2012年为2011级学生讲授《刑事诉讼法学》即有4名学生（1名云南籍学生，1名广西籍学生、1名浙江籍学生，1名四川籍学生）课后欲以参加本人辅导的课程；还有，1名非法学专业的学生（1名四

---

〔1〕 笔者带的本科学生，已经有三级学生在其他高校攻读研究生，其在研一时，经常向笔者汇报其攻读研究生的学生学习、专业等情况，对于理解和审视辅导学生读书与研究生学习的关系提供了良好的素材。

川籍学生，）想转专业到法学专业，并请笔者辅导。因此，2012年第一学期有8名学生参与辅导，而且还持续到本科毕业（2016年6月）。

鉴于积累的辅导经验[1]，笔者修改了基本要求：①重视教材。要求阅读教材，阅读学院、学校通用的教材，以更好地让学生掌握一些法学基础知识，第一学期是张文显教授的《法理学》，同时阅读博登海默的《法理学》[2]；②阅读四大名著，特别是《水浒传》，要求叙述其中与刑事案件有关的案例；阅读诸如刘星的《西窗法语》、梁治平的《新波斯人信札》等普通法律读物；③观看中央电视台（CCTV－1）之王牌法治节目《今日说法》，一周3~5次；④每两周为学生授课1次，不再讲授《水浒传》法律案例（故事），而是以教材为中心对《法理学》作延伸解读，同时要求学生参与具体课程《法理学》的讲读。

执行情况：

首先，总的情况：其一，学生都能完成教材的阅读，与2011级学生比较，其法律知识的水平、法律思维方式有大幅提升；其二，学生观看《今日说法》、阅读四大名著、阅读法律入门读物（如《制度是如何形成的》《法治及其本土资源》等）3项事务，虽然不能高质量完成，但均有涉猎，而且有学生完成较好，《今日说法》可以每周3次，四大名著可以读完，法律入门读物可以

---

〔1〕 2011年辅导6名学生，虽然他们还刚刚大一结束，但同时也在带大四学生的毕业论文（2008级学生，共5名），也让笔者对大四学生及其大学生活有了更深入的了解和把握，进而改变了笔者一些看法和做法，下面的总结会有所体现。

〔2〕 第二学期则有《民法总论》《宪法学》《刑法总论》《中国法制史》，同样指定阅读的教材，同时指定一本经典教材如张千帆的《宪法学导论》、林来梵的《宪法学讲义》；但并未对所有课程，而仅仅要求宪法、民法和刑法；第三学期为《刑事诉讼法学》、第四学期为《民事诉讼法学》；到当下已经形成以六门课为主体的法律学徒社的读书框架（后面有详述）。

达到 10 来本；其三，每两周的辅导课（每两周的周日下午 2 时到 5 时）已制度化，在辅导课上，笔者除了讲授一些课程外，还检查、监督学生的读书情况，还经常让学生讲读诸如《法理学》等法律基础课程。简言之，通过更具体的指导、更多的强制，学生在二三年级更多的努力，其学习状态与 2011 级比较有很大提升。

其次，具体学生学习情况：

（1）2012 级学生，男生（四川安县人）。该生在高中为理科生，进入西南科技大学后也没有在法学院就读，基于对法律的兴趣自愿跟随。基于此，笔者要求其阅读博登海默之《法理学》，同时阅读《近距离看美国》（共 4 册），每两周（周六下午 2 时到 5 时）到办公室以博登海默《法理学》《宪法学讲义》等课程向笔者汇报读书情况，同时笔者得就这些教材或者专著作详细解读，以使该学生理解和掌握具体的法律知识、相关的法律思维、对具体的法律案例有更深入的思考和把握；简单地说，在这次单独实验中，笔者采取了相互讲读的方式提升学生法律专业知识和思维方式。另外，笔者要求学生每天阅读 1 篇英文材料，必须是英文原文（即从英文报纸、杂志等资料上下载，到后来即要求阅读一种英文杂志《经济学人》）。

通过如是辅导，在 3 年的时间里（第 4 年准备考研），该生阅读了如下著作：法理学领域有博登海默的《法理学》、魏德士的《法理学》、波斯纳的《法理学问题》，宪法学领域阅读了林来梵的《宪法学讲义》、张千帆的《宪法学导论》，民法领域有王泽鉴的《民法总则》《民法物权》《债法原理》《民法概要》等著作，刑法有张明楷的《刑法学（第 4 版）》、林山田的《刑法通论》《刑法各论》，民事诉讼领域有张卫平的《刑事诉讼法》，刑事诉讼法有田口守一的《刑事诉讼法》、易延友的《刑事诉讼法》；还有以民商法为中心的各种专著的阅读，到大四时该生大约有近 20 本专著。

总之，通过阅读、通过笔者的讲解，4 年的坚持，该生在提出问题、分析问题、解决问题上已经具备相当的能力，同时也让其在 2014 年开始参与、引导整个团队的读书活动，于 2016 年考取了四川大学硕士研究生（民商法方向）[1]。

（2）2011 级学生，女生（广西籍学生）。该生于大二时加入读书团队，对《今日说法》、四大名著很感兴趣，也阅读了一定的课外读物，其法律知识基础扎实。根据其偏好，笔者建议阅读宪法、行政法方向的专著，并要求其对阅读的专著作详细的读书笔记，每两周向笔者汇报一次，并根据其汇报情况作进一步的（读书）建议。通过 3 年的努力，该生阅读了近 10 本宪法著作和近 20 本的行政法著作，在 2015 年以高分（371）考上中南财经政法大学（宪法与行政法方向）。

（3）2012 级学生，女生（云南籍学生）。该生在大二时，加入笔者的读书团队。根据其偏好，笔者建议其阅读刑事诉讼法领域的专著，在大学 3 年里，除了基础课程外（每门 1 本经典著作，如张千帆的《宪法学导论》），其系统阅读了陈瑞华教授的系列专著（如《刑事诉讼前沿问题》《问题与主义：刑事诉讼基

---

〔1〕 前面已经提及，专业知识的精熟和法律人的思维方式与硕士研究生的考试只有间接关系，虽然笔者期望其考取更好地大学，但其却选择川大（在笔者眼里，笔者辅导的本科生可以分为三类：第一类，英语好、专业精，应当考取中国第一流大学的研究生；第二类，英语可以、专业不错，可以考取川大一类的法学院；第三类，英语差，专业可能好、可能一般、也可能不好的，应当包括我们这样学校的研究生）。

本问题研究》《看得见的正义》等)、张建伟教授的系列专著、易延友教授的系列专著；其在团队中对刑事诉讼法的掌握非常扎实，对专业也非常感兴趣。

很遗憾，其并没有考研的打算[1]，在2016年毕业后，回到云南本地某政府单位工作。

(4) 2012级学生，女生（浙江籍学生）。该生很少参加本团队读书活动，但能够阅读教材，也能在期末考试中获得优异成绩（被誉为班上“学霸”），同时参加了很多学校、学院的社团活动，直到三年级其开始参与本读书团队。通过一年时间，其阅读了与考研有关的著作，如博登海默之《法理学》、张千帆之《宪法学导论》、王泽鉴的《民法总则》等基础课程。但，在大四一年里，其选择保送研究生（最后被南京师范大学法学院录取），因而我建议，其可以和大一学生一起再学习《法理学》，并以《民事诉讼法》为中心阅读专著，在每周3~5篇民事诉讼法学论文，每两周1本民事诉讼、民法等专著的阅读量下，在大四其获得法学知识、法学理论得到显著提升。

(5) 2012级学生，女生（成都双流人）。该生很少参加团队之读书活动，但根据其对法律专业的偏好、兴趣，为其提供建议，即阅读经典教材、并作读书笔记。通过4年努力，其作了3个笔记本（每本有200页，32开纸）的读书笔记；在2015年她

[1] 作为老师而言，笔者的心态是开放的，基本理念是：大学一定要读书，考研是一种选择，请根据自己的读书、阅历和自身的打算作出理性决策，而非跟风（包括其他决策都应当是理性思考后的选择，而非仅仅凭直觉），大学应当培养学生一种德行，并培养一种提出问题、分析问题和解决问题的能力、一种自治的能力；当然，从中国当下社会实际需要（包括对学历的虚高需求），职业要求，笔者希望学生都能攻读研究生，只有有研究生学历，才有更好地职业平台和更宽阔的社会视野。因此，该生选择不考研，从理智上说，职业发展角度看，笔者觉得非常遗憾，但从一名老师角度看，笔者觉得她不考研也是非常好的决定。

准备考研，基础知识已有，加上英语本来不差，在 2016 年考取西南民族大学法学院（民商法方向）研究生。

一些总结：

根据前述，我们可以作出如下总结：学生的学习效果有很大提升，笔者的辅导也投入更多时间和精力，如果与班上其他同学比较，远远超过很多其他同班同学的基本情况，如果以考研计，2012 级学生考研达到 5/8 的成功率，而笔者学院的考研率不足 1/3）。同时，一方面由于个别同学的优异表现，另一方面与更多同学的接触（到 2012 年底，已接触 16 名学生），更是对法学院学生之学习、读书、教师辅导情况之深层问题有更直接、鲜活的把握和审视。基于此，这里的总结则不仅仅是对上述优秀之处的总结，更有其他（特别是作为辅导老师）的一些感悟，具体描绘如下：

（1）辅导之方式没有改变，但辅导强度增加，对学生要求更具体，具体而言：一方面，辅导由 1 个月 1 次，转变为 2 个星期 1 次，师生见面频率增加，学生学习、活动情况理解和审视增多，辅导之强度与 2011 级比较而言有质的不同，因为 2011 级基本上没有任何强制。另一方面，要求学生阅读具体课程的著作如法理学要求其阅读张文显教授的《法理学》教材、博登海默的《法理学》，而非像 2011 级学生，仅仅要求法学入门读物；同时要求学生围绕该学期之专业课程制定学习计划，并时常监督学生学习计划的执行，还根据学习进步修正其学习计划（此后成为定例[1]）。

---

〔1〕 此后，笔者要求笔者所有学生在一学期开学制定这学期的学习计划，并在中期作自我检视，在期末作总结；当然，这也是笔者从工作以来一直坚持的一种学习和工作方式，并获得很好的效果。

（2）不再停留在对法学的外围学习，而是以专业课为中心，并根据自己对某一、某些课程的偏好（如宪法与行政法、民商法[1]）阅读一定数目的专业书。2012级新生一开学即对其提出前述要求，他们对此“言听计从”，大部分可以认真阅读专业教材、经典教材，再加上笔者对专业课程的辅导，其法学、法律职业的兴趣大大增加，也不再有任何学生转专业；因而，学生对法学专业知识的理解、思考和运用，无论是从量上，还是从质上均有大幅提升，个别学生已经掌握一定量的、系统的法律专业知识，如刚才提及的第一位学生（四川安县人的男生），其系统掌握了民商法法律知识（阅读以王泽鉴著作为中心的20余本民商法专著），对法理、宪法、刑法总论有至少3本以上的经典教材、专著的阅读。

（3）从大一的强制学习向大二、大三转变为自主学习。经过2年的《刑事诉讼法学》《证据法学》等课程的教学，从大一到大四学生均有相当之接触，根据笔者的观察和调研[2]，学生主动学习、积极学习的比例不高；在笔者带领的学生读书团队，大一学生也学习不积极，往往是笔者对其提出要求并强制其完成，当其读书到一定程度，其到大二、大三时学习的主动性、积极性得到表现，并主动寻找相关专业书阅读。

（4）辅导本科生学习，需要更多的强制，年级越低，强制应当越多。作为刚刚入门的大学生，在高中阶段非常努力、学习时

---

〔1〕 当然，当学生选择这些课程后，其考研基本上就选择了方向，剩下的则是根据专业反方向，自己的英语水平选择高校。

〔2〕 根据笔者的调研，一个班（假设为100人），最多有10人认真学习，而且大部分都是学习教材，法学学术专著，到大四能够超过5本的基本上没有，法学入门的书籍、其他与法律无关的书籍总共也不到20本。

间多（通常从早上7时到晚上10时），休息、娱乐时间少，再经过6、7、8、9月（9月一般是学校军训）的不学习状态，到10月开始正式行课时，大部分学生均无法进入学习状态，再加上学校、学院各种活动，如果没有对其的强制，学生的学习则处于边缘，只有当对其有强制时，学生慢慢地进入学习状态，对专业的适度引导、特别是能引发其兴趣的入门书籍的辅导，学生们开始学习。

不过需要注意，根据两年的实践，即使有了这些强制，分配的学生中也有各类学生，有的学生进入学习状态（很快从高中思维方式进入大学的学习和生活模式），有的学生则彻底进入玩耍模式，有的学生进入参加各种社团活动模式，因而应当在大一对其启动强制学习模式的基础上，逐渐树立其自主学习的生活、学习方式。

（5）个别的实验很重要。对2011级、2012级学生的辅导还并不是大团队的辅导，而是每一级是一个团队，年级与年级之间并无直接联系，特别是读书活动方面的联系，都是笔者与学生直接接触，甚至是要求学生到办公室的单独接触，因而有机会对其提出单独要求或者说额外要求，比如说要求学生读《近距离看美国》、卡夫曼的《法律哲学》等，还可以要求学生作详细的读书笔记，要求学生向笔者单独讲述经典教材、专著之内容，通过一段时间的观察，当其效果较佳之时，则将其作为下一步指导学生的经验，如2012级四川安县籍学生，笔者要求其将博登海默之《法理学》之内容、理解向笔者单独讲；2012级四川双流籍学生，笔者要求其对张千帆《宪法学导论》等书作详细笔记。这些实践、实验丰富了笔者辅导学生的经验和对其的思考，更丰富了笔者对法律的理解，是一项非常良好的、可以带来创新的辅导。

总而言之，2012年的辅导，既让学生在专业知识、法律职业规划上有相当之进步，更有笔者作为辅导者在辅导经验、学生成长历程（规律）的深入认识，这一关系即为真正的教学相长、相互促进。

（三）2013年之辅导

基本要求：

2013年，学院分配了四名学生，2名男生，2名女生，均为四川籍学生。另外，3名学生自愿跟从（其中2名四川籍学生，1名云南籍学生），因而共有7名学生参加笔者辅导的读书团队，到这时笔者辅导的学生总数达21名。基于既有两年的辅导经验，和对自己的审视，笔者对2013级学生提出了如下要求：

一方面，①完成张文显教授的《法理学》和博登海默的法理学的阅读，并作详细读书笔记、定期汇报读书进展（2周1次）；②阅读林达的《近距离看美国》、冯象的《木腿正义》、《政法笔记》等法学入门读物；③每学期开学即制定读书计划，并交由笔者保管，并根据其计划检查其学习进度。④每周阅读英语材料，3~5篇（每篇至少5~7页A4纸的信息量），有能力的同学应当阅读一些英语著作。

另一方面，对自己提出的要求：①每两周为学生授课一次，以教材为中心对《法理学》作延伸解读，学生亦应参与具体课程《法理学》的讲读；②每周检查学生学习情况，并根据学生学习进度，提出建议或者作出鼓励。

执行情况：

首先，总的情况：由于笔者逐渐强调学习的两方面，专业与英语，因而2013级学生的执行包括两方面：

其一，对《法理学》（博登海默）、《宪法学》（张千帆）、《民法总则》（王泽鉴）、《刑法总论》（林山田）、《刑事诉讼法》（田口守一）、《民事诉讼法》（张卫平）6门基础课程的经典教材均能作详细笔记，而且每学期以其中1门课（如第一学期以博登海默《法理学》）向笔者汇报读书情况，法学入门读物（如冯象的《政法笔记》等）可以达到10余本；

其二，每周学生坚持读3~5篇（通常都是5篇）英语材料，不仅仅要求其读完，还得将材料的信息向团队成员讲述，以让团队成员获得更多的信息量（笔者要求学生要以英文作为获得信息、知识的重要来源）。通过如此训练，学生团队中7名，有3名学生在专业上超额完成任务，2名学生在英语阅读上有显著提升（其中1名学生阅读了两本著作，如Plato的《The Republic of Plato》），其他成员大致可以完成规定任务，即阅读经典教材。

通过三年（正在四年级）的努力，这一团队的学生无论是专业知识，抑或英语水平，与2012级、2011级比较均不可同日而语[1]；而且，7名学生正在准备考研，将于2016年12月参加2017年的硕士研究生初试。

其次，具体学生学习情况：

（1）2013级学生，女生（四川自贡人）。该生年龄最小（16岁进入大学），却是团队中最努力和认真的学生，表现在两方面：其一，英语方面。每天坚持阅读一篇英文材料，一学期后以某一

[1] 2013级学生的表现大大激励了笔者，让笔者对学生读书、自己辅导有了全新认识，进而开始理性思考该读书团队，也因而有了2014年更大的读书团队的成立，即将不同年级学生汇总到一个团队，该团队之运行大致可以总结如下：一年级听，二年级讲，三年级评论（后面会有详细分析）。

主题（如美国大选等重大事件或者某一现象，如非洲猎象现象，或者某一社会问题，艾滋病）展开阅读；在二年级时，笔者建议其阅读柏拉图的《理想国》（全英文版），联邦党人文集（全英文版），一直持续到三年级下学期半期时，才转入到考研英语的学习；其二，从专业角度看，在《法理学》方面，阅读了博登海默的《法理学》、魏德士的《法理学》、考夫曼的《法律哲学》等5本著作，法学入门读物，冯象《政法笔记》等著作阅毕；宪法学领域，则有张千帆的《宪法学导论》、林来梵的《宪法学讲义》、王希的《原则与妥协——美国宪法精神与实践》、《我们人民（3卷本）》，包括英国宪法（2本）、德国宪法1本，民法领域王泽鉴的《民法总则》《民法物权》《债法原理》《民法概要》，刑事诉讼法领域则易延友《刑事诉讼法》、田口守一的《刑事诉讼法》，民事诉讼法为张卫平教授的《民事诉讼法》；在《刑法》领域，则以张明楷教授的著作为中心，读完了其出版的大部分著作，读完林山田的《刑法通论（上、下册）》《刑法各论（上、下册）》同时涉猎日本刑法、德国刑法。

该生通过三年努力，具备了扎实的基础知识，丰富的理论知识（以刑法为中心，对宪法、法理学等课程具有深入的学习），并通过对系列案例的讲读、在团队的系列授课，形成了一个良好的法律思维方式，同时，其能熟练的阅读英语文献，因而在整体上是一个优秀的法科本科生——相对于其同级同学而言更是如此。

（2）2013级学生，男生（四川泸州人）。该生与刚才提及的女生情况差不多，但也有不同，其主要关注法理学领域的知识，因而阅读了不少哲学著作（如罗素的《西方哲学史》），法理学原著（如《政府论》《论法的精神》《纯粹法学》《法律的概念》等），同时阅读了前述的基础课程；在英语方面，积极阅读英语材料，英语水平有很大提升，虽然其阅读没有刚才提及的学生那么系统，也没有阅读英语类著作。其通过阅读、笔记和为团队其他学生的授课的方式（2014 年、2015 年两年）提升了对法学、法律、哲学的认识，而且其非常喜欢写作，到现在已经有 10 余万字的文章和读书笔记，在团队中也属于非常优秀的学生（基础知识扎实、理论知识系统）。

（3）2013 级学生，男生（四川眉山人）。该生在大一就自愿加入团队[1]，除了上述基础课程外（亦即其在基础课程上均达成规定任务，阅读、作笔记，参与活动），根据其对法理学、法制史、中国历史有热情，笔者建议其以法理学、法制史为中心展开阅读；一方面，该生阅读了大量的历史著作（包括外国人撰写的关于中国历史的专著，总阅读数量不下 30 本著作），另一方面对中国法制史、法理学展开深入阅读（总阅读数量不下于 20 本），同时也写作不少文章（和未发表的小说）。但是，其有一个缺陷，即英语水平不高，刚刚达到四级水平，在考研时不能报考更好地大学。

（4）2013 级学生，女生（四川邻水人）。该生对法学、法律不感兴趣，加上家庭条件不好，因而常常缺席团队活动，但其对管理类知识感兴趣。据此，笔者建议其阅读管理类的相关书籍（但并非专业书籍），如《孙悟空是一个好员工》《领导力：如何在组织中成就卓越（第 5 版）》，但也要完成基础课程的经典教材

---

〔1〕 到 2013 年，学生早已听说笔者带领的读书团队，在其一个同学分配到笔者的团队后，即表示要加入笔者的团队，因而在大一时即参加团队所有活动。

的阅读，同时也应当制定学习计划，并注重英语学习，每隔一段时间向笔者汇报一次读书、学习情况。该生通过一年的阅读，具备一定的管理学知识，在法学课程陆续展开的情况下，逐渐对民法、商法、经济法学产生兴趣，进而阅读了王泽鉴的《民法总则》《民法物权》等著作，在阅读法理学、宪法学等基础课程经典教材的基础上，其具备了相当的法律知识，高于2011级学生平均水平（与班上其他同学比较也是超出很多），虽然其在法律知识、法学原理的系统上有很大不足。现正准备考研，根据我的观察，其报考本校，问题不大。

（5）2013级学生，男生（四川绵阳人）。该生在大一时读书并不积极，但能跟住团队读书的脚步，如《法理学》，其大致可以读完博登海默的《法理学》、张文显教授主编的《法理学》；到第二学期，其被团队的书籍阅读量、英语学习情况吓住，没有继续参加团队活动。到二年级下学期，该生打算考研，表达了继续读书的想法，笔者则建议其阅读经典教材［法理学阅读魏德士的《法理学》，宪法阅读张千帆的《宪法学导论》，民法学则阅读梁慧星的《民法总论》，刑法读张明楷的《刑法学（第4版）》］，同时认真准备考研英语。到现在，基本教材的知识比较扎实，正在认真准备考研。

（6）2013级学生，女生（四川人）。该生在大二时进入团队，但其参加活动的频率不高，大三全面融入团队，现正在准备考研[1]，其之所以融入团队很慢，在笔者看来，其在法学院同级中一直保持前几名，属于学霸型学生，自学能力强，需要辅导的需求不高。当其逐渐融入团队之后，她发现其法学基础知识、法学原理等非常薄弱，在其考研理想下，其重新制定学习计划，以阅读经典教材为中心，一定数量专著（不超过 3 本），在考研涉及课程的范围内，其阅读了近 20 本著作，对法学、法律的理解和思考与其仅仅为学霸时不可同日而语，依其本人所述：首先，她感受到了自己的不足（很大的不足），同时也激发了其阅读更多专著的激情（也因此阅读不少专著），更感慨应当早点融入团队，进入读书的状态（原来仅仅掌握知识，考试的知识而已，现在是以知识为基础把握原理，思考问题，进而思考社会法律问题、各类刑事案件）。

（7）2013 级学生，女生（云南人）。该生在高中时为理科生，在大二时进入读书团队，对法制史感兴趣。据此，建议其阅读法制史、法律思想史方面的著作，如张国华教授的《中国法律思想史》、瞿同祖的《中国法律与中国社会》、凯利的《西方法律思想简史》等著作，到 2016 年 6 月，其阅读大约有 20 余本，根据笔者对（刑事诉讼）法制史的理解，笔者希望其关注法制史某一方面，如司法制度、刑事诉讼方面的法制史，进而建议其阅读那思陆的系列著作（如《明代中央司法审判制度》《清代中央司法审判制度》《中国审判制度史》），丰富了其对法制史的理解和

---

〔1〕 该生报考北京大学法学院（诉讼法学方向），虽然难度很高，其表现出坚韧、拼搏的学习态度。根据笔者的了解，北京大学等高校的保送名额很多，大约占据 2/3，剩下 1/3 通过全国硕士研究生统一考试录取，一年大约 30 来名，如果具体到某一专业（如诉讼法学）、某一方向（如民事诉讼）则只有 1~3 名，因而一般高校学生要考取这类高校，不容易。

思考。

一些总结：

这不仅仅是对2013级学生的总结，也是对三年辅导的一种总结，具体描绘如下：

（1）辅导强度不断增强，学生被强制的强度也增强，学生学习的效果随之增强，两者成正比关系。前两年的辅导经验不断提醒我，学生的自觉性不仅仅是不够，而且是很差，需要我们以（软）强制手段令其迅速进入到法学的专著学习上来，令其了解和熟悉大学本科学生学习的历程，熟悉法律职业这个行业，在这些知识的辅导下，引导其制定专业、英语的学习计划，尽可能让其少走弯路；经过2013级的实践，这一方式的效果显著，7名学生的基础知识、法学理论比前两级的确有较大进步。

（2）我们学生的素质很不错，但高校生活的既有习惯、传统不利于其系统学习专业、学习英语，也无法真正成为一名掌握有（法律）理论知识的职业人士，即使其认真、努力也仅仅是一种肤浅的学习，而非对知识的深度学习，也无法胜任法律实务。因而，在大一时，我们应当引导学生进入一种新的学习习惯、思考习惯和展开对职业规划的学习（具体操作有：要求其制定学习计划、系统学习理论，并用法学分析案例，进而言之，该辅导既有理论、也有练习，还有实践案例[1]），以真正接触法律职业世界，进而激发学生学习的内在动力。进而，将可能成才的学生，通过一些辅导可以达致令更多学生成才的目的，不能浪费了他们的智商和既有的中学努力。

---

〔1〕 对此，笔者有详细分析，请参见蒋志如：《试论法学教育教师中应当教授的基本内容》，载《河北法学》2017年第2期。

（3）因材施教是一个好方法。通过对 2013 级学生的具体、长期接触，根据他们的性格、倾向，给出不同的学习建议、制定不同的学习计划。这些学生通过个别化建议形成了不同专业特点，有的同学对刑法有深入认识，有的学生对民商法有系统学习，有的学生感受了诉讼法的内在魅力；进而也让笔者对法学本科的具体课程、课程之相互关系有了新的认识：大学本科大约学习 50 门课程，但并不是每一门都很重要，国家规定了 16 门法学核心课程[1]，而且即使是 16 门核心课程也无法每 1 门课均能深入学习，只能学习其中 7～8 门课，即《法理学》《宪法》《行政法与行政诉讼法》《刑法》《刑事诉讼法》《民法》《民事诉讼法》，最后更发现，即使这些课程也不可能全面深入学习，只能以其中一门、两门课为中心深入学习（每门 15～20 本以上），并对其他课程启动基础学习（1 门阅读，学习 1 本经典教材，2～3 本专著），正如上面所描绘的四川自贡籍学生的学习情况。

（4）审视该辅导方式的内在缺陷：首先，这种辅导方式极耗时间，需要教师花费很多时间去思考、审视学生和调整自己的行为方式，虽然该活动也为笔者带来诸多（思考和写作的）灵感；这一辅导方式也需要教师具备法学多门课知识，它要求辅导老师熟悉、精通基础课程的经典教材和主要专著。其次，需要对学生极具耐心。通过三年的辅导（总学生数达 20 余人），学生的主动学习态度差，对生活和未来没有任何规划，当一天和尚撞一天钟，敲一下都可能不动一下，因而教师的努力与学生的回应不同步，教师需要更多耐心、更多强制。最后，读书团队还比较松

〔1〕 具体有：《法理学》《中国法制史》《宪法》《行政法与行政诉讼法》《刑法》《刑事诉讼法》《民法》《知识产权法》《商法》《经济法》《民事诉讼法》《环境法与资源保护法》《劳动法与社会保障法》《国际法》《国际私法》《国际经济法》。

散，主要是一个年级、一个年级的辅导，在2013年时，同时辅导三个年级，觉得有些吃不消，需要改变带团队的方式；而且学生团队之间的相互关联少，需要提升他们之间的互动，进而提升团队活动、减少笔者需要花费的时间。

通过三年的辅导，笔者从辅导中感受到了辅导学生专业学习和英语学习带来的良好效果，也为笔者带来诸多活力。其也花费很多时间、更多精力以辅导学生，审视学生和自己。通过审视之，笔者打算在2014年修正辅导方式和提升读书团队的活动，具体描绘请看下一部分的描绘。

四、基市运作情况：法律学徒社的初步运行

2014年、2015年之辅导：基本要求：

2014年学院分配3名学生到笔者名下，但其中1名（河北籍学生）请病假（第二学期才到校），还有1名学生擅长文艺，对法学不感兴趣，只有新生见面时交谈过，因而在2014—2015年度中，第一学期只有1名学生，第二学期只有2名学生；另外，有4名自愿跟随的学生（分别为四川、河南、山西人），因而这一级学生共有6名学生。2015年学院分配12名学生到笔者名下[1]，因而这两年共有18名学生，同时有一名研究生加入，则有19名学生参加团队活动，加上大三的学生则有26名（大四学生准备考研，并未参加团队活动）。简而言之，到2015年时，团队成员共26名。

因此，笔者修正辅导方案：

---

〔1〕 学院鉴于笔者带学生的显著效果，在分配学生时，则单独为笔者分配更多学生，因而有12个学生，现在已经大二，从事后来看，人数多了点。

①2014 年 10 月初步成立读书团队由大三（1 名）、大二（3 名）、大一（5 名）同学组成的跨年级读书团队，每两周见面（均在周日下午 2 时到 6 时）；2015 年 10 月正式将读书团队（及其活动）以法律学徒社的名义展开，读书团队则是《法律学徒社》，要求所有学生均参与团队辅导，而不再一个年级一个年级辅导，每两周在法学院 508 办公室开展读书活动。②由高年级学生主讲博登海默《法理学》（由曾震、陈一凡主讲、贾云静也参与），第二学期主讲张千帆《宪法学导论》（由刘利主讲）、《刑法学总论》（由刘利主讲）、《民法学》（由李阳主讲）等课程，笔者作具体点评和最后点评，以提升他们对法律知识、法律职业、社会热点的理解和思考；③每周（电话）检查学生学习情况，并根据学生学习进度，提出建议或者作出鼓励；每两周在读书活动见面时，检查学生读书情况和英语学习情况，作总体的下一步规划。

基于此，笔者对学生提出如下要求：

①以第一学期为例，应当完成张文显教授的《法理学》和博登海默的法理学〔1〕两本著作的阅读，并作详细读书笔记、定期到法学院办公室（508）汇报读书进展（两周一次）；②阅读林达的《近距离看美国（1~4）》法学入门读物〔2〕；③每学期开学即制定读书计划，并交由笔者保管，并根据其计划检查其学习进

〔1〕 第二学期以《宪法》为中心，以张千帆《宪法学导论》、林来梵《宪法学讲义》为基础读物（对此感兴趣的同学第三学期阅读美国宪法、第四学期阅读英国宪法，之后不再要求）；第三学期以《刑事诉讼法》《刑法》为中心，第四学期以《民法》《民诉》为中心。

〔2〕 此为第一学期，第二学期，则要求读刘瑜《民主的细节》，冯象之《政法笔记》等入门读物；第三学期读读苏力的《法治及其本土资源》《制度是如何形成的》等著作；之后，不再作要求。

度，均在读书会上汇报；④每周阅读英语材料，3~5篇（每篇至少5~7页A4纸的信息量），有能力的同学应当阅读一些英语著作。

执行情况：

首先，团队之运行：

从读书团队角度看，每两周（从第一周开始）开展一次读书活动，每次读书活动有近20人参加。每一次的读书活动大致依下列顺序展开，简单描绘如下：

第一学期：①第一个环节，检查作业，读书进步，英语学习情况，让表现优秀的同学汇报其读书情况，以作榜样（大约0.5小时）；②第二个环节学生主讲，具体操作：大三或者大二学生以博登海默的《法理学》为中心讲读，以三章或者六章为阅读量引导大一学生理解、思考法理学（大约1小时）；随后，学生点评，让其他大二、大三同学谈自己对具体内容的理解和思考（大约半小时）；③第三个环节自己点评，并对法理学中问题展开讲述（大约1小时）。

第二学期：①第一环节不变；②第二环节，高年级学生主讲《宪法学》以引导一年级学生学习宪法课，随后其他学生点评；③第三个环节自己点评，并对宪法学中问题展开讲述；④增加一个环节，即第四个环节，一名高年级学生再次主讲《法理学》或者《刑法总论》或者《民法学》，随后让其他同学点评，最后我再点评、总结。以此，引导一年级、二年级学生学习、思考更多部门法知识，进而形成完整的法律知识体系，

简而言之，这一运行模式可以概括为：三年级学生讲[1]，

---

〔1〕 但不限于三年级，二年级学生也常常参与主讲。

二年级学生点评[1]，一年级学生听。

团队活动运行效果：

通过如是制度化的运行，法律学徒社的读书活动在两年时间里，取得如下效果：

（1）法律学徒社保持了高人气，有众多学生参与，一直保持在 20 人左右，经常有其他学生旁听，随之成为团队成员，因为通过该活动：学生之间的读书交流增加了，团队中的读书成员对读书越来越有兴趣，阅读更多书籍，因而他们也找到更多的与法律相关的讨论话题；并且，在此过程中，学生之间有相互竞争之心，当一名成员读书很快，进步很大时，其他同学则有追赶之心，团队则成为了重要的积聚读书人气的场所。

（2）博登海默的《法理学》通过第一学期的讲授和阅读，团队成员均对法理学有更深的理解和思考，不再像原来对法理学只有零碎的知识点，没有一以贯之的对法、权利、法治等的感悟和理解。申言之，通过阅读、讲读、点评同一门课程（如《法理学》）等形式，有如下效果对于一年级学生而言，可以更好地学习博登海默《法理学》，二年级、三年级可以温故而知新。同理，第二学期对《宪法》《刑法总论》等课程也达到了同样的效果。

（3）所有同学均能在团队中扎实掌握基础课程（6 门课，即法理学、宪法学、民法学、刑法学、刑事诉讼法学和民事诉讼法学）的法律知识、理论知识，并对某 1（2）门课程有深入的学习和思考，并逐渐形成提出问题，分析问题和解决问题的能力，

---

[1] 点评不限于二年级，二年级、三年级学生均可参与，其实也有一年级（一般在第二学期）参与点评。

如果根据何美欢教授提出的标准（阅读能力、表达能力和写作能力[1]），这些学生的阅读能力具备，表达能力得到一定锻炼，写作能力也有提高。与原来（2011年以来的三级学生）比较，他们在各方面均有很大提高；对后两种能力来说，在前三年也没有得到注意和重视，现在得到一定程度的重视，至少在笔者心目中占据越来越重要的地位——这一点，在将来的辅导中会增强。

简而言之，通过法律学徒社连年的读书活动，笔者辅导的读书活动正式走向规模化、制度化，其效果也非常显著，具体而言，阅读能力急剧提升，表达能力得到一定程度展示，写作能力有所反映（即笔者开始关注他们的写作能力）。

其次，具体学生学习情况：

虽然团队辅导很有效果，但笔者并未放弃个别辅导方式，因而有些同学仍然表现出优异之处。在这里，笔者仅就2014级、2015级中的优秀学生展开叙述[2]，请看下面的具体描绘：

（1）2014级学生，女生（山西人）。该生自愿跟从团队读书，英语基础好（英语四级达600多分，英语六级达540多分），同时在我的《刑事诉讼法学》课程表现良好，并根据其交给笔者的《读书报告》的叙述，笔者建议其在两方面努力：其一，阅读英语杂志《经济学人》，每天1篇，一周5~6篇，特别要关注《经济学人》对中国的报道；其二，在阅读基础课程的基础上（每门课程1~2本经典教材或专著），侧重于刑事诉讼法的学习。

---

〔1〕 对此，请参见何美欢：《论当代中国的普通法教育》，中国政法大学出版社2005年版；对此的进一步分析，请参见蒋志如：《评〈论当代中国的普通法教育〉》，载《清华法学》2010年第5期。

〔2〕 其实，其他学生（即20015年时为三年级学生、在2014年为三年级学生的四年级学生）的优秀，在本文的前面部分已有叙述。

要求其每周找半个小时（或者当面汇报，或者将其学习情况录音）向笔者汇报其读书、学习的进度。

通过两年多的努力，首先在英语方面，该学生阅读了最近三年《经济学人》关于中国的报道，和相关主题报道，同时阅读了柏拉图的《理想国》，并背诵其中精彩篇章（阅读量相当于7~10本200余页的著作）；通过两年的阅读和向笔者汇报，笔者认为其英语阅读能力，通过英语获得信息、分析问题的能力急剧提升。

在专业上，该生阅读了博登海默《法理学》、魏德士《法理学》、高其才《法理学》等经典教材和波斯纳的专著《法理学问题》，宪法阅读了张千帆的《宪法学导论》、林来梵的《宪法学讲义》、张明楷的《刑法学（第4版）》、王泽鉴的《民法总则》、《民法概要》〔1〕；第二学期还常常与另一名高年级学生合讲《宪法学导论》。就其爱好专业课而言，其在刑事诉讼法领域阅读了田口守一的《刑事诉讼法》、易延友的《刑事诉讼法》，并且阅读了张建伟的《刑事诉讼法》《证据法讲义》，王兆鹏的《刑事诉讼法讲义》《美国刑事诉讼法》等著作，到目前为止阅读刑事诉讼法、证据法专著已达15本以上，并且从2015年9月开始，每周阅读3~5篇刑事诉讼论文。

总之，该生是当下团队中学习非常优秀的学生，其阅读能力和表达能力得到充分展示，其英语能力和专业能力也得到相当发展；唯一遗憾的是，其写作能力没有得到训练〔2〕。

---

〔1〕 基础课程，笔者从2014年起不要求学生读书3本以上（一般要求2本，如宪法学则要求读张千帆的《宪法学导论》、林来梵的《宪法学讲义》），但要求其精读，反复读（以温故而知新），进而掌握该门课程的基础知识和理念、精髓。

〔2〕 这与笔者在2015年底才意识到该问题有很大关系。

（2）2014级学生，女生（河南人）。该生从2014年到校即自愿加入该团队，其英语基础很好，根据其向笔者提交的书面报告《读书报告》，笔者也建议其在刑事诉讼法领域集中读书。笔者对其的要求与刚才那位学生大致相同，但其喜欢写作，进而要求其每两周写些短文交给笔者看。

通过两年有余的努力，其在以下方面取得相当进展：

其一，英语方面。按照要求能够每周3~5篇英文原文材料（每篇A4纸5~7页）[1]，阅读英文版的《联邦党人文集》《古希腊神话》2部著作，到后来，其在笔者的建议下，背诵了相关经典英文资料（其量可以达到半本著作）。在笔者看来，希望其通过英语获得更多信息、更多资料，学会基本的收集信息、分析信息和解决问题的能力，该生不仅仅提升了英语水平，更有更多的获得知识、信息来源的途径。

其二，专业领域，分为两方面：一方面，专业基础课程，其与山西籍学生差不多，前述经典、教材均认真阅读（有的阅读很多次，如《宪法学导论》到目前为止已阅读7次），并对博登海默《法理学》之实证法学派、历史法学派作主题发言。另一方面，就其偏好而言，该生阅读了经典教材有田口守一的《刑事诉讼法》、易延友《刑事诉讼法》（第4版）、王兆鹏《刑事诉讼法讲义》，专著有王兆鹏的《美国刑事诉讼法》、汪海燕的《刑事诉讼模式的演进》、易延友的《中国刑诉与中国社会》《沉默的自由》《证据法的体系与精神》、陈瑞华的《刑事诉讼前沿问题研究》《刑事诉讼中的问题与主义》《量刑程序研究》、张建伟的

[1] 主要以CNN、纽约时报、华盛顿邮报等英语新闻为阅读范围，有时间关注一些主题，比如说中共十八大，司法改革等。

《司法竞技主义：美国诉讼传统与中国庭审方式》等著作；从2015年9月起，每周阅读3~5篇涉及刑事诉讼领域的法学论文。

另外，该生在过去两年里，撰写短文、文章达10余万字（基本上每2周1篇，每篇1000余字，其中有两篇10 000余字），虽然距离成篇的文章还有一定差距，却也锻炼了其思考、审视问题的能力。

总而言之，该生在专业学习上非常努力，而且收获很大，不仅仅具备阅读能力，更具备表达能力，还有不错的写作能力，在法律学徒社的读书团队中属于佼佼者。

（3）2014级学生，男生（云南人）。该生是学院分配的学生之一，其英语基础差，但在专业上很有兴趣，因而笔者对其提出一些建议：其一，每天应当花2~3小时学习英语，并强调，“你的英语有多好，你的专业才能飞多高”；其二，专业课，期望其以刑事诉讼法为中心展开阅读。

通过两年的努力，该学生的阅读远远超出笔者的期望，具体来说：首先，课外书。阅读林达的《近距离看美国》等著作全套；其次，专业基础课，阅读博登海默《法理学》、魏德士《法理学》、考夫曼的《法律哲学》、凯利的《西方法律思想简史》等法理学著作，宪法阅读了张千帆的《宪法学导论》、林来梵的《宪法学讲义》、王希的《原则与妥协——美国宪法的精神与实践》、阿克曼的《我们人民》（3卷本）。有两门有偏好的课程，民法，其在一年里阅读了王泽鉴主要的在大陆出版的著作（共计达10余本）、梁慧星《民法总论》等；阅读刑事诉讼法领域的著作有田口守一的《刑事诉讼法》、易延友《刑事诉讼法（第4版）》、陈瑞华的所有著作（共计20余本）。

简言之，该生在两年半中阅读法学著作有50余本，在团队学生中，其专业知识、法学理论最好，虽然其表达能力和写作能力需要进一步发展，英语水平也需要提升。

（4）2015级学生：由于2015级学生在团队还只有一年的时间，其效应并没有得到充分表现，只能作总体上评价：总的来说，在英语方面，2015级学生的英语水平都很好，在第一学期就有80%的学生通过4级，第二学期有50%的学生通过六级，在一年里，其阅读了一些英文材料，但与2014级、2013级比较，在整体上完成并不好，当然在英文著作方面却普遍阅读小说一部。在专业方面，这些学生均阅读了法学入门书籍《近距离看美国》（4卷本），其也对《法理学》《宪法学》《民法学》《刑法学》4门基础课程均认真阅读，而且开始形成一些自己的偏好，有些同学喜欢民商法，有的同学喜欢刑法，有的同学喜欢宪法，并以此为中心在这学期展开深层次阅读——可以说，这是一个良好的开始。

一些总结：

通过第二阶段两年的辅导，辅导方式有很大的变化，辅导内容也逐渐定型，法律学徒社读书活动逐渐制度化，形成了法学院学习的一道亮丽风景，在辅导中，笔者已有一些新的体会，简单总结如下：

（1）制度化的辅导（或者辅导团队化）是提升读书团队水平的重要方法。客观的说，当下中国（法学院）学生缺少辅导、特别是专业的、持续性的辅导，至少在笔者的见识范围内还没有一种制度化的辅导学生方式，进而学生在进入大学后，无所适从，无法安排学生生活，也没有能力选择参加哪些学校的社团活动，更没有制定职业规划、计划的可能。因而，学生的学习有些“三天打鱼两天晒网”的样子，即使认真学习的“学霸”，也是熟悉熟悉课本，但基础知识并不扎实，理论体系无从形成，更不要说以之分析问题和解决问题能力的形成。

通过前述第一阶段（2001—2013 三个年级）、第二阶段（2014—2015）的实验，我们可以发现：一方面，作为个体的学生，通过努力所学到的法律知识、法律技能与其他同级同学比较的话，的确产生了天壤之别的效果，即使从考研的角度看，团队之内学生考研的成功率远远超出没有辅导的学生；另一方面，如果是一种制度化的辅导，团队的学习和能力水平有极大提高，其他人、团队无法比拟，因为该团队不仅仅教师与学生之间的互动频繁、学生之间的互动也相当频繁，形成了良好的团队读书氛围，原来是一个人在读书，现在是一群志同道合的人在读书。

（2）个别辅导非常重要。法律学徒社读书团队源自对学生的个别辅导，而非一开始即是团队运作，因而个别辅导成为笔者辅导学生的基本方式。5 年的辅导经验告诉笔者，每年学生中均有 1~2 个学生非常优秀，值得单独辅导。当然，不可否认，单独辅导的学生在最后发现，其可能并非如原来预期，但这并不重要。因为笔者仅仅希望通过单独辅导将自己的法学知识、法学理论、法律人的思维方式以学徒制的方式展示在学生面前，如果学生可造即能获得宽阔的视野、广博的知识，进而有机会登堂入室；即使不可造，其也能按部就班，成为一名合格、甚至不错的法律人。根据笔者的经验，笔者坚信：有 5 年的学生积累（1 年，1~2 名学生），以此展望，如果再有持续的积累，这些接受了单独辅导的学生，在将来会成为法律学徒社学习、实务和科研可靠的后备军。

笔者将坚持这一辅导方式。

（3）通过辅导，笔者发现：通过系统学习，学生的知识水平、理论水平和解决问题的能力得到显著提升。根据现代职业化的基本要求，学生应当接受系统的、严格的训练，而非简单地记忆知识点、应付考试，获得法学学士学位，而当下中国法学教育却流行于后一种，我们的老师也乐于配合，进而形成双输[1]。当学生在大一通过一定强制时，他们能够迅速进入到专业学习状态，当其积累到一定量，其学习专业之兴趣增加、辅之以更多的引导，强制状态消失，自觉自愿地参加团队读书活动，进而具备阅读、表达和写作的能力——当然不可否认，当下学生之写作能力还没有得到充分挖掘，表现还不好。

（4）仍然有学生不愿意学习或者不适应这一学习方式。这一辅导模式对学生学习要求很高，虽然最终受益很大，却要求学生付出大量的时间、诸多的精力，在当下的社会氛围下，这对学生来说是一个巨大的考验。因而，在法律学徒社读书活动中，即使是学院分配到笔者主持的团队，也有一些学生不积极学习，待到大三清醒时，再参加读书团队，则只能接受最低程度的学习了（即只能根据其考研意向，阅读经典教材，而无法阅读系列法学专著），其错过了法学教育中美好的事物。

总而言之，通过2014级、2015级的辅导，我们的辅导方式在升级，学生的学习情况也有相当的提升，但既有的个别化指导也是重要的辅导方式，不可偏废。但该辅导方式也有严重缺陷，

---

[1] 对此请参见蒋志如：《中国法学教育的双输?!》，载《厦门大学法律评论》2010年第00期。

也需要辅导老师付出大量的时间和精力，虽然不再是三个年级单独辅导，却也要求教师思考团队读书的书目、讨论主题、留心团队成员的学习动向、团队存在的问题等深层次问题，因为其不仅仅是一个团队的读书问题，更是一个思考团队发展的问题。

五、辅导经验中的审视：法律学徒社中的权力关系

（一）权力关系的确立

中国大学教育（包括法学教育），教师与学生之间处于一种松散式的教、学关系。他们的联系主要是课堂，私下联系非常少，即使与教师联系的学生有，也非常少，他们与辅导员、学办（管理学生办公室）、教办（管理学生教学办公室）等行政部门联系更多，因而教师不认识、不了解学生的情况非常普遍[1]，因为大部分教师在四年的教学中，往往只有一门课，而且课时也不多，一周与学生在课堂上见面一次，教师无从知道、了解学生，学生在大学四年也往往只记得部分教师而已。

（西南科技大学）学校、学院作出的制度性安排，即本科生导师制度一定程度上改变了上述松散的师生关系：通过将新生分配到教师的方式，学生与教师均有一定“归属”，进而教师与学生有动力在课堂之外建立一些“私人”联系，以辅导、引导学生更好地学习专业，走向职业或者考研，因而影响学生的人生。因此，新的师生之间的权力关系得以确立或者说师生的新关系得以确立，申言之：当一名学生到大学学习时，其一无所知，而学校、学院则是专业知识、法律职业信息的掌握者，学校、学院对学生的引导方式和程度决定着学生的努力程度和努力方式，也影

〔1〕 当然，这不是一件坏事，虽然不能说是一件好事。

响着学生未来的职业选择；根据福柯的理论（掌握知识、信息者即权力关系的支配者），在学校、师生这个场域，教师是师生关系的权力掌握者，学生是受支配者，被引导者，教师虽不能完全决定学生未来的人生和命运，却在相当程度上影响着学生的未来。

笔者从 2011 年起到现在已经 5 年有余，在辅导学生中也建立了一种权力关系，其不再是一种松散式的课堂师生关系，也超越了刚才提及的师生权力关系，进而建立了一种密切的、有互动的权力关系，亦即从简单地读书活动，发展为以法律学徒社为平台的读书活动：

第一阶段：简单引导阶段。与大多数本科生导师一样，对学生的辅导起着最初步的辅助作用，主要有以下几项事项：①开出（专业书目）读书书单，但学生是否阅读并不关心或者说无法关心；②根据既有经验，告诉学生在大学应当做哪些事，不能做哪些事，以免学生在大学中虚度光阴；③对学生的考研提供建议和一些具体的帮助。这一师生关系比课堂上的师生关系更密切，但这一关系往往是单方面的，教师是信息的掌握者，并根据情况向学生发布信息，但并非强制性的，因而当遭遇学生的“白板”状态时，学生并无能力体悟和感受到良好建议的有用性，学生并无向教师提供有用信息的可能，进而导致师生关系在四年里趋向“衰落”。同时需要指出的是，这一师生权力关系，对于教师而言却是最省力的，只需要教师召集学生或者遇到学生时，将自己的观点、思考和经验单方灌输到学生即可，而是否有效及其有效的程度并不成为教师关注的内容。笔者的第一年辅导大致处于这一阶段。

第二阶段：强制阶段。众所周知，中国的中学教育不是素质教育，而是围绕高考转的应试教育，学生在考试科目下通过题海战术获得好成绩，教师通过填鸭式的方式展开教学，学生通常被动接受学习。但是，到了大学，大部分学习的动力和中学以来的各种约束消失了，学生犹如被置于荒野之中，强制也应当成为大学学习的重要组成部分；在笔者的辅导中，第二、第三年，对学生的强制，从无到有，从少到多，因而与学生的联系也更多了，进而建立了更密切的辅导关系，申言之：①要求学生阅读指定书目；②监督指定书目的阅读情况；③介绍法律职业的当下现状，和从事法律职业需要具备的法律知识和法律技能；④介绍学生（欲以）考研学校的情况，评估学生为考研需要努力和准备的条件。这一密切的师生关系，虽然也是单方面的，却也要求教师付出更多时间关注专业、关注职业和审视具体学生的需求，进而要求教师花费时间了解、理解和琢磨法学专业、法律职业的基本需求，以为学生提供更优的辅导。学生通过这一强制性的辅导，与教师的互动也更加频繁，其为教师审视学生学习问题、法学教育的深层问题提供了丰富的经验，虽然这一反馈是被动的，而非与学生交流和探讨的结果。

第三阶段，强制为主，互动为辅的阶段。通过辅导，学生的潜力值得进一步挖掘，但也需要修正辅导方式，建立更密切的师生关系，也即加强对学生强制的同时，努力将学生学习的主动性、积极性发挥出来，也为教师思考、审视相关问题提供灵感，申言之：①学生阅读指定书目；②监督学生阅读指定书目之情况，此为强制学生之模式；③要求学生根据主题、章节内容作主题发言，其他同学点评，进而学生有互动、产生思想碰撞的火花，教师在辅导中也受益；④通过审视学生选择考研、准备考研的情况审视中国当下法学教育（及其在可能容许的空间内提升学生的受教育水平、选择能力等），师生、学生间互动模式得到确立。

这一密切的师生（权力）关系，师生间的互动频繁，不仅仅有学生之间的互动，更有教师与学生之间的互动，而且是积极地、主动地互动，师生均能从法律学徒社中获得收益，进而相互依存性提高。

总而言之，通过努力，法律学徒社已经发展成为一个团队所有成员均能通过读书活动受益的活动团体，也确立一种互动频繁的师生（权力）关系，虽然其质量还需要进一步提升。

（二）权力关系的辐射范围

首先，辐射学生的范围。法律学徒社作为一个读书团队，如果人数太少、学生互动太少，团队活力将会受损，也无法吸引更多学生，学生基础太差（特别是英语基础差），笔者的要求则无从实现，强制学生也只能是无的放矢。进而言之，本读书团队它首先需要学生具备相当之基础，英语基础和学习、阅读习惯不错，在此基础上的辅导方可事半功倍。据此，该团队的读书活动辐射学生的范围主要是积极学习的学生、英语基础好的学生。

以此，分析法律学徒社中学生成员的情况。当下法律学徒社中的学生，有两方面的来源：①学院分配的学生；②自愿跟随的学生。对于前者，笔者只能被动接受，当遇到学习习惯好的学生，其专业学习能力显著提升，英语水平大幅提高，但也有相当一部分学生无法进入学习状态，甚至拒绝参加团队读书活动，待到其想学时（一般是大二下学期，打算考研时），则只能达到初浅的学习状态，距离法学教育的要求、法律职业的需求相当遥远；对于后者，情况迥异，后者在学习积极性上、在专业和英语基础上均比较优质，进而在辅导中能够迅速进入角色，并成为团队中的骨干，不仅仅提升自己，也影响他人。

简而言之，通过分析团队成员的组成，我们能够明白一件事，即要真正达到法律职业要求的法律知识和法律技能，应当对学生提出严格要求。但这一辅导、引导的有效辐射范围是积极学习的学生；虽然分配学生中不努力的学生在三年的辅导中也有进步，但相对于辅导之目的、法律职业的要求却没有真正成为辐射对象。

其次，辐射效果之决定者。在师生权力关系中，在法律学徒社中，辅导活动辐射之范围主要是有一定基础且能（或者说欲以）积极学习的学生。但是，在这一权力关系中，即使有学生之积极学习，但其效果如何仍然取决了教师之能力和水平，取决于教师对法学教育要求和法律职业需求之思考和判断，申言之：

在大学的法学教育中，读书活动辅导中，学生为一张白纸，而学校既有组织和机构又没有提供相应的服务和咨询，师兄师姐的经验与总结也支离破碎，甚至完全错误；辅导老师，根据当下高校对教师的基本要求（一般要求法学博士学位）[1]，经历了法学本科教育、硕士教育和博士教育，清楚法学教育的基本规律，掌握了丰富的信息，如果稍作审视，即可作出比较正确的判断和建议；另外，其丰富的教育经历和工作经历使之对法律职业（及

〔1〕 对此的详细分析，请参见蒋志如：《试论法学教育对法科教师的的基本要求》，载《中国法学教育研究》2013 年第 4 期。

其发展前景）也有良好的判断[1]。

因此，辅导教师掌握着专业知识、对法学教育的基本规律、法律职业的需求和未来发展方向大部分信息，是师生权力关系中（辅导学生事项中）的决定者、主导者，而非简单的引导者，因为学生在该关系中无凭可倚、甚至没有意识到有这一（权力）关系，而且即使学习努力者也不可能意识到、并主动积极向其靠拢并以此提升自己以在接受教育中、在职业规划中游刃有余。

最后，（师生）权力关系的“扭曲”。在五年有余的辅导中，笔者认为主要有两方面的因素导致了这一权力关系的“扭曲”，具体描绘如下：

其一，学生的“懒惰”。最初笔者对学校、学院学生持积极态度，但几年教学下来，发现学生没有学习计划，也没有职业规划，无论是学习上，还是思想上，均表现出“懒”的状态。正因为此，笔者想通过自己的努力，以学院分配学生为载体，改变这一现状。当经过五年的（法律学徒社）辅导，在辅导的学生中，前述“懒”改观不少，但在独立思考方面、在人生规划方面仍然呈现出“懒惰”的状态——这将是未来法律学徒社予以重点注意的事项和需要解决的课题。

其二，监督严重缺失。正如前述，在师生（权力）关系中，他们处于极不平等的地位，前者是给予者，后者是接受者，而且还无法对后者监督，其他主体也没有机会、更没有动力去监督，因为这属于教学之外之事，不属于正规教学之事项。因而，辅导

---

〔1〕 当然，根据中国当下现状，（法学院）教师对法学教育缺少深刻审视，对法律职业（很多教师从学校到学校，从来没有从事法律实务）缺少思考，因而没有能力为学生提供比较专业的建议和辅导；在笔者看来，就其原因，主要在于很多教师不愿意审视之，也没有动力去审视。

者（教师）在没有内在动力（即在辅导中学生无法为其提供灵感）、没有其他因素的激励，其容易成为一名怠于行使权力的辅导者；这一（师生）权力关系则容易滑向松散式师生（权力）关系。

总而言之，（法律学徒社中的）辅导活动一方面优点诸般，另一方面其深层缺陷也不容小觑。对于其缺陷、不足，需要在将来的辅导中继续观察，并在其他条件的辅助下，逐渐克服某些缺陷，以提升读书活动的质量。

六、结语：展望未来

笔者辅导的读书活动，带领的法律学徒社读书活动，从 2011 年到现在已经五年有余，其间取得很多意料之中的成绩（诸多学生考取研究生），也有很多意外之喜（学生的法律知识和法律技能得到丰富和提升），笔者也从辅导中丰富了对法学教育的理解和思考，改变了我的教学方式和辅导方式。在辅导中，我更发现了辅导活动的若干缺陷，也发现了学生的一些瑕疵，也感受到了其他辅助条件支持对辅导活动的重要作用。

因而，笔者认为，提升法律学徒社（及其读书活动）质量或者扩张其影响，并将其作为学院、学校教育改革的一个试验田或者说作为学校、学院教育的有益补充，需要注意以下事项：

首先，展开与其他教师的合作。在五年的辅导中，笔者感受到一个人的辅导需要花费很多时间和精力，如果有其他教师的参与，笔者相信团队活动会更有活力，一方面，专业教师更多参与，相关课程的引导和讨论可以更深入；另一方面，学生也可以获得更专业的辅导。如是的话，在法律学徒社中，不仅仅学生被组织起来了，辅导教师也应当有组织行动，让教师之信息（前述的可以用于指导学生的信息）得到优化组合，以提升辅导团队的整体实力。其实，这一工作，笔者已启动，在2015年，笔者经常邀请范晓梅老师（其为海归博士）参加，就英语学习、专业学习发表意见，更是在2016年请其管理和监督该团队之读书活动[1]；还有邀请法院法官参加本团队之活动，学生可以更早接触法律职业、司法实务，知晓法科学生应具备之法律知识和法律技能。

其次，学院对分配学生的支持。在读书团队（法律学徒社）草创阶段、初步发展阶段，辅导之效果决定着其他同学、下一级学生的参与度，而辅导之效果不仅仅取决于教师的努力，更取决于学生本身的基础和素质（主要是英语和学习习惯方面的情况）；同时，需要团队学生保持一定规模，才能在每一届挖掘出2~3个优秀学生，令其引导团队之读书风气，增强学生间的互动。因此，期望分配的学生满足两个方面的条件：①英语基础较好，学习、生活习惯没有不良表现；②学生之人数应当在6~10名之间，但不能超过10个学生（一级学生太多，则分身乏术），而且到大二，还有自愿跟随的学生。

再次，办公条件的支持。需要有一个相对独立的活动空间（即需要一间办公室），不仅仅可以在周末活动，还可以在平时活动。如果有独立空间，学生与教师的活动频率可以增加，更可以在周一到周五邀请实务部门（法院法官、检察院检察官）参加读书活动，有法官、检察官的引导和指导，学生对法学理论、法律

---

〔1〕 后来邀请张正印老师、绵阳中院的研究室、基层法院法官到法律学徒社活动，指导学生读书活动，增加了读书活动的多样性。

技能的兴趣会更浓厚。没有独立的活动空间，法律学徒社的活动时间大受限制，除了周末外，其他时间无法开展工作。另外，有独立的空间，法律学徒社本身可以积累一些有自己特色的书籍，进而方便学生可以获得想读的书籍，还可以形成浓浓的读书氛围。

最后，经费支持。经费是任何活动开展的基础性要素，没有经费的活动往往处于低水平存在，也需要更多强制、更多精力的付出。如果有经费的支持，学生可能付出的费用降低〔1〕，增加其读书的兴趣，同时通过一些活动可以让读书多样化，比如说定期邀请其他老师、实务部门法官、检察官、律师等到场讲座、讲课，进而可以接触实务，培养学生的法律技能、巩固学生学习到的法律知识，促发其对法律理论、法学实务的思考。

根据笔者的经验，如果每年有一笔费用、有独立的空间用于支持读书活动，该读书团队的规模和质量可以达到更高的水平。

总而言之，经过五年的草创时期，法律学徒社的基本框架确立，而这一框架的确立基本上是笔者与学生在没有任何费用、物质空间的支持下展开的，取得相当的成果，也有一些缺陷和瑕疵。要克服这些缺陷，除了师生共同努力外，还需要学院、学校，特别是学校提供一些机会（比如说成立一个更正规的组织）、一些活动场所和经费，以使该活动更加常规化、制度化，进而以此提升学院、学校学生之素质，考研的比例（增加就业率）和激发更多学生参与到读书活动来，以提升学院、学校的吸引力。

---

〔1〕 学生按照本读书团队的要求，需要购买很多书，每学期大约200~400元，四年下来也是一笔不小的费用，对于有的学生而言，也是斟酌之事。其实，我们完全可以通过团队购买，积累到一定数量，则可以让学生循环利用。